爱泼斯坦作品集

人民之战

THE PEOPLE'S WAR

伊斯雷尔·爱泼斯坦 / 著　　贾宗谊 / 译

新星出版社 NEW STAR PRESS

1938年，日机轰炸广州时爱泼斯坦（中间拍照者）在现场采访

目 录

序 ··· 1

第一章　这块土地是我们的！ ······································· 001
第二章　抵抗之歌 ··· 017
第三章　挑　战 ··· 029
第四章　一支军队的诞生 ·· 049
第五章　火的考验 ··· 069
第六章　决　定 ··· 103
第七章　估　计 ··· 117
第八章　反　击 ··· 143
第九章　人民之战 ··· 179
第十章　战斗的民主制度 ·· 211
第十一章　新四军 ··· 233
第十二章　举国抗战 ··· 251
第十三章　汉口之战 ··· 273
第十四章　过　渡 ··· 299
第十五章　中国在前进 ·· 321

序

本书初版于1939年,讲中国人民抵抗日本侵略的头两年战争的情形,当时我是美国合众社的记者。

我写这本书的时候是二十四岁,但是已经有些经验。战争爆发,我适在北平,听见过卢沟桥开战的炮声。很快,我在天津目击了该市的争夺战。随后,我在南京和武汉报道政治和军事方面的事态发展,还在前线报道了著名的山东台儿庄会战。这一段时间的末尾,我在广州,直到广州沦陷。

二十世纪三十年代,在中国以及在世界上,像我一样的许多年轻人都具有强烈的进步信念,特别是坚信有必要为反对法西斯主义及其侵略而斗争。我相信,尽管中国在一个经济上和军备上比它强大得多的敌国的入侵中蒙受了最初的失败,但是中国人民有着赢得最后胜利的意志和潜力。这一信念在战前就有基础,因为我见到了中国人民的救亡运动,了解到中国红军及其长征的事情——主要是从中国西北行之后的埃德加·斯诺那里了解到的。战争打起来了,中国普通军民的英勇抗战和坚韧不拔,进一步坚定了我的信心。我还懂得一点儿历史,因为读史是我的爱好。在当时的世界事务中,我决心要帮助建立反法西斯统一战线并且为之服务，认为各个被压迫国家和人民的自卫解放斗争是正义的，应当予以支持。既然身在中国，这就意味着要与中国人民肩并肩地站在一起，声援他们的战斗。同时，虽然最初只有初步的认识，我当时就已经看到马克思主义的分析是正确的，社会主义是人类社会的未来，正像我直至今日仍坚信不疑一样。当时已给我留下印象的是马克思主义在中国的应用，即毛泽东思想，这一印象最先来自斯诺关于他与毛泽东谈话的记载，接着来自我在那些岁月中读到的毛泽东的《论持久战》，他关于这场战争将怎样发展演变的论述对我的观点产生了深刻的影响，这在一定意义上形成了我自己的报道的基本思想架构。在抗日战争初期，我也亲身接触了一些中国共产党人，包括领导人和普通党员。

我觉得，这本书的一个长处，就在于书中的报道是由这样一种精神所激发的，是发自一颗年轻的心而鲜明生动地记述了当时对于中国和全世界如此关键性的事件和趋势。凡是用"我"字的地方，报道都是第一手的。可惜的是，在那些岁月里我还没有到过解放区，所以还不能直接加以报道。但是我懂得解放区的重要性，而且找到了一些有实质内容的材料来填补这一空缺。

这本书的弱点之一，则在于它往往过高估计了国民党的抗日军事行动。有时，我过于缺乏批判地引证了国民党军事发言人关于战事如何得手的夸张言论。当时是第二次国共统一战线最顺利的时期，善良的人们总希望这一统一战线会持久发展，不愿意去怀疑那些令人鼓舞的捷报。过分信任国民党的官方声明，是一个缺点。不过，颂扬那些英勇爱国的普通士兵和许多军官，还是对的，因为他们即使是在上级指挥不当的情况下依然与敌军奋战，为国捐躯。有时，他们也得到良好的指挥,例如在台儿庄,只可惜这样的事例为数不多,而在最高层更是凤毛麟角。

读者现在看到的文字是保持原状的。除了明显的专名和事实错误以外,原文未加删节,也未作补充。

值得珍贵回忆的一点是,当这本书刚要问世的时候,它受到了宋庆龄同志的欢迎,她读过本书清样后写道:

> "这本书不同于任何别的外国人关于我国抗战的著作,因为它把有关这场斗争的第一手分析性报道同以往的历史联系在一起,同我们国民革命的未来前景联系在一起。每一位中国的友人都该读一读。"

这本书也受到过埃德加·斯诺的称赞,他说这是"极为出色的战时新闻作品,是作者怀着同情之心理解中国的希望而写成的"。

对他们的评语,我是受之有愧的,但是它们至少表明,这本书是当时所需要的。

在中国之外,当时有过一些肯定的评论。在国内,在当时的上海"孤岛",出现了一个中文译本,很快付印,鼓舞过人民的胜利信心。那个译本是仓促完成的,有一些不足之处,但是译者们是出于爱国的紧迫感而冒着风险干的,令人敬佩。

这本书初版于英国,在那里引起报界相当良好的反应,可惜原版书只有一部分得以流传。不久,欧战爆发,存放其余原版本的那座伦敦书库被纳粹德国的炸弹击毁了。如今,即使在各个图书馆里也难找到一本。

我高兴的是，这本书在最初问世的几十年以后的今天重新翻译出版，又能够与它的读者见面，尤其是新中国的青年读者，让他们有机会看到当年那位年轻友好的外国记者是怎样报道他们祖国的那一段历史的。

爱泼斯坦

1991年1月18日

第一章　这块土地是我们的！

中国现代史始于中国老百姓第一次站起来说："这块土地是我们的！"

过去，说这样的话，一直是件危险的事情。

早在十八世纪五十年代，中国首次败于外国列强，被迫割让香港和一系列租界地，并对外国开放沿海通商口岸，那时，伟大的太平天国农民起义的领袖们就曾对清帝国政府说过这样的话。结果是十年战争，两千万人丧生，而这块土地依然掌握在满清官吏的手中。只是在洋人的枪炮和外国志愿人员（如弗兰科之流）的帮助下，他们才做到这一点。①

1900年，中国相继把台湾让与日本，把青岛让与德国，把旅顺口让与沙皇，把威海卫让与英国后，义和团又说过这样的话。义和团走错了路，被出卖而失败。由于当时统治者的背信弃义和懦弱，中国人民不断付出代价。

在随后的十年中，留学西方和日本的中国知识分子说过这句话。

---

① 帝国军队在戈登将军的指导下重新武装起来，并加以改组。戈登后来死于喀土穆。当时另一个著名的志愿人员是美国人弗霄德里克·汤森·沃德。

他们宣传鼓动、奋起斗争、受苦受难，他们丧失自己的报纸、自己的家庭和自己的头颅。当时，俄国和土耳其发生了革命。中国成立了一个党，后来叫作国民党。1911年，国民党在其他派别的帮助下，推翻了清朝，为中国历史上的新阶段奠定了基础。（这个王朝的末代皇帝和大臣们现在成为"满洲国"的傀儡王室）

当卖国求荣的民国总统于1915年签署拱手让日本实际上控制全中国的"二十一条"时，奋起斗争的中国西南地区说过这句话。一年之内，总统袁世凯妄图称帝，但他受到致命打击，一命呜呼。

1919年，学生们第一次走向街头，喊出这句话。作为理想主义的果实和自决权的捍卫者的凡尔赛条约，却把以前德国人从中国夺去的山东省交给了日本。被日本收买的政府予以默认了。（这个政府的一些阁员现在成了日本的北平伪政权的"部长"）

在北平的街道上，学生们死于警察的枪弹，被埋在他们拒绝未经他们同意就割让出去的土地上。当时，俄国、德国、奥地利和匈牙利相继发生了革命。第一次世界大战期间，中国的工业得到了迅速的发展，同时也出现了劳工运动。1921年，中国共产党诞生了。

在文学方面，青年作家反对过去那种枯燥无味的文言文，破天荒第一次用人民大众的日常语言进行写作。只要认识几千字，任何人都可以读书，怎么说，就怎么写，再也不怕被人讥笑为不懂古文的大老粗了。只要大声读出来，任何人都能听懂一本书或一份报纸了。

华盛顿会议和九国公约迫使日本放弃了一部分它利用西方列强在欧洲火并之机从中国夺取的租借权。在此期间，华北对峙的军阀们明争暗斗，要决定究竟是日本还是英国可以首先取得中国的资源。国民党和共产党代表人民说："这块土地是我们的！"但它们在军阀统治的区域内都是非法的。（日本支持的军阀张作霖变得过分独立时，他

的主子便把他杀死了。在北平以诗酒自娱的另一个军阀吴佩孚正在考虑是否当日本操纵的傀儡政府的头头）

国民党占据了华南的广州，它有浓厚的民族主义色彩。这个由工业家和知识分子组成的政党，旨在打破使中国工业受到损害的、外国对中国海关的控制，摧毁使现代工业难以发展的封建性土地占有制，以及打倒维护封建制度和充当外国阴谋工具的北洋军阀，从而统一全国。

代表工人和农民的共产党，其近期目标是同国民党是相同的。同国民党一样，他们也要粉碎外国列强对中国的控制，发展工业和形成一个比较强大的工人阶级，在全国范围内摧毁封建制度和封建军阀统治。

国民党领导着新兴的城市中产阶级。共产党，虽然是几年前才成立的，却显示出领导城市工人和乡村农民的能力。中国国民革命运动之父孙中山认识到：只有这些阶级和两党共同采取行动，才能实现两党的目标。1923年，两党结成了联盟。他们共同平息了广州叛乱。这次叛乱是由广东的一个封建军阀和英国汇丰银行的大买办领导的，他们支持叛乱分子作为反共的堡垒。（今天，军阀陈炯明已死，但他的追随者则作为日本的雇佣军，参加了侵略华南的战斗。买办陈廉伯在广州沦陷后，当了日本选择的第一任傀儡市长）①

南方联盟表示支持人民群众。

"这块土地是我们的"，学生说。虽然在上海和广州，他们死于

---

① 年轻的共产党领导了1923年2月平汉铁路两万工人的大罢工，这是中国工人阶级为反对封建反动派和外国帝国主义的压迫而采取的第一个重大行动。罢工者要求的只不过是组织工会的权利而已。在这次行动中，两百名工人和自愿在法庭上为工人辩护的一位进步律师惨死在英国支持的吴佩孚的警察的屠刀下。吴佩孚镇压了这次罢工。1923年，在广州附近出现了第一批农会。

英国的枪弹之下,但是,全国范围开展起来的运动继续说这句话。

"这块土地是我们的",工人说。他们发动的总罢工使香港陷于瘫痪,使英国在中国沿海港口的贸易陷于停顿。

"这块土地是我们的",农民说。他们打碎了农村地主和高利贷者的权力,扛起枪,参加革命军,去攻打北方军阀的堡垒。随着他们的挺进,中国封建制度的腐朽结构摇摇欲坠了。

1925年春天,孙中山逝世。

他死后两年,两党的联盟、各个集团的联合,受阻于中国当时所处的落后状态,终于破裂了。国民党不再支持工人和农民,转而同地主和买办阶级联合在一起了。老百姓再也不能说土地是他们的了,因为土地被抵押出去了。共产党员要么死于屠刀下,要么退到偏远的山区,继续把被剥削的穷苦人组织起来。

接着而来的是,中国历史上最悲惨的十年。由于南方军队的北伐并没有铲除封建统治,而是同它妥协,结果军阀之间的内战又打了起来。由于老百姓继续起来反抗,当局调动了无数兵力来袭击共产党的根据地,因为根据地存在的本身被认为对民众的反抗起着鼓舞作用。

日本人认为,当时的形势千载难逢,立即抓住了这个机会。1931年,他们轻而易举地攫取了中国的东北三省,因为中国这时刚刚结束一场大内战,又开始对江西的红色共和国发动新的战役。当时的中国,由于内部的政治原因,同与东北接壤的另一个国家——苏联是疏远的。

从一开始,东北人民就拒绝当亡国奴。虽然主力军撤退了,但是,数以万计的士兵、数十万武装起来的农民和工人,以及许多将领们继续抵抗征服者。当长城以南的将军们仍然与人民为敌时,东北反抗侵略者的人们却团结起来了。同日本人合作的东北军阀们,在万众咒骂声中遗臭万年。而那些抗日的将领们则成了民族英雄，扬名四海。谁会忘记在嫩江神出鬼没、在东北的丛林中把日本人搞得团团转的马占山呢？

南方没有往东北派军队。南京政府把希望寄托于国际联盟，因为中国和日本都参加了国联。国联只是在道义上声援而已。

东北义勇军单枪匹马地战斗着。

1932年，日本袭击了上海。谁能忘记固守上海两个月之久的第十九路军的英雄事迹呢？

在这次战役中，江西的中国苏维埃政府表示愿意同任何抗日的部队共同对敌。

中日停战协定在上海签字了。政府认为日本人现在会满足于取得东北，乃重新采取"攘内"的老政策，对"叛国"作出了新的解释：谁主张在清共以前就抗日，就是"叛国"；宣传收回东北，就是"叛国"；为义勇军募捐，就是"叛国"。

从上海撤出的第十九路军的抗日英雄们被派到福建去打红军。他们打了一年。后来，他们造反了，成立了新政府。这次造反尚未站稳脚跟，就由于南京的飞机轰炸福州而垮台了。这些飞机本来是用人民捐献的钱购买来打日本的。

日本人对华北进一步蚕食。继上海停战之后，塘沽也实现停战。华北的一部分地区变为"非军事区"。这就是说，中国军队不得进入，而日本军队则根据一项条约的规定可以沿铁路线任意行动。塘沽妥协使日本飞机有权侦察这块领土，检查这个单方面的非军事化是否得到完全实施。

1935年夏天，出现了另一个丧权辱国的事件。"何梅协定"卡住了苟且偷安的中国的咽喉。根据这个"协定"，中央政府的军队被赶出河北和察哈尔两省。在中国执政的国民党的任何单位都不得在这两省活动，甚至也不得在北平、天津两大城市活动。反日的爱国人士将被起诉。将设立一个地区行政机关，聘用日本人为"顾问"。

中国的军队这时正在西藏边界一带追袭共产党人。

日本的官员和日本的报刊公开讨论着将来让河北、察哈尔、山西、山东、绥远等华北五省脱离中央政府的管辖。据大英百科全书说，山西煤炭的储量足够全世界使用1000年。河北有丰富的煤炭、小麦和棉花。察哈尔和绥远拥有钢铁和毛皮。山东有煤炭、棉花和小麦。日本的理论家说，这些省份将同日本和"满洲国"形成一个经济集团，提供原料，以便使日本帝国实现其征服世界的美梦。

但是，日本人的美梦是永远实现不了的。他们的蚕食行动遭到中国人民坚决的抵抗，而中国政府却从来不敢这么做。1935年12月9日和16日，数以千计的北平学生，不顾宋哲元警察的卡宾枪和日本人扬言要使用机关枪的威胁，在这座古城的街头游行，高呼爱国抗日口号，这些口号后来成为民族救亡运动、西安事变和民族抗日统一战线的口号。但是，在1935年，"打倒日本帝国主义"、"停止内战，一致抗日"的口号被认为是叛国。许多学生由于他们的勇敢行动而牺牲了生命。官方把日本视为"友邦"，所谓内战的说法成了异端邪说。无休止地袭击红军，不是内战，而是剿"匪"。

不过，北平的游行和由此在全国引起的抗议浪潮，使日本人不敢立即推行其计划。如果枪杀这些学生，那将是危险的。（历史表明，1919年和1925年屠杀学生的结果，都激起了民愤，使全国都行动起来）"病人"突然发起烧来，日本外科医生不敢贸然对中国巨人的躯体动另一次手术，首先要使它退烧，冷静下来，需要使用更多的麻醉剂。

然而，使用麻醉剂，已经为时太晚。

中国人民通过北平的学生对日本人说:"这块土地是我们的。不动武,你休想夺走。"他们对自己的政府说:"这块土地是我们的。你们不能签约让给他人。"

中国军政部长何应钦将军与日本华北驻屯军司令官梅津美治郎于1935年6月签订的北平协定,是中央政府签署的最后一个妥协文件。

学生游行示威半年之后,中国的团结面临真正的考验。

广州和广西的军事领导人早就有夺取全国政权的野心。现在,他们准备进军南京,并且打着抗日的旗帜以取得全国的支持。北平的学生运动曾使日本震惊不安。而这个新的事态发展,日本却不怎么担心。它坐山观虎斗,希望中国打内战。

它谨慎地、拐弯抹角地给新冒出来的南方叛军以安慰,尽管他们是在抗日的口号下行动的。只要他们厮打,中国辛辛苦苦积累起来的军火和精心训练出来的一些正规军就会在内战中耗尽,他们喊什么口号又有什么关系呢?

在北京街头高呼"停止内战"口号的学生,并不像当局所指责的那样,是暗中攻击政府。① 他们表达了全中国人民的深刻信念:在日本的威胁面前,一切内部斗争都必须停止。不管口号如何,南方的造反行动毕竟没有酿成内战,因为广东人民完全拒绝给予支持。多年的割据局面,不战而结束,南方归附于中央政府。

那年夏天,红军开进了山西省,提出这样的口号:"中国人不打

---

① 在学生示威期间,北平大学教授陶希圣发表谈话,说学生的闹事得到了莫斯科的资助。这变成了北平的一个笑话。学生们自己开玩笑说,这个说法对他们很有用,因为给他们印刷宣传材料的印刷厂家还没有收到印刷费,同意印出来后再付。人们倒是想知道,这位满腹经纶的教授从哪儿弄到钱,买下整版报纸广告版面,来发表他的指责。但是,根据下列事实,倒也可以猜中几分:三年以后,他跑到了汪精卫的阵营,成为鼓吹日本所谓"东亚和平"的主要喉舌之一。历史作出了自己的结论。

中国人，我们要求建立一个抗日国防政府！"

在此期间，发生了一个重大事件。日本人想要把他们的触角伸向中国西部的成都。他们派遣"调查员"去访问该市，准备在那里开设领事馆。他们一直坚持此事，尽管他们在那个地区并没有进行贸易，而且中央政府表示坚决反对。在成都街头示威的群众把这些"调查员"打成肉饼。

秋天，日本人组织了蒙古雇佣军入侵绥远省。他们遇到的不是谈判、妥协和中国人的撤退，而是坚决抵抗。包括中央军在内的中国部队在百灵庙取得了重大胜利。举国振奋，情绪高昂。绥远驻军都是些实实在在的职业兵，他们迷惑不解地说："我们不怕日本人，但是对这些每天越来越多的慰问团，该怎么办？给人家吃什么？学生呀，工人呀，妇女呀，各行各业的人，手捧着礼品，都是从哪儿来的？"

"这块土地是我们的！"华北人民感受到了这一点。"对保卫国土的人，我们为什么不歌颂呢"这一堂课，军队是永远不会忘记的。当他们打内战时，他们从来没有见过慰问团和自愿救护队，从未有人把他们叫作英雄，他们是无依无靠的人，现在他们第一次感受到："这块土地、这些人民群众，是我们的。"

在上海、青岛和天津，发生了极其重要的事件。日本纱厂的十多万工人举行了总罢工。① 罢工的要求是经济性的，但其背景则带有政治性。十万中国工人声援绥远的将士们。他们的口号是："我们为什么要受侵略者的剥削？"

这次罢工持续了一个月。虽然当局像对待当时的所有群众运动一

---

① 中国有远见的人士一下子就认识到这次罢工的重要性，这是人民大众第一次参加抗日斗争。1936 年岁末，在天津同六名中国年轻记者举行圆桌讨论会时，我请他们回答我的一个问题："今年中国的重大事件是什么？"六人中有三人回答说："抗日罢工。"

样，对这次罢工也封锁消息，但全中国人都知道了，认为这是一件有着极其重要的全国性意义的事件。在青岛，日本的海军陆战队登陆了，以便对罢工的、半饥饿的纺纱工人进行威胁，其中大多数是女工。中国的每一个爱国者都认识到，这些衣衫褴褛的工人在带头领导着全国的斗争。那些受剥削最深、每损失一天的工资就意味着饿肚子的人，对民族敌人斗争最坚决。在上海，罢工最有效地加速了一切阶级抗日爱国统一战线的建立和加强。全国救亡协会组成了一个委员会，负责保卫、援助和慰问抗日的罢工工人。参加委员会的有：一位著名的刊物发行人、一位上海法学院院长、两位律师、一位作家、一位教育家和一位有名的银行家。它预示着未来的发展。

政府原先动摇不定，如今已逐渐倾向于采取镇压政策了。它对日益高涨的抗日群众运动感到震惊，它的生存受到威胁。它接受了这个挑战，把所有的委员抛入监狱，罪名是"危害民国"，最大的惩罚可以判处死刑。这次逮捕，使中国整个社会舆论哗然。在最高统治阶层中，军事总监冯玉祥将军和其他要员都公开表示反对。抗日统一战线向广度和深度发展着。

在此期间，红军和西北"剿匪"军之间的战争已经停止了。共产党的口号是抗日，而"剿匪"的东北人，其唯一的愿望是同把他们赶出家园的敌人决一死战。但是，在口头上反共战役仍在进行。当局在作出最后的努力，把反共战役实际进行下去。新的部队派来了，结果吃了败仗。当局下令把不愿同共军作战的东北军调到其他地方。结果发生了戏剧性的事件。前来督战的蒋介石大元帅被东北军扣留，强迫他接受统一战线纲领，其中包括要求释放在上海逮捕的"七君子"。

据蒋夫人自己证实，当时流传的所谓共产党幕后策划兵谏之说是完全不正确的。急忙被召来进行磋商的共产党人坚持释放蒋委员长，从而证明了他们是诚心诚意想同中央政府共同抗日和停止任何内战的。

这样，一场大规模的、悲剧性的内部军事冲突总算是避免了。委员长回到南京时，受到了中国历史上最热烈的、几十万人的欢迎，他们把他的释放看作是内战的结束。

在发生危机期间，所有爱国的中国人作出了许多一致的、本能的反应。

他们反对南京一些野心勃勃的将领要立即进行讨伐的主张，因为这些将领一心想把"叛匪"和蒋介石同时干掉。（日本人暗中表示，如果进行这样的战役，他们将停止一切挑衅；他们已把为镇压青岛的罢工工人而登陆的海军陆战队撤走了，甚至表示在对付西北的任何行动中愿意进行军事合作，其目的是在中国挑起另一场内战！）

他们一方面谴责兵谏，另一方面拥护东北领导人提出的民族团结纲领。

当委员长安全返回时，他们大大松了一口气，正确地认为这场危机的和平解决是一个迹象，表明从今以后中国军队的枪口将只对准日本人。

蒋介石当了一阵子政府军队的阶下囚，他最亲信的将领准备派飞机轰炸囚禁他的地方而差一点儿要了他的命，最后在他视为头号敌人的共产党的影响下而获释，现在他有充分的理由来重新审查他的立场和政策。他似乎终于明确地认识到，他的整个权力基础已经发生了变化。显然，如果继续执行他强迫西安的东北军接受的那条路线，则势必导致无休止的内战，增加日本侵略的机会。人民群众对此普遍不满，使他的政权受到威胁。另外，如果他起来领导反内战的人民运动，有力地抵抗日本侵略，那么，他就能够在更牢固得多的政治基础上巩固自己的地位，这远远胜于在他的少数亲信和官僚集团之间保持平衡来维持其权力。这样，他就可以真正成为全国领袖，一切阶层的人民都将集合于他的旗帜下。西安事变以后，他开始向这个方向发展。后来的岁月表明，不论从巩固他自己地位的角度来看，还是从国家利益的角度来看，他的选择是明智的。

在对西安事变的反应中，所有的政治派别都说："这块土地是我们的！它属于我们大家所有，任何个人、任何集团都不能出卖它的完整性，不能打内战消耗它的精力，不能剥夺我们参与保卫我们共同遗产的权利。"敌人就在大门口。只有各党各派结成民主联盟，共同努力，中国才能生存下去。1927年大革命的经验表明这种团结的好处多么大。后来抛弃了这种团结，结果导致连年不断的内战和丧权辱国的事件以及用武力压制人民愿望的自杀性后果。

真正团结的第一个条件是对内实行民主，让每一个团体都有机会真正发挥其力量，为国家生存的斗争作出贡献。

中国人民早就认识到这一点了。西安事变的结果是：政府和军队都面对着当代的这一迫切要求。

日本差不多两年来一直在阻挠中国人民的团结，结果是白费劲。这种团结之所以能够形成，有三个因素：

第一，中国一切阶级都日益认识到，进一步对日本屈膝妥协，对中国一切阶层的人都将意味着毁灭。这种看法的主要依据是日本正对中国进行无情的侵略。统一战线的宣传使这种观点系统化，并且提出了行动纲领。

第二，中国共产党始终不渝地坚持民主抗日团结的政策，自日本入侵东北以来，它使这种政策日臻完善。在西安事变中，东北军扣留了蒋介石，特请共产党人来进行磋商，从而使共产党的领袖们拥有了决定蒋介石命运的权力，而此人十年来一直在想尽一切办法来消灭他们。然而，他们却毫不犹豫地主张释放蒋介石，让他继续掌权，这并非故作惊人之举，而是因为如果采取别的方针，就会导致内战，但当时全中国，除了不可救药的反动分子和卖国贼外，都迫切要求团结。

第三个因素是蒋介石本人。他的被扣留以及随后发生的事件使他认清了国内的形势，而过去，由于周围人的蒙蔽，他对国内的情况并不怎么了解。他是一个精明的政治家，在以往的岁月中，他靠封官许愿，与一个个可能具有危险性的集团化敌为友，拉拢在他的旗帜下，从而建立了他的权力大厦，可是，他看到，在这个精心塑造的结构中唯独没有那个最强大的政治力量——代表着民主和民族愿望的中国人民本身。日本把他逼得走投无路了。他清楚地看到，为了中国的生存，也为了他自己的生存，必须顺着潮流前进，而不能逆潮流而行。他作出了自己的选择，并且毫不动摇地坚持下去。

全国采取了一个新口号："拥护领袖抗日"。而国民党以前的口号则是："拥护领袖"。增加了两个字，字虽不多，却包含了中国政局发生的变化的全部意义。蒋介石曾经是无条件的"领袖"，但西安事变表明，他的权力是建筑在沙滩上的。而今天，在西安事变之后，他则成为真正的领袖，包括共产党在内的所有党派都听从他的号令。但这种领导是有条件的，它必须是抗日的领导、同伟大的中国人民的切身利益相一致的领导。蒋介石过去是军事独裁统治的头目，惴惴不安地坐在充满内部矛盾的沸腾的油锅之上。而现在，他则成为领导着团结一致的人民为其生存而斗争的最高统帅。

这种变化当然不是一夜之间实现的。过去的遗迹是经过痛苦的过程慢慢消除的。释放政治犯的工作开始了，但许多人仍然被关在监狱里，其中包括领导全国救亡运动的"七君子"。宣传抗日的出版物仍然不时被扣压。组织民众进行爱国活动的努力仍然遭到官方的怀疑和阻挠。这类事情经过很长的时间才慢慢消失。

虽然西安事变的结果直到六个月后爆发战争时才变得完全明朗起来，但所有了解情况的观察家都看到，转折点已经来到了。

对日本人来说，1936年的事态一定是说不出地令人惊恐不安。首先，新年前夕，他们分割华北五省的计划受阻于北平学生的游行示威。他们屏息等待着的内战并没有到来，而中央政府的权威反而进一步提高了。其次，他们本来打算像吞并察哈尔的六个县一样，把绥远也吞并掉，结果却遭到激烈的抵抗。纺纱厂工人的罢工表明，大城市的群众开始采取行动了。最后，一场最大的危机不仅没有摧毁迄今已经实现的团结，反而使它更巩固了，把抵抗侵略作为它的基础和凝聚人心的原则。在蒋委员长获释前的一天，日本人曾经兴高采烈地希望发生大动荡，希望利用中央政府的权力镇压日益高涨的群众运动。他们曾经希望，内战会爆发，最后南京政府无可奈何，不得不屈膝投降。二十四小时以后，他们看到，不仅投降的前景，而且妥协的前景都越来越遥远了。他们害怕的、二十年来一直反对的那种团结局面终于在中国实现了。

华北各省立即感受到了这种团结的效果。半自治的冀察政委会主席宋哲元一年多来一直消极抵制着日本所有的"经济合作"方案——即用中国人的资金，由日本人开发华北的资源供日本人利用。日本人确信他们能够最后迫使宋哲元至少满足他们的部分要求。他们的信心是建立在这样一种假设的基础上，一旦发生危机，宋哲元将继续单枪匹马地应战，中央政府是不敢给予支持的。现在，情况发生了变化。日本对华北的觊觎，自1935年以来第一次遭到不仅是宋哲元及其第二十九路军，而且是全中国的军政力量的反对。整个中国跟两年以前相比是大不相同了。日本人挖空心思为瓦解地方军队和政府而作出的一切努力全都白费了。华北不仅没有"独立",而且迅速回到南京的轨道上。

面对这样一种形势,日本人的头脑里只有一个对策:挑起冲突,给以打击,然后静观反应。如果宋哲元妥协或者得不到中央政府的支持,则中国阵营内部将发生深刻的分化,甚至可能重新爆发内战。如果南京认为这个挑衅是考验其实力的一个挑战,因而出兵北方,那就很清楚,只有沉重的军事失败,才能遏制中国日益加强的团结力量。日本认为,使中国在最短的时间内遭受这样的失败,是没有多大困难的。这个计划万无一失。

这就是卢沟桥事变的起因,结果促成了战争的爆发。

自那时以来发生的种种事情表明,即便是日本军国主义者的聪明也是有其限度的,即便是世界上最好的谍报组织也无法帮助一个国际强盗集团理解一个民族的新生和为保卫家园而战斗的千百万人的不可战胜的力量。

到今天差不多已有两年时间了,日本用类似成吉思汗的那种方法对中国人民作战,其手段的残酷超过任何现代征服者。它占领了许多城市。它依靠其优越的武器,几乎在每一条战线都打退了中国军队。但它却未能消灭中国的主力。主力保持完整,以便用于最后的反攻。

中国遗留着腐朽的封建残余,日本妄想利用这一点来迅速征服中国。诚然,它的确轻而易举地取得了一些胜利。但是,在更多的情况下,它遇到了来自军队和来自人民群众的意想不到的强有力的抵抗。一旦出现人民的抵抗,它就不会消失,而只会日益增强,尽管日本人采取种种残忍、恐怖的手段来进行镇压。这是因为侵略者所到之处,烧杀抢掠,使居民无法过正常的生活,只有把侵略者赶走才行。现在,他们的认识前进了一步,除了拼命以外还有新的希望。人民之所以起来战斗,是因为他们从已经取得的胜利中知道,他们是可以战胜敌人的。他们之所以起来战斗,是因为在许多地区,他们通过斗争改善了生活,减租减税,老百姓自己当家做主。中国人民之所以作战,不仅是为了取得他们在战前拥有的东西,而且是为了保住已经得到的东西。他们还相信,通过自己的努力和斗争,他们可以得到更多的东西。

这就是为什么日本人不会赢得这场战争的原因。正是由于这个缘故,中国四亿同胞意识到自己的伟大力量和巨大的潜在财富,终于起来为自己的生存、为自己的未来而斗争。

他们不再是一些被追捕的小团体,不再是仅仅代表一个阶层,而是团结一致,作为一个民族,共同对付危及大家生存和前途的共同威胁。他们以血与汗,以新的精神和新的信念说:

"这块土地是我们的!"

第二章　抵抗之歌

"起来，不愿做奴隶的人们！
把我们的血肉，筑成我们新的长城。"

这是《义勇军进行曲》的头两行。东北人民为摆脱日本的枷锁而英勇斗争，在他们那勇敢精神鼓舞之下产生的这首激动人心的歌曲使举国奋起，众志成城。从前线到大城市，从城市到最遥远的乡村，每一个中国人都知道这首歌，都会唱。

《义勇军进行曲》诞生的历史，就是抵抗日本侵略的浪潮不断高涨的历史。这首歌的曲和词深深扎根于中国人民之中，产生于东北三省投降于日本时期暗无天日的现实。

《义勇军进行曲》的作曲者聂耳是个天才；他在中国音乐界的出现，是一个预兆、一道闪光，显示着中国被压迫的底层大众中隐藏着巨大的天才。聂耳出生于中国西南边陲的云南省，早年就开始了中国工人的饥寒交迫、累断脊梁骨的劳动生涯。他先是当苦力，后来入伍当兵。1933年，他前往上海。他设法弄到了一个口琴，爱不释手，经过勤学苦练，居然完全掌握了这种不起眼的乐器。他的出色演技赢得上海一位电影导演的赞赏和鼓励。在导演的帮助下，聂耳得到学习钢琴和小提琴的机会。他几乎是玩命地学习，几个月之后，他就成为一名合格的演奏者。于是，他又学作曲。1934年，他写出了《大路歌》，即同名电影的主题歌。

《大路歌》是中国电影艺术现实主义方面的一个开拓性努力，它表现了聂耳所熟悉的人民群众的团结力量和战斗精神，因为聂耳本人就是来自人民。劳动者沿着公路齐声高唱：

"大家一齐流血汗！

大家努力！一齐作战！

大家努力！一齐作战！

背起重担朝前走，

自由大路快筑完。"

聂耳的才华使他成为一名歌手。他诚实正直的艺术品德、他对人民群众的固有忠诚，使他成为人民的歌手。他写出人民的抵抗之歌，那是合乎逻辑的。

但聂耳未能看到中国人民响应他的召唤。他未能听到为中国自由而斗争的千百万战士唱他的歌曲。这些战士终于"团结起来"了，可是，聂耳已经不在人世。

1934年，在官方严格的审查制度的压力下，现实主义的电影事业无法取得进一步的进展。聂耳便离开上海前往日本，希望在那里继续研究音乐。在日本待了几个月后，他打算去苏联研究该国的新音乐。在那些日子里，他非常乐观，写了很多作品。不幸的是，他在福冈海滨游泳时竟溺水而死。现场是不明不白的，验尸的结果表明，他可能是先被击晕然后扔进水中的。他死时，年方二十四岁。

聂耳，人虽死，但精神常存，他的歌被千百万群众唱着。

《义勇军进行曲》的歌词出自田汉之手，他是中国新戏剧家中最富有活力、最有才华的一个。田汉由于早年鼓吹抵抗侵略而吃了苦头。他在南京被捕两年多，备受折磨。抗日战争爆发后，田汉获释，不久便在中国军队新建立的政治部任职。这是一个极其重要的机构，其任务是，向士兵宣传为人民而战的道理，而对老百姓则宣传军队已回到人民的怀抱，不再是异己的力量了。眼下，田汉主持政治部艺术处的工作。在他的领导下，他所创建的新戏剧在抗日中发挥着重要的作用，数十个流动剧团把斗争的信息告诉军队和人民。他的部门还有一批画家，为中国创作了出色的抗日宣传画。

我第一次听到《义勇军进行曲》时，它仍被禁唱。那是战争爆发四个月前在华北的天津市听到的。这个城市虽然名义上在中国手里，但实际上已经被日本军队及其特务机关控制了。

我隐隐约约地听人说过，上海的全国救亡协会发起了一个"大众歌咏运动"。这个倡议有点儿新奇。因为除了苦力们的无词号子和人们用假嗓子唱的古老京戏外，中国人一般是不唱歌的。斯诺在《红星照耀中国》一书中曾经报道过，中国红军在传奇般的万里长征中是唱着歌前进的，但当时很少人知道这一点。这个歌咏运动的最积极的倡导者是青年会的年轻干事刘良模，他曾在上海一所教会大学里读书，后来出席过加利福尼亚的基督教会议。我想象，他可能是一位热心的传教青年，透过角质镶边的眼镜注视着日益高涨的人民抵抗运动，看看有无可能组织一些新的青年会歌咏俱乐部。

后来，一位朋友告诉我，刘从绥远来到天津。刘在绥远曾教部队唱歌，这支部队在冬季战役中使日军及其蒙古雇佣军受挫。那天下午,刘将在天津青年会的体育馆发起大众歌咏运动。我要去吗?

我还未到门口,就在街上听到了粗犷的、激昂的、强劲有力的中国新式歌声。这种歌,只要听一次,就会永记不忘。它那慷慨激昂的歌词,就好像一位神情紧张、声音沙哑的司令官在发动攻击前夕向充满决心的士兵发表最后一分钟的战斗演说。大厅的门是开着的。里面有四百个人站着唱歌。他们是来自各行各业的普通人——大学生、小店员、工人、小学生、报童,甚至还有拉黄包车的,他们站在靠近门口的地方,不时望望外面停着的车子。他们表情严肃,重复着他们学到的歌词。然后,大家一起唱两句歌词,接着唱整节。每一句都是一个口号,体现着他们全都想过但却表达不出来的思想,此刻,他们长期被压抑的感情终于爆发出来了:

"中华民族到了最危险的时候,
每个人被迫着发出最后的吼声,
起来!起来!起来!"

刘良模完全沉浸在他的工作中。他精神焕发、身体修长、仪表堂堂。他一边不停地歌唱,一边似乎倾听着每个人的唱法,进行个别纠正。他仿佛分身为两个人:既是歌唱者,像他的听众一样,吸口气,最后唱出每个中国人的"最后的吼声";又是教歌者,训练有素,教导有方。

此人不仅是歌咏俱乐部的组织者,以歌唱的成功为乐,而且还是一个时代的象征。他不单单是发展着自己的光辉思想,而且以一种新的方式来表达其人民的潜在力量和觉醒。

在这个城市,日本驻扎着四千军队和同样多的、或许更多的间谍。在歌咏活动的第一天，他们就出现在这种"危险"活动的现场，那是毫不奇怪的。他们果然来了，他们是两个热心的日本侦探，这一点是不会弄错的。他们皮肤黝黑，宽肩膀，矮胖，大腹便便，接近中年。他们大摇大摆地走进来，仿佛是偶然闯入，他们的面部表情似乎是说："这一切都是索然无味的，不过，却给了我们一个机会，以橡皮棒对付你们，那倒是蛮开心的。"在他们的周围，歌唱的声音开始动摇起来。附近的一些人先是望望大门，然后瞧瞧他们那宽阔的后背，估摸着是否有可能在一个特务转身的时候，靠近另一个特务。

刘也看到了他们，但却装着没有看见。他继续一句一句地领唱，大伙儿跟着唱。侦探周围的那些人，唱得不起劲了。他特别针对他们，用有力的手势，激励他们唱下去。这样，总算唱完了。他的视线从日本人那里移开，脸上的紧张表情消失了。他像随便聊天似的，对听众说："大厅的门是敞开着的，对一切愿意学唱歌的人都表示欢迎。我想，任何一位走进来的朋友都是抱着这个目的的。如果有人不唱歌，他来这里一定另有意图，也许是要捣乱吧。请大家看看自己附近的人是否在唱歌。"他对日本人狠狠瞪了一眼，挺了挺身子，又唱起《义勇军进行曲》，现在，听众已经会唱了。

每个人都在检查周围的人，几分钟内全场四百人的目光都落在两个矮小肥胖的日本侦探身上，大家自豪地高唱《义勇军进行曲》：

"我们万众一心，
冒着敌人的炮火，
前进！
冒着敌人的炮火，
前进，前进，前进，进！"

两个日本人满脸通红，局促不安，躲避着几百双眼睛的视线。最后，他们的嘴唇也动起来，勉强吐出中国话："起来，不愿做奴隶的人们——"他们赶忙朝着大门走去。

群情高涨，歌咏会又进行了一个小时。结束的时候，十个青年人向刘报名。他们在刘几小时的亲自指导下学会了唱歌，表示愿意组织和领导永久性歌咏队。

刘敞开怀，脸部和身体明显地露出疲倦的迹象，而刚才他在台上指挥唱歌的四小时中则毫无倦容。他大口大口地喝着茶，微笑着对我打开了话匣子："对我们这里的工作来说，刚才可是个关键时刻。你知道，从文字上来说，我们并没有抗日的内容；我们没有唱有'日本'字样的歌曲。正是由于这样，他们才能容忍我们。今天，如果我不吱声，人们就会散去。如果我们首次举行歌咏活动，就遭此失败，那将产生致命后果。群众不习惯任何的自由行动倒是学会了害怕小日本。如果出现怯懦或消沉的情绪，那么，我们歌曲所激发起来的大无畏精神就会化为乌有。一面高呼爱国的口号，一面却在敌人面前畏缩不前，那是不行的。另外，如果我把话说得太重，那就很容易引起群众的公愤，起来把这两个日本人赶走。其结果是，成为一个'事件'，造成群众被逮捕，蒙受新耻辱的后果。那也意味着，我们在这里的工作无法再开展下去。这可不行，工作不能中断。

"工作必须继续进行下去。你不知道，一首很容易学会的歌曲可以发挥多么重要的作用啊！我们的许多同胞不认得字。向他们发表演说，又会遭到逮捕。而歌曲则可以把抵抗的口号，通过群众的嘴传开。群众性歌咏活动，可以使人们认识到自己的力量和团结的重要性。任何力量都不能阻止一首歌曲的传播。要不了几天，这十个青年就可以建立十个新的歌咏队。每个歌咏队将培养出新的积极分子，他们将建立自己的歌咏队。他们将懂得歌唱的内容和目的。"

他把我介绍给新的歌咏队队长，同他们一一认识。"这是一位大学生。那位将在青年会教歌。这位是铁路工人，那位是纺织工人。这是一个小商贩，那位是——"

当我离开的时候，他紧紧握着我的手说："你知道，有朝一日，我的歌咏队将变成战斗队。"

在过去的六个月里，刘先后在上海、福建、北平、天津工作过，后来又去了绥远战区。

刘离开后不几天，我在街头散步。一个工人边走，边摇晃着他的工具，嘴里哼着《义勇军进行曲》。几个星期过去了，唱的人越来越多。"这是什么歌？"欧洲人问，"所有的中国人都在唱。"

那两个矮胖的侦探和他们的上司对此干了些什么事，无从知道。但是用橡皮棒来对付，显然是太迟了。

※　　　　※　　　　※

随着歌咏运动的发展，新歌不断出现——为工人、农民、士兵、学生和妇女而写的歌曲，名目繁多。既有好歌，也有差劲的歌曲，但所有的歌曲都被人们唱着，需求量太大了，作曲家们供不应求。举国唱歌。

青年们离开华北那些被日本人控制的、令人窒息的大城市，拥向田野和山岭去野营和旅行。夏天，数以千计的人在同一个时间内离开北平城，去附近的西山，爬上陡峭的山坡，举行集会，引吭高歌。几个月后，其中许多人成了游击战士，从那些山岭上突袭着分散的小股日军。

在组织者无法渗入的数以百计的地方，新歌曲作为民族统一战线的一支力量进行着战斗，激发了青年人的斗志，把他们的精力引向民族救亡的斗争。例如，青年会就是老瓶装新酒。

多年来，政府由于害怕"危险的思想"而禁止一切独立的青年组织。而青年会则受到鼓励、宠爱，得到各种方便。它的大门上写着："不问政治"。中产阶级的青年，不论是基督徒，还是非基督徒，被送到这里来，以便通过体育活动和各种安排，使他们的热血变冷一点。

中产阶级的青年，由于无处可去，便纷纷拥入青年会。紧跟着他们而来的是历史潮流和令人讨厌的"政治"。在别的地方受到盯梢和骚扰的男女青年，在男青年会和女青年会的大厅里则可以享受治外法权而受到绝对的尊敬。在这里，他们可以无拘无束地畅谈和思考。这样一来，爱国的歌曲湮没了赞美诗，政治课程取代了基督教义的宣讲。年轻的社会工作者，通过青年会的教育，懂得了计划的重要性以及组织野营和俱乐部的细节，开始把他们的才能用于组织抵抗活动。

童子军和体育协会也是这样。它们的建立原本是要把青年管束起来，置于监督之下，使他们避免独立地思考民族问题。但是，统一战线是没有边界的。全民团结自救的必要性是如此迫切和明显，以致这些旨在招募忠实的信徒来捍卫少数富有阶层的经济、政治垄断权的组织也热心于被官方谴责为激进主义、甚至"叛国行为"的抵抗运动了。

但是，任何东西都无法蒙蔽这些中产阶级的青年——这些出身于官僚、商人、军官和专业人员家庭的青年，使他们看不清自己所处的地位。过去有一段时间，他们至少还有可能得到牢靠的工作，在政府系统内稳步上升。但是，现在呢？如果中国的工业被摧毁，全国沦为日本剥削的对象，那么，一个初出茅庐的工程师会有什么前途呢？如果本国的军队节节后退，直到堕落为控制在日本手中的警察来与中国人民为敌——这是进一步投降的必然结果，那么，军事院校的毕业生会落得怎样的下场呢？日本货不上关税，大批拥入中国市场，势必扼杀中国的民族工业。未来的教师们难道能够心安理得地等待这样的前景：根据专门编写的教科书，来教学生们如何做一个被奴役的民族？满洲和冀东处在日本铁蹄下的中国一切阶级的悲惨处境，摆在所有人的面前。对中产阶级，以及对中国广大的劳动者来说，未来的抉择是：要么沉沦下去，要么奋起斗争。

在中国实现言论和出版自由的几个月前，战斗的歌曲唤醒了越来越多的人，使他们认识到自己所处的环境。

后来，刘良模给我讲了一件事，生动地说明了这一点。"在发生卢沟桥事变几天前，"他说，"我正带领一批中学生去北平附近的西山野营三天。第一天，围着篝火，我叫每一个学生唱一支他喜爱的歌曲。这些学生来自不同的社会阶层，他们唱的歌反映了他们的阶级背景。官僚和外国留学的专家的子女们很聪明，他们哼着流行的美国最新电影插曲。北平小店主和店员的子女们唱着古老的爱情歌曲或爱国歌曲。接着，一个从东北流浪出来的学生站起来。他唱了两首歌：一首是充满悲伤情绪的《在松花江上》，歌中以丧失国土的满怀悲愤，描写了东北富饶壮丽的山川、原野和森林；第二首是流浪的东北人爱唱却被当局禁止的、慷慨激昂的战斗歌曲《打回老家去》。

"他唱得富有感情，使一些学生热泪盈眶。我们的中学生是非常易动感情的，很容易流露情感。他唱完后，一片沉寂。接着一个学生站起来，他体格粗壮结实，来自苏北，是一个军官的儿子。他扯高嗓门儿说：'这是一首反叛的歌曲。政府明令禁唱，不让进行收回东北的鼓动宣传。等我们准备好了，我们是要反击日本的。而这种蛊惑人心的宣传是要我们在没有做好准备的情况下，就仓促应战。他们的用心是要破坏我们的整个抵抗计划。我们知道，他们大唱'民族危机'，是用来掩盖同政府作对的敌对势力的活动。你们东北人大谈打倒日本、收复失地。但你们的所作所为，不过是绑架我们的领袖，把全国推向毁灭的边缘。'

"虽然他只不过是重复反动派镇压爱国运动时所使用的那些论调，但这些话是发自他的肺腑。他的反驳颇为有力，感染了一些学生，但却不能使他们信服，因为他们居住在北平，亲眼看到了中央军在日本威胁的面前退让，他们亲身感受到了不断向侵略者让步的后果。

"那个东北学生站起来了。他感到受了侮辱，气得发抖。他说：'你说我们想回老家、为中国收回失去的省份，是反叛。如果你的家园被烧，你来到仍掌握在咱们手中的领土上，希望同其他同胞一起收复你的老家，你有何感想？如果我站起来对你说："我们正在准备。如果敌人等十年再来这里进攻我们，那时我们就有力量回击他们。至于你的家园，它已经失去了。甚至歌唱一下对它的热爱，那也是反叛。"你将作何感想？如果我对你说这些话，你将泪流满面，怀恨在心。你将像我一样，觉得受到了侮辱。你将不仅憎恨敌人，也憎恨我。难道你想用这样的办法团结全国吗？不要认为只有我一个人这么想。请你看看我们伟大的文化中心北平吧。它也在走东北的路。如果一旦它沦陷了，难道人们怀念一下北平，就将是反叛吗？难道日本人侵略到一个地方，那里的同胞认为自己作为爱国者，有责任收复失去的家园，连这样的思想也是反叛吗？你这种政策抛弃的不光是东北，而是整个祖国。'

"他坐下了。许多学生哭起来。其中的一个人站起来高呼：'打回老家去！打回老家去！'六十个声音重复着这个口号。对他进行反驳的那个姓张的学生走回自己的帐篷。

"两天以后，小张来看我。他说：'我左思右想，考虑了很久。现在，我认识到，他们是对的。我们可能丧失更多的土地而仍然活着。但如果我们禁止同胞记住往事并继续斗争，那我们就完蛋了。我们不能在打击敌人的问题上分成两派。我们都是中国人嘛。但是，我们不能仅仅是喊喊口号。就我来说。我可以干些什么呢？'

"我要求他帮助我组织歌咏队。那天晚上，大家围着篝火，他站起来，提议唱一首歌——《打回老家去》。同学们深为感动。大家展开了讨论，我解释说：我们大家都希望在政府的领导下统一起来，但这种统一是在共同抵抗民族敌人的基础上，通过协商一致而取得的，而不是在国土沦丧、投降敌人的时候用强迫命令的手段勉强形成的。这是一个非常成功的晚会。许多学生主动承担组织歌咏队的任务。

"在露营结束的那天晚上，卢沟桥的枪声打响了。我们举行了最后一次会议，许多学生谈到了日本用武力夺取华北的用意所在。大家一致认为，决定性的时刻来到了，中国必须立即投入战斗。

"打那以后，我再没有见到小张，但他经常写信给我。北平失陷几天前，他组织了三个歌咏队，不仅唱爱国歌曲，而且帮助第二十九路军。南苑战役时，他冒着枪林弹雨运输伤员。现在他回到了苏北，那里离上海一百英里，是抗日的大后方。在敌人进攻几个月以前，他组织了一些歌咏队。后来，他当了区长，还领导着一支人数很多的游击队。他虽然只有十九岁，可已经是区里最有能力的领导人之一。隔两三个月他就托人突破封锁线捎一封信来。他总是热情洋溢地详细讲述区里的民众运动不断加强的情况，还顺便提及那次篝火晚会。"

在北方组织歌咏活动的那些领导人，有的参加了游击队，有的在敌占区出版地下报刊，有的牺牲了，有的去南方参加人民军队和群众团体的工作。在斗争的面前，没有一个人消极退缩。

刘良模使许多城市和省份都投入唱爱国歌曲的火热活动中。歌曲不胫而走，日益传播开来。还有许多更紧迫的事情要做。伤员的悲惨处境，亟须有人去照顾。在处境险恶的上海，在不断遭到轰炸的苏州，在毁于大火的长沙，刘领导着工人学生团体，哪里最危险、最困难，就往哪里冲。

田汉也在一片瓦砾的长沙工作着。这个城市毁于警备司令之手。此人曾是扼杀中国进步运动的刽子手之一，当敌人离这个城市还有100英里远的时候，他就吓破了胆，放火烧了自己的城市。他被处决了。田汉是处理三十万无家可归的人的善后工作负责人之一。

至于聂耳，他写的歌曲征服了全国。

"大家努力"，是他的《大路歌》的号召。现在，中国人民，大家努力，沿着民族解放的大路向前挺进了。

"起来，不愿做奴隶的人们"，他唱道。现在，千百万中国人，一队一队地唱着他的歌，奋起走向战斗。这支歌，像战斗的号令一样，唤醒了被压迫的、沉睡的民众。

任何人都不会说聂耳在这场伟大的斗争中是无所作为的，虽然他已经不在人世了。

第三章 挑 战

日本人为什么在1937年7月7日袭击卢沟桥呢？

所有中立的观察家只能作出一个回答。日本人是要试探一下去年政治变动以后中国的本质和力量。华北行政当局曾经接到日本的书面要求，它也作出了书面的拒绝。它的后盾是南京。当这种要求伴以武力威胁时，南京还会支持它吗？

日本正是要弄清楚中国政局的这个根本性秘密。这个秘密，间谍是无法搞到的，只有周密策划的挑衅，才能摸清底细。早在希特勒和墨索里尼之前，东京就知道了挑衅的好处。至少是当对方软弱和不愿摊牌的时候，是如此。通过挑衅，它取得了东北，建立了一些"非军事区"、一个"自治省"以及遍布全中国的许多得到承认的日本"特殊利益"。最近两次采用同样的伎俩，结果却不怎么美妙。北平一万学生的游行示威粉碎了它想使整个华北脱离中央政府管辖的美好计划。当它不可能进行鲸吞时，就采取蚕食的办法。它从绥远的抵抗中发现，它会比蚕食取得更多的东西。很好，这次它要真的炫耀一下武力了。

当时在华北驻扎的日军大约有一万人，大大超过了庚子条约允许的水平。7月初，日军出来进行大演习。根据庚子条约，某些列强被允许在平奉路沿线驻军，可是，日军不是在平奉路一带进行演习，而是选择了卢沟桥畔和宛平城区。该城是他们"假想"进攻的目标。虽然整个安排显然是违法的，但中国当局并没有提出抗议，因为怕激怒日本人。其实，最近的事态表明，日本人是决心要制造事端的，不管发生什么事。

卢沟桥不仅由于它同意大利著名的旅行家马可·波罗有联系而具有历史意义，由于有许多大理石狮子和30座精美的拱廊而在建筑上别具一格，而且还具有重要的战略意义。它位于平汉铁路线上，一旦北平有事，中国中央政府的军队只有通过这条铁路才能直达这个城市。在昔日帝王时代，有三条铁路线在北平交会，当客货车从一条线路转轨到另一条线路上时，声音嘈杂，使"天子"脆弱的神经不得安宁，因而遭到反对，所以又建了一条环形线，把平奉线和平汉线连接起来，把市内铁路交通转到市郊。环形线的一个终点站即在卢沟桥。[①]

如果占领了卢沟桥，那么，日本不仅可以阻止中国的国军前来增援北平市，而且掌握了一条通道，可以使日军从东北直接进攻华中。

对日军的夏季演习来说，卢沟桥和宛平城的确是一个选择得非常好的假想目标。为了使参加模拟战争的日军从这次战术演习中获益，这次演习的条件要尽可能接近实战。1936年夏季，日军在华北的演习中，这一原则得到了彻底的贯彻。演习在日本非常垂涎的别国领土上进行，他们是认真的。

7月7日夜间，大炮的轰鸣声惊醒了北平人。次日清晨，人们走出家门，发现全市实行戒严，有几处城门关闭了，街上筑起了沙袋路障。

---

① 关于卢沟桥事变的大部分材料，我参阅了许树希先生（译音）的《远东战争是如何开始的》一书。

发生了什么事？又一次"事件"，典型的日本式的"事件"。据说，参加演习的一支日本部队发现他们的一个士兵失踪了。他们要求让他们进入卢沟桥另一端的宛平城，逐户搜查，直到找到这个日本兵为止。值勤的中国军队拒绝了他们的要求。日本人强行过桥。于是发生了战斗。日军退回去，用大炮瞄准宛平城，连续打了五个小时。到清晨的时候，宛平死伤200人。但是，中国守兵坚守阵地，卢沟桥仍然掌握在他们手中。

失踪的士兵后来回来了。他叫什么名字，是如何回到部队的，究竟有没有这个人，关于这方面的情报一直秘而不宣，牢牢保管在日本军方的档案库里。他的确是日本帝国主义的一个"无名战士"。

中日双方的高级官员赶到现场，达成了"停战协定"——双方从桥上撤走。但是，日本人不仅没有撤走，反而增加了人。冲突又发生了，中国军队寸土不让，以牙还牙。十一列日本军车奉命从沈阳开到天津。两列军车于7月10日开到。在以后的三周中，每天有数列军车不断开来，源源不断运来大兵、武器和给养。在此期间，中国地方当局接受调解条件，规定中国人卑躬屈膝地进行道歉，彻底镇压爱国活动，中国军队撤离卢沟桥，"因为他们太靠近驻在丰台的日本军队，容易引起事端"。这是日方的正式文本。

7月15日，日本人宣布，他们坚决要求第二十九路军撤离平津地区。这是驻扎在那里的唯一的中国军队。

事态的发展显然越出了"地方事件"的界限。南京中央政府宣布，它不再授权华北当局作出任何进一步的让步。为了支持它的声明，它开始派军队沿平汉路北上。不过，为了表示谈判的大门还没有关闭，这些部队集结在北平以南一百英里的地方。

日本人以最粗暴无理的言辞作出回答，这是一国政府对另一个它继续保持关系的国家政府从来没有过的。他们对外国记者宣布：他们不能容忍中国政府对华北"地方"事务的"干涉"。他们对南京实际上发出了最后通牒："立即停止其挑衅性行动。"中国外交部曾经建议，在中日双方军队撤离后，通过外交途径讨论这个问题。对此，日本人未作答复。

全中国掀起了抗议的浪潮。卢沟桥中国守军虽然装备很差，却胜利地顶住了日本的多次进攻。全国会不会支持他们呢？中国人民异口同声地说：不要再撤退，不要再干丧权辱国的事，不要再屈服于讹诈。每一个意识到民族危机的中国人都希望并要求自己的政府采取坚决果敢的立场。

7月17日，蒋介石在牯岭宣布了政府的决定：采取这样立场的时刻已经到来了。

他说："有许多人幻想卢沟桥事件是偶然的，并没有准备的。但是在一个月以前，已经可以知道要发生什么事了。……

"我们要避免的唯一方法，就是让外国军队自由无限制地在我们领土内来去，而我们自己军队的行动仍为限制所束缚。我们要让别人向我们军队开火而不回击他们。没有一个自尊的国家能忍受如此的侮辱。

"东北四省已经失去六年了，然后又是塘沽协定。现在的冲突点是卢沟桥——北平的门户。

"假使我们让该桥为武力占领，那么，有五百年历史的古都，华北政治、文化及战略中心的城市也将失去。北平将成为沈阳第二，河北及察哈尔省将与东北同命运。假使北平成了沈阳第二，那又怎能阻止南京变为北平第二？"

日本人想要知道，南京对华北是否态度"坚决"。蒋的讲话作出了明确的回答。

谈判仍在华北进行，蒋介石并没有排除妥协的可能性。但这种妥协必须不含有对中国的侮辱，否则，中国人民是不会接受的。

他说："任何调解都不能侵犯我国的领土及主权；中央政府所规定的冀察政委会（地方行政机关）的现状，我们不允许有任何不合法的变动。我们不同意借外力更动中央政府所指定的地方官吏。我们不允许对现在第二十九路军所保有的地位加以任何限制。"

假使日本人不接受这些条件，中国只有一条出路。

"我们是弱国。但是假如我们被迫到忍无可忍，我们只有一件事好做——为国家的生存而斗争到底。一旦这样做了，时间及环境都不允许我们半途停下来求和。我们应当认识，一旦交战，若再求和，就等于接受使我们种族屈服及我们国家灭亡的条件。我们人民也要认识在斗争中的牺牲。但是我们要忍受一切，作战到底，求得最后胜利。假如我们犹豫，枉图苟安，我们将永远毁灭。"

这样的斗争是否会强加在中国的头上，其决定权在日军手里。

7月22日，华北达成了另一项妥协，并得到南京的批准。7月26日，日本人占领了平津铁路的中途站廊坊。

中央政府不再"示弱"。7月28日，蒋介石向全国发表谈话说：

"忍耐已到极限。政府有防守国家领土与主权及保卫人民之责。它现在能做的唯一的事是……领导全国斗争到底。我相信最后胜利是我们的。"

七年来，举国上下一致反对听任侵略者得寸进尺地攫取中国领土和资源的自杀性政策。在那些年代里，中国走了一条丧权辱国的道路，引起全国最优秀儿女的强烈抗议。除了政府的官员外，政府实际上同一切阶层人民之间形成了巨大的鸿沟。

但现在政府首脑说出了每一个中国人的心里话。

"抗战到底！"

"用一切力量斗争！"

"最后的胜利是我们的！"

牯岭谈话里的这些话在整个抗战期间成为人民大众的口号。它们出现在宣传画上和出征军队的旗帜上，甚至挑战性地写在敌占区的墙壁上，故意刺激敌人。

它们代表着一种政策，对此，无人反对，只有支持。

在华北谈判破裂后，蒋介石以前最大的敌人立即同他商谈采取共同的抗日措施。国民党和共产党之间休战已经数月了，现在更进一步成为战斗的同盟者，其条件不久便公布于众。这些条件是蒋介石和陕甘宁苏区主席林伯渠在牯岭会谈达成的。李宗仁和白崇禧将军从遥远的西南来了，他们是在1925—1927年革命战役中表现出众的军事领袖。他们在多山的广西省建立了一个斯巴达式的"国中之国"。他们统率的军队是中国最骁勇善战的军队之一。后来的事实表明，他们果真名不虚传。

※　　　　※　　　　※

在此期间，7月28日和29日，北平和天津相继沦陷，日本人轻而易举地得到了这两座城市。

中央军从未到达北平和天津。第二十九路军的装备不足以抵抗。它没有大炮，对于如何防御现代化武器一无所知。由于它的一举一动受到日本人的严密监视，它在谈判期间出于谨慎，也不可能在如此短的时间里建立起什么防线和防务。当时的天津市市长、第二十九军三个师中的一个师长张自忠将军表现了妥协与退让，因此北平的行政权落入敌手。后来他又积极参加抗战。

不过，在北平警备队驻扎的南苑，二十九路军却固守阵地。在那里展开了一场血战，日本人出动了坦克、飞机和大炮，造成数千人的死亡。实际上，一三二师全师覆没，师长赵登禹阵亡。二十九路军副军长佟麟阁将军也以身殉职。在南苑，学生同战士并肩作战。他们夏天在二十九路军的军营里接受了三个月的军事训练。学生和战士之间建立了深厚的友谊。现在，战士同他们的学生战友们共同打击了敌人。

在北平，各行各业的人迅速组织起来援助中国军队。妇女们收集绷带，男女青年把食品送到战场，把伤员运回来。在南苑作战的中国人英勇无畏，十分感人，甚至居住在北平的欧洲人也冒着生命的危险，驱车到战地抢救伤员，汽车顶、挡泥板，只要能够载人的地方，全都挤满伤员。一些欧洲人亲眼看到，日军步兵到了只剩下死伤人员的战场时，把躺着的中国伤员活活踢死。

当南苑人战斗着的时候，北平却已落入敌人之手。张自忠将军是二十九路军第三十八师的师长。他是个能干的军人，1933年曾在长城一带同日军作战。当二十九路军调到富饶的平津地区担任警备任务后不久，他被任命为天津市市长。对一个穷师长来说，这是个肥缺，许多人捧着礼品请求他照顾。日本人送给他的礼品最丰厚。张将军是带着抗日将领的名声荣任市长之职的。不久，他又担任了日本人成立的航空公司总裁的职务。这个航空公司的目的是让日本人插手华北和内蒙古的客运业务（还有军用飞机）。此后，他作为政府的贵宾访问日本。他住在最豪华的旅馆里，享受着美酒佳肴。他喜欢这些吗？接着，他被领着参观了日本的军事实力，重型武器、空袭炸弹、毒瓦斯等杀人武器都展示给他看，让他信服。或许是这些，他更喜欢吧？当日本人对他做工作时，他的亲善的东道主便对他这个质朴的军人不断灌输言之凿凿的"中日合作"的理论了。

使张将军感到震惊和意外的是,他的师不愿跟着他走,谴责了他,选拔了一个新的师长,继续同二十九路军站在一起。①

北平沦陷一天前,天津落入敌人手里。

天津的处境如何呢?天津有条河,日本的驱逐舰和炮艇可以自由航行。那里有铁路,日本的军用列车整天不断地开来,车站经常挤满了日本军队。日本人有一块很大的租界地。他们有两个兵营,一个在租界内,另一个在城外。兵营建筑得像要塞,围有铁丝网和碉堡。7月28日,天津大约有三千日军。

中国军队不准进入天津。根据庚子条约,他们不得走进该市20英里以内的地方。天津市内的中国武装力量是由几百名警察组成的。②在天津地区,中国控制的地盘还不到一半。英、法、日、意等国的租界散布在中国当局管辖的区域内。德、俄、奥、比等国的租界已经归还中国,但是在每一块租界里都有外国的财产,被一些列强视为既得利益。此外,日、英、法、美、意等国在天津拥有警卫队。一旦发生什么"麻烦事",它们便各自保卫自己的租界。美国没有租界,但它在以前德国的租界内建立了兵营,因为那里有许多美国人居住,遇有紧急情况,美国军队便巡逻。美国军队还保卫着以前比利时租界内的

---

① 不过,张自忠将军后来回到了他的师里。在北平沦陷几周前,他化妆成农民,骑着自行车一人偷偷溜出北平城,找到中国军队的哨所后,他说明了自己的身份。在次年早春时节,外国记者在津浦铁路前线见到了他,当时他统率着前线最好的一个师。他对他们坦率地谈到了他在北平扮演的角色,并表示要将功赎罪。3月,他帮助中国军队在临沂取得了重大的胜利,从而为4月初台儿庄大捷铺平了道路。最近几个月,张自忠两次受到褒奖。他被认是中国军队中最勇敢、最成功的战地司令之一。他的名字经常出现在来自前线的新闻报道中。1940年5月在襄河南岸南瓜店前线作战中壮烈牺牲。
② 有一般的交通警察和"和平维持队",即保安队,他们拥有步枪和机枪,履行着警卫队的职能。同日本人作战的人属于这个系统。

美孚石油公司的设备。

在天津,六百名保安队员同三千名日军打了三十六个小时。他们只拥有步枪和机枪,但却割断了一个兵营的日军同另一个兵营的日军之间的联系,把据守车站的日军完全孤立起来。日本的大炮和飞机进行轰炸,也未能赶走他们,甚至未能击退他们的进攻。针对敌人的轰炸,他们派了一支人马去进攻日本的飞机场,摧毁那里的飞机。他们打到了离目标只有几百英尺远的地方,后来由于机枪的密集扫射,才被迫后撤,死了一半人。当他们集结的队伍被打散的时候,他们化整为零,三四人一组,据守在建筑物里,小心地等待日军进入他们的火力圈。这六百人英勇无畏,沉着冷静,打得日本人心惊胆战。日军的新闻发言人、来自东京的年轻军官脸色苍白地对外国记者说:"今晚我们可能全被他们杀死。"

这六百名穿着卡其服的保安警察打得敌人狼狈不堪。这时,倒霉的三十八师正群龙无首地游荡在天津附近。如果他们利用这个形势,赶到现场参战的话,日军的处境肯定会更加悲惨。

7月28日晨,听到清脆的枪声,所有天津人都喜形于色,寄以希望。多年来,日本人在天津俨然以主子自居,大摇大摆。从上到下,天津人都感受到了日本人越来越强化的铁蹄统治。日本人偷偷运进他们的便宜货,搞垮当地的纺织业,然后进而收购纱厂。天津市大多数产业工人是在日本人手下干活,他们所挣的工资比以前减少了。日本人使这个城市充满了鸦片和海洛因。几乎没有一个家庭不吸毒的,他们并不指责日本人。倒是小商贩恨日本人走私,压价销售;知识分子则恨日本人限制了他们的自由。从东北来的成千上万的人、在东北或冀东地区有亲戚的成千上万的人都知道"失地"的暗无天日的生活。天津人民不需要别人来告诉他们关于国耻会给个人带来什么样的苦难。三年来，他们一步步慢慢陷入被奴役的陷阱里，没有任何人来保护他们；只有地方当局为了阻止日本人而玩弄一些政治抵制的把戏，北平学生发出勇敢呼声以及在全中国引起广泛的反响，还有他们自己怀着满腔愤怒。

而现在，中央政府宣布了抗战的意志。天津又打响了第一批枪声。三年来走在被奴役边缘的这个城市第一次起来自卫了。7月28日清晨在天津，没有任何中国人谈及过去几周以来从这个城市隆隆驶过的几十列日本军车。没有任何中国人谈及天津附近缺少对付敌人的中国军事基地。但是那天早上在街上碰到中国人，他们无不兴高采烈地大声说："你听见枪声没有？我们开始打了！"

在这个妥协惯了的国土上，这种感情是十分新鲜、十分突然的，以致人们期望所有的事情一下子就发生变化。最初是步枪声，接着是炮声，表明大规模的战斗开始了。是三十八师进城了吗？是中央军奇迹般地来到了？

六百个警察在同日军作战。他们的长官李文田将军把他们召集起来说："日本人计划占领这个城市。我们的政府宣布了作战的决定。因此，我们的任务也是作战。"

中国警察和民团置身于被日本人部分控制的领域内，任何人都没有像他们这样处境悲惨。任何一个强硬的日本人都可以随意粗暴地对待他们，但他们却不能动武。日本和朝鲜的"浪人"可以用海洛因毒害人民，殴打他们，抢走妇女，警察不能干涉。他们的任务是确保中国人不要作出过分的反应，以免引起事端。有时警察被派到天津城外的海关，去监视走私者。上级明确指示他们：如果走私的是日本人，他们愿意让检查，就去看看；如果人家态度强硬，就别惹他们。如果日本人要打海关人员，警察要保护他们，站在中间，挡一下。但绝不能伤害日本人。现在,他们终于可以使用手中的枪了。这就是为什么他们打得那么勇猛。

到中午时分,日本人猛烈轰炸中国政府所在地。政府大楼旁边的一些民房被炸毁了。警察袭击了日本的飞机场,遭到还击,损失不小。但他们毕竟成功地把该城的日军分割开来,孤立成三部分。

天津人斗志高涨,群情激昂。当日本飞机出现时,全城各处都从窗口射击。拥有武器的每个中国人都朝日机打去,尽管不一定打得中。有一次,一架日机摇摇晃晃下坠,似乎出了什么毛病。大批群众欢呼着,向日机可能坠落的地方跑去。全城和租界内,家家户户都飘扬起中国的国旗。

这六百人的大无畏精神和全市欢欣若狂的情景表明,群众的力量一旦爆发出来,是何等强大。此情此景令人难忘。这六百人肯定有巨大的力量做后盾。继如此勇敢的抗日行动之后肯定会迅速地出现更加勇敢的打击,至于来自何方,人们也许意想不到。全城的老百姓都期望着。在他们激昂情绪的感染下,欧洲人议论纷纷,猜测着由这六百人打前锋的中国反攻的总计划。日本人惊慌失措,他们的发言人说:"今晚我们可能全部被杀掉。"日本的发言人从来还没有在这里说过这样的话。

傍晚的时候,日本人力攻这六百人的主力。他们想穿过法国租界。法国人不答应。日本人想起了罗马—柏林—东京轴心。意大利当局让他们搭一座浮桥通到他们的租界,逼向中国人的后方。后来,当一些中国警察沿着租界后撤时,意大利的哨兵向他们开了枪。他们解释说,他们走得太靠近了,危及租界的中立地位。两个法国士兵同被包围的日本兵一起困在车站。日本人打伤了一个法国兵的肩膀,对另一个法国兵进行威胁。法国人和日本人之间是谈不上什么友爱的。

次日整夜,全市无一人睡觉。大家都倾听着激烈的枪声,那也许预示着中国的一场大规模反攻吧,六百勇士的坚守已经铺平了道路。当时的紧张气氛,是空前绝后的。不时传来一阵机枪声。或许那就是反攻吧?大炮响了。……现在,……?然而一切复归平静。那夜过去了,并没有出现反攻。

六百勇士不间断地战斗了三十六个小时。现在,剩下不到一半人了。整个上午,日本人像疯狂的野兽一样追捕他们。大约三十人进入法租界,束手就擒。他们背着枪,大模大样地走来。那些牺牲的勇士的尸体故意放在被日本人打死的地方,在8月的骄阳下躺了好多天,任其腐烂发臭。

下午,一片寂静。外国记者又被请到日本的新闻发布会议室。"先生们,"那位在英国受过训练的,衣冠楚楚的日本上尉说,"今天,我们要轰炸南开大学。"然而一天前,他还谈到他可能被杀呢。

南开大学是华北最好的大学之一。它有一个非常优美的校园。它的经费部分依靠美国的捐款。它的经济学院出版了一批中国最早的研究中国农村经济和工业的著作。不幸的是,南开的学生是爱国的,因此,日本人不喜欢南开大学。

"为什么?"外国记者异口同声地问。

"先生们,这是因为暴乱的中国人在那里保持着军队。"所谓"暴乱的中国人",并非用词不当,这是日本新闻发言人惯用的一个词,用来指中国军队。

"不,"一位记者说,"今天早上我曾在那里,并没有看到有任何军队。"

"但那里的建筑很坚固,非常适于防守,中国人将利用它们。"

"你怎么知道?"记者们是冒失无礼的。

"如果我是中国司令官，我会利用它们。"日本上尉满不在乎地说。

"但是，有什么理由轰炸一所举世闻名的高等学府？"

"先生们，南开大学是一个抗日基地。凡是抗日基地，我们就要一律摧毁。"

"你这是什么意思？"

"南开学生抗日拥共，他们老是给我们制造麻烦。"

"但是，上尉，现在校园内并没有学生，目前正放暑假，空无一人。"

上尉真的发怒了。他说："先生们，我是一个军人。我告诉各位，今天我们要炸毁南开大学，因为它是一个抗日基地。所有的中国大学都是抗日基地。"

"那么，日本军队将要轰炸中国所有的大学？"

"请原谅我。"

日本人轰炸了南开大学。他们的飞机一队队飞到南开的上空，飞得很低，简直是把炸弹放在校园。那座辉煌的图书馆和内部藏书，连同其他建筑毁于一旦。轰炸以后，日本士兵拿着稻草和汽油赶到现场，把没有炸掉的东西全都放火烧掉。这就是他们对学生运动的报复。

昨天，所有天津人亲眼看到了六百勇士的战斗。今天，全城目睹了日本对高等学府的灭绝人性的狂轰滥炸。一天前兴高采烈的情绪，现在一变而为沉甸甸的悲伤。人们低着头，谁也不看谁。在南开扔下的炸弹，不时爆炸，像闷雷一般。战士的尸体在太阳的照射下腐烂着。

在一个朋友的办公室，有一位中国青年。他来自冀东的农村，刚到天津时，只认得几百个大字。他起初搞清洁卫生工作。他一贯积极，永不满足于已有的知识水平。他发现一个夜校，便从他每月挣的八元钱中拿出一元交学费去学习。他学会了读和写,又攻读英语。他现在成为一个英文打字员。所有这些,都是通过两年的刻苦努力取得的。

在战斗的那天,他不见了。现在他又坐在他的办公桌后,两手抱着头。

他转向我们说:"我们的飞机在哪里呢?我们的军队在哪里呢?"

"它们没法这么快地赶来。"我们说。

"那么,我们呢?"他大声说,"今天上午,日本人在以前的德国租界拿走了三千支步枪。六百勇士为什么要打日本人呢?他们为什么不给我一支枪?那不就成了六百零一人吗?把这三千支枪发给三千人。那不就有了三千六百人吗?你们认为我们不会打枪吗?每个人都会的。谁在村里没有打过土匪呀。即便不会,学也不难嘛。昨天,你们看到我们的人民吧。人多得很呢,都想打。那些步枪放在那里,是干什么用呀?"

"昨天你到那里去了?"我们问。

他望着我们说:"我在夜校交了两个朋友,他们在电灯厂工作。昨天,我们三人想出去参加战斗。我们想我们可以弄到一些枪。但是人家不让我们出法国租界。"他懊恼地咬着嘴唇。

日本人进行"扫荡"了。他们在昨天发生战斗的地区,追捕和射击年轻人。他们尤其注意"剃光头的学生"。他们认为,在夏天接受军事训练的学生都像士兵一样剃光了头。我在火车站附近,看到他们抓的一批俘虏被他们捆在一起。有几个是警察,有一些是平民百姓,有一个显然是"剃光头的学生"。日本人升起了太阳旗,踢这些俘虏,让他们跪在日本国旗前。这些俘虏挣扎着。日本人用枪托把他们打倒在地,然后又把他们踢起来,带到数百码远的一堵墙那里,开枪打死。

※　　　　※　　　　※

当六百勇士在天津战斗时，日本的傀儡"冀东政府"的首府通州也发生了战斗。这个政府是1933年根据塘沽协定成立的非军事区的产物。它的头头是汉奸殷汝耕。

冀东有一支由日本训练的三万名反共"保安队"。"冀东政府"的岁入是两千五百万美元，主要来自走私和贩毒。走私进行得很巧妙。殷汝耕实行"自治"，不承认中央政府的关税。凡在他控制的海岸登陆的日本货，只需付正规关税的四分之一。中央政府不承认殷的"自治"，无法在其境内建立海关。如果只要给殷一些好处，走私便成为半合法的了。

日本人认为冀东是他们将来统治华北的模型。这里是"东亚和平"的缩影。不错，这是充满鸦片味的和平。穆里尔·莱斯特小姐在写给国际联盟的报告中说，她在冀东一个二十万人口的城市（唐山）发现了五百七十个烟窟。这是非常赚钱的行业。

人们是"幸福的"，学校铲除了民族主义观念。抗日思想被彻底根除。建立了一支绝对"忠于"太阳旗的中国武装力量。

然而，7月28日晨，冀东乱起来了。在通州总共有四百名日本军政人员，他们经过几小时的抵抗后，全部被消灭了。动手消灭他们的，是他们用五年时间精心建立起来的"忠实"部队。带头造反的是这支部队的精华——亲日的"反共军官训练团"。他们打击的第一个目标是日军的"特务团"，它是冀东政府的精神支柱和保护者，是间谍、压制和阴谋活动的中心。"特务团"无一人幸免。

这究竟是怎么回事呢？

原来在冀东，像在华北其他地方一样，事物的表里是不一致的。虽然这个离北平不到九英里的地区被日本人完全控制着，但八百名中国驻军被允许继续待在通州，他们属于二十九路军三十九独立旅。他们的驻扎可以这样来解释：通州不属于"非军事区"的范围。如果让中国军队撤离该城，那会引起事端。在那个时候，日本人不希望出事。所以中国军队就留了下来。中国人也不希望出事，所以他们允许五百名日军非法驻扎在通州和建立冀东政府。双方都装作好像对方根本不存在一样。

7月27日，日本人决定把他们的五百人军队调往别处。天津正在沸腾中，北平南苑之战隐隐逼近。

但是，他们不让中国军队留在他们的后方。因此，在"保安队"的帮助下，他们解除了二十九路军守兵的武装。当时似乎没有遇到什么抵抗。但是日本人不满足于仅仅把中国驻军缴械了事。他们把中国士兵驱赶到城墙的一个角落，用机枪扫射这些赤手空拳的人，直到把他们全部打死为止。

"忠于"日本的冀东军的士兵们被强迫站在旁边，目睹他们的中国同胞被惨杀。仅仅几天以前，他们还同这些同胞一起散步、聊天和抽烟呢。

那天晚上，日本的部分驻军开进北平。他们离开通州，毫无顾虑。中国士兵已死。"保安队"将维持治安。

据日本官方的宣传小册子说："不论其动机如何，通州保安队背叛了他们服务的政府和几个小时前他们还发誓与之友好的人。"

日本人对冀东式的东亚和平开始怀疑了。他们对随时随地用中国人打中国人的可能性失去了信心。

"先生们，"那位小个子日本上尉在记者招待会上说，"通州传来非常可怕的消息。暴乱的中国人屠杀了我们几百人。你们会亲眼看到的。日本军队将安排一架飞机。"

这位上尉表情严肃地说:"先生们,关于中国人多么野蛮残忍,无须我多说。我们日本人把死者视为神。我们将立即焚烧尸体。我们崇敬死者的精神。中国的死者,我们也崇敬,比中国人自己还要崇敬。"

次日清晨,上尉打电话来,非常激动:"雨下得很大,飞机明天才能来。"

日本特务、朝鲜贩毒走私者以及同她们男人一起被通州造反军队打死的女人们的尸体躺在雨中,等待外国记者来看和拍照。至于被缴械后蓄意残杀的中国士兵的尸体则早已匆忙运走了,大概是出于崇敬吧。

次晨又下雨。上尉答应"明天"。

明日复明日。

"被视为神的"死者躺在那里,等待着。那是8月,异常炎热。

第五个早晨,太阳出来了。但是机场太滑,难以起飞。上尉又许诺"明天"。

一周过去了,他终于放弃这个安排。

在天津火车站附近紧靠着日本兵营的公路上,躺着英勇战斗的警察的尸体。看起来并不雅观。在他们中间,偶尔可以看到一个鲜血淋漓的新尸体,大概是"剃光头的学生"吧。日本士兵和苍蝇围着尸体转,他们以此为背景互相拍照。时而有年轻士兵脸色苍白,捂着鼻子。

租界当局向日本人进行了非正式的交涉,是否可以移走这些尸体。它们被扔进了海河,顺流而下。几个月以前,给日本建成碉堡后被枪杀的中国劳工也是如此处理的。几天之内就有200具尸体漂流下来,都是强壮的青年的尸体。也有其他一些人的尸体漂来。在日本人的海洛因窟里，人们消瘦虚弱，慢慢死去。他们也被扔到河里。只要华北继续被奴役，海河就将继续把日本帝国主义的这些副产品运到海里去。

※　　　　※　　　　※

大批中国人移居天津外国租界。其中有数千名来自北平的大学生。有些人希望定居那里，但大多数人是设法去南方。海运公司门前排成了长队。每艘去上海的船超负荷两三倍。

我碰到一个在中国报界工作的朋友。"你准备干什么？"我问。他和其他一些人打算待下来。中国最好的报纸是在天津出版的。现在那里只有日本人的机关报。我的这位朋友想找欧美人支持，用他们的名义在租界出版一份报纸。只有这样，租界当局才会允许它出版。他还没有找到合适的人选。

"我们不能让我们上百万的人民没有自己的报纸，"他说，"请看这。"

他递给我一份油印的报纸，名叫《广播新闻》。这是一份手抄的东西，写得密密麻麻，都是南京政府的官方新闻。但也有别的消息。有一则报道叙述了北平周围的游击队活动，最后向华北人民发出了激动人心的呼吁。

"值得支持，是不是？"

在以后的几个月中，《广播新闻》成了天津人了解中国政府和军队情况的唯一来源，此外，当然还有外国报纸，但是看得懂的人不多。这份薄薄的报纸贴在各处的墙上。在别的地方也打进去了。甚至在全城出售的日本机关报中间也夹着它。

日本人提出了抗议，租界的警察把贴在墙上的《广播新闻》撕下来。它向读者发出呼吁："有收音机的同胞们，当你们夜间收听祖国首都的广播时，把音量开得大大的，打开窗户，让所有的同胞都可以听到。"

租界的警察本来是要驱赶自动聚集起来的中国人群的，却驻足自己也听起中国的广播。

※　　　　※　　　　※

日本人开始组织傀儡政府。为此，他们请出了退休的政客，有残疾的人以及形形色色的腐化堕落分子。他们组织白俄"自卫军"。这批白俄在日本的一个少校军官的领导下，袭击了天津苏联领事馆。他们带着武器，大摇大摆地到处走动，对私人仇敌和不同情日本的其他白俄进行威胁恫吓。

※　　　　※　　　　※

一个"剃光头的学生"突然来看我。我是在北平认识他的，他是救亡运动的积极分子。他衣衫褴褛，显得十分疲倦。他对我说，卢沟桥事变的时候，他正在受军训，后来参加了南苑的战斗。他说："三十个同志和我一起坐火车逃出来。我们化妆后，分散在许多车厢里，有十个女的。你能给我们在租界找个住的地方吗？"

我赶忙打电话联系。我们把学生分散在几个朋友家里。

"你了解去上海的轮船的情况吗？他们也要搜查吗？"

我望着他："要逃走？"

我的朋友看起来不像个学生，倒像乡下佬。夏天在兵营里的几个月把皮肤晒得黑黑的，使他本来就显得黑红的皮肤更加健康了。现在他露出雪白的牙齿，咧着嘴笑。他摇摇我的肩膀说："醒醒吧，你可别也认为，既然北平、天津已经沦陷，日本人得到了他们想得到的东西，那就一切都结束了。你知道我们现在把这叫作什么——华北之殇。逃走？我们不会去美国。只要我们继续积极奋斗，不管我们到中国的什么地方，那里就是前线，因为现在全国都在抗战。假如我们去大后方，那是为了找到支援前线的工作。你不必为我们担心，我们打算做什么，是会告诉你的。我们有十个人去南京参军。五个人去延安参加抗大，学习游击战。女生中，有几个人去做护理工作，有两人也去延安。其余的人在河北省有家，将回自己的农村老家。在那里也许可以干点儿什么事。有朝一日，我们都要回来的。"

他笑了。"怎么样？凭你的良心，能找到我们可以乘坐的船吗？别忘记给你自己也弄一张船票。我认为你最好也'逃走'。战争不仅没有过去，而且甚至还没有开始呢。你为什么不去看看？"

第四章　一支军队的诞生①

卢沟桥事变爆发一天后，1937年7月8日，一个东北乡下老太太到北平城里买东西。她长得矮胖结实，皮肤黝黑，稀疏的几根头发梳向后脑勺，脑门闪闪发亮。她眼睛乌黑，方下巴，同店员使劲地讨价还价。她说话的声音很大，店员不由得环视一下周围，看看是否有人听得见。老太太递过一束钞票，店员给了她几包用纸包着的沉甸甸的东西，她小心翼翼地放在篮子里。

老太太走回家，满屋子都是人：她七十岁的丈夫、两个儿子、两个女儿和五个年轻人，这些年轻人是他们的朋友。她进屋以后，他们关上门，都围过来。她把东西从篮子里拿出来，打开包，整齐地放在床上。原来是涂着油的、闪闪发亮的手枪——八支毛瑟枪和两支勃朗宁枪。

这一屋子人和这些枪成为一支游击队的原始实力和武库，不到一

---

① 第一人民抗日联军后来变成了冀察晋边区第五军。关于它的故事是根据我采访赵老太太和吴新民（赵侗的六个基干队员之一）时所得的材料写成的。《星岛日报》刊登的赵侗自传和中国方面关于边区的材料为我提供了更多的细节。

年，它就有了上万条枪。赵侗是老太太的长子，后来当了这支军队的司令。他已经有了六年在东北领导游击队的经验。其他几个青年是他的战友，也曾在东北打游击。老太太自己暂时掌管着这支军队的军火、军需和给养（供应六个壮汉子吃饭），这位赵老太太后来以"游击队的妈妈"闻名中外。

买军火和组建部队所需的钱来自几个方面。青岛市市长沈鸿烈上将给了一些钱。马占山将军也是赞助者，他一度是日本在东北的最大眼中钉。他现在打算在内蒙古组织一支引人注目的骑兵游击队。流亡在北平的东北人经常捐款，他们组成了东北救亡协会。这些人的老家沦陷在日本人手中。他们的第二故乡又保不住了。无怪乎东北人总是站在反抗侵略者的最前线。

这六个青年、一个老太太和一个救亡协会的代表聚在一起商量。必须赶快把武器运出城。当敌人包围北平或占领它时，就来不及了。

即使现在，也是很困难的。城里实行戒严。古城墙的每一座城门都由二十九路军重兵把守着。非军人携带武器，会碰到麻烦的。他们为这个问题费了不少脑筋。听说开往城外大学的公共汽车不受检查。两个青年通过这个途径带出两支枪。在此期间，赵老太太和她的两个女儿坐着人力车顺利地走出西直门。当哨兵前来盘查时，赵老太太说了几句好话，把他们支开了。难道除了赵老太太和两位小姐外，再没有别的好办法？她们的人力车不受检查，进进出出很顺当。老太太腰间捆绑了两支手枪，她的两个女儿各带两支。老太太的人力车的座位下放了一个箱子，里面装了一千发子弹。

所有的武器弹药都集中在离城里八英里的清华大学。

在那些日子里，每走一步都需要反复思量，需要高度机智、果断。这批人于7月20日离开了北平，有六人带着武器。六个年轻的平民带着手枪,在郊区是不安全的。如果被日本捉住,搜查出来,肯定要被枪决。如果他们落在中国军队手里,他们也会被当作日本雇用的流氓而被处决,因为日本人雇用了上百名便衣人员在北平城内外到处制造事端。碰到乡村保安队,也会收缴他们的武器,首先会把他们当作土匪。不管怎么样,他们的武器是有用的。通过几十年的内战,中国农民懂得了在乱世武器的价值。没有武器的农民只好听任土匪和道德败坏的军阀部队的摆布。潮水般退下来的军队进村后,把农民的马匹、车辆和粮食抢劫一空。如果有几支枪,农民就可以抵挡一下,把这些败军推向防御较差的其他地方。

这批人想出了一个解释自己身份的办法。六个年轻人装扮成地质系的大学生,仿佛要进山调查地质情况。他们的衣着打扮是符合其身份的,他们拿着地图。至于手枪,则是为了自卫,以防备动乱时代流窜乡村的不法分子的袭击。

他们前往北平附近的一个叫作大杨村(译音)的村庄,他们以前同那里的村长有过联系。这个村长给了他们八支步枪。从北平又来了十六个同志——十二人以前在东北打过游击,四人是东北大学的学生。两个农民也参加了他们的行列。现在,他们共二十四人,有十支手枪、八支步枪。

在附近的任何村庄,不论是凭交情或用钱,都再也弄不到一支枪了。还有六个人手中无枪,他们要得到武器,只有从敌人手中去夺取。在这支新部队组成的第二天,它就首次采用了中国游击队取得补给品的传统办法。他们听说,六英里以外有一个哨所,一个日本军官领导着冀东傀儡政府的二十名保安队员在那里守卫。这些游击队员决定去缴他们的械。当他们走到那个哨所时,发现只有三个吓得要死的人,他们立即交出枪支。这是第一场"战斗"。

中方同日本人的谈判开始了。卢沟桥有几天没有战斗。乡下的激昂情绪减退了。这支部队游荡了一周，试图同居民建立联系。农民倾听着学生游击员的讲演。他们看到，这支大讲抗日道理的小武装力量大部分是由东北人组成的。但是，日本人并没有打到这个村子，而且战斗也停止了。因此，这些农民虽然同情他们，然而却持谨慎态度。他们不希望在停战以后被日本人和二十九路军当作土匪追赶得到处躲藏。有几个游击队员感到泄气，说要回老家。但大多数人主张继续干，去冀东傀儡政府一带活动，那里的人民已经尝到了当亡国奴的滋味，也许会愿意起来斗争。

在永安村，老百姓几乎被杀光了。他们热烈欢迎这支部队，但是同日本人妥协求和的绅士们则感到不安。在他们看来，这支游击队的出现，预示着一场土匪的洗劫和农民的造反。一个姓张的乡绅曾同朝鲜贩毒商人和日本特务打过交道。他向日本军官控制的一个冀东军队哨所报告：一些抗日游击队员驻扎在永安村。这是7月28日的事，即天津战斗打响的那一天，离南苑战斗还有一天。

赵侗的六名基干队员之一的吴新民对我讲了随后发生的战斗。他说：

"起初，我们在村口布置了哨兵，但下起雨来了。我们觉得，让自己的同志挨雨淋太不值得，于是把他们叫进来。我们没有同敌人交过锋，不曾想到他们会知道我们的行踪。当然更没有料想到张狗腿子会报告我们。

"拂晓前不久，大约五十名日伪军包围了我们睡觉的院子，雨点般地扔进手榴弹。四人当场被炸死，两人受伤，在外面的一个人被捉住，立即被刺死。

"似乎无路可逃。但院子的一侧有一座没有后门的茅屋。我们认为他们不会在那里安岗哨。我们一些人出去同敌人交火，其余的人从底层推茅屋的泥砖墙，又用肩顶墙，使劲推，整个茅屋一下子全压在我们身上。

"我们爬出去，一面跑，一面射击。有部分敌人——全是中国人——在那边踯躅不前。他们全都被搞得晕头转向了。他们不但没有来抓我们，反而自己乱了阵脚，胡乱跑着，彼此喊一些毫无意义的命令。我记得，有一个家伙挥动着手臂，高呼：'抓活的！抓活的！'也许他们暗中很高兴看到我们逃走吧。不管怎么说，在他们下决心以前，我们已经朝着不同的方向逃往山里。"

游击队员在从伏击中逃走以前商量好：分散行动，最后在妙峰山集合。妙峰山是北平西面的"圣山"，每年5月朝圣者云集，热闹非凡，为欧美旅游者所欣赏。十八人在指定地点相会。他们又脏又累，精神不振。有六个人家在附近，马上离开了集体。其余的人讨论着，是否埋掉武器，回北平。最后，大家决定，让赵侗一个人去城里看看形势，如果可能的话，赶快再弄些武器和人马来。他们还不知道北平已经沦陷。

赵侗两天没有回来。又派了两人进城。山上剩下的九名游击队员中，有三四人曾在东北当过土匪。现在他们很想重操旧业。他们又饿，又没穿的。他们说，从沿途商人的身上搞点什么，没有关系。但其他人，包括四个大学生，表示激烈反对。他们说："如果你们想当土匪，可以走。但不能带走武器。这些武器是买来打日本人的。"在这个小集体里，关系日益紧张起来。在永安村遭伏击以后出现的沮丧情绪迅速达到了丑恶的顶点。结果是六名游击队员回家，另一些人想当土匪。意想不到的激烈战斗和令人羞愧的失败使大学生们惴惴不安。他们又饥饿，又被这种不习惯的战斗生活弄得精神紧张。这有什么用处呢？但是他们没有把内心的想法流露出来。

决定这支由十二人组成的小小队伍的存亡的，是外部力量，是陷落后的北平市的形势。当游击队员们在山窝窝里寻求武器的时候，他们的支持者并没有闲着。东北难民的抗日运动鼓舞了他们最初的努力。现在，它又把它强大的声音加入那些学生的声音中。这些在山里风餐露宿的学生劝告精神沮丧的战友不要靠抢劫手无寸铁的中国人发财，而要甘愿冒风险，赤手空拳也要跟日本的军事力量斗。

赵侗和另外两个人都回到了山区。同他们一起来的还有赵老太太和东北救亡协会的一个代表。他们带来了大量被褥。当这些被褥被打开时，原来还有三挺机枪、二十支步枪、四支手枪和数千发子弹。这些武器都是通过伪军把守的城门运出的，赵老太太在人力车上大模大样地骑在用行李裹着的机关枪上，这是在通州暴动以后不久的事，日本人没有给伪军发枪支。两个人想要搜查行李，其中一人看到赵侗的手枪的枪口，不敢动手了。

在不到二十四小时的时间内，就有二十名东北大学的学生出城上山了。

他们坐在山上聊天。游击队员谈到他们的种种冒险和碰到的麻烦。赵老太太讲了她的经历。她是用一位东北名人捐献的两千美元和她募捐的一千美元购买这些武器的。她同军火商人谈成的条件是：先预付一部分款。这个商人不大碰到老太太来买军火。他想，何不趁此机会从这个乡下佬身上捞一把，只要给她点儿厉害，她就不敢提刚才的条件了。他把她拽到一个角落，威胁说："我知道你的儿子是游击队。如果你不立即付清所有的钱，我就向日本人告发你。"赵老太太明确地大声说："不错，我儿子是游击队。他在东北已打了六年游击战。我们是不怕死的。如果怕死，你想我们还会干这个工作？你可以告诉日本人。那并不能帮助他们抓到我的儿子。但是，当他们逮捕我时，我将告诉他们，是谁给游击队供应武器的，你这个卖国贼！他们会很容易抓到你。"赵老太太用这些话重现了当时的气氛，她对最靠近她的一个战士说出了这些话，这个战士局促不安，仿佛老太太的怒火不是针对那个卑鄙的军火商人，而是针对他。

游击队员的欢声笑语，回响在山谷之间，一扫昨天那种凄凄惨惨的气氛。

别的麻烦事却不那么容易处理。在永安村阵亡的四个人曾在东北打过游击，他们同家眷一起流浪到北平。现在，他们的妻子和母亲来到赵妈妈这里哭诉："给我们挣钱养家的人死了。我们可该怎么办呀？"有些人怨气冲天地说："为什么你的儿子没有死？死的都是我们的儿子和丈夫。"老太太没法对付她们，搬到别的地方去了。于是，东北委员会出来管这件事。他们对死者的家属说："你们把赵老太太吓走了。现在谁来做她每天冒着生命危险干的工作呢？谁来为你们的男人报仇呢？"后来这些家属接受了东北人所能提供的帮助，赵妈妈又回来像往日一样购买武器了。

当这支部队在山上安营扎寨时，它不断派侦探去西山一带寻求军火。那些被遣散的士兵和警察游荡在乡村，很愿意出卖他们的步枪，换几块钱。有几个人参加了游击队，告诉他们在田野和地窖里秘密埋藏武器的地方。游击队的通病是，人多武器少，但这支部队现在再也不患这个病了。现在，它有四十人，目前大多数是学生，而武器则多一倍。

他们召开了一个全体大会，决定把这支部队命名为"第一人民抗日联军"。对只有四十人的一支部队来说，这个名称有点夸大其词了，然而东北的许多游击队开始的时候，人更少。赵侗被选为司令。

在他之下还有三名军官——孙民豪、殷福祥和刘奋吾（皆为译音），他们全都当过东北义勇军。当时没有学生军官。大家作出决定：所有缺乏军事经验的人至少要当两个月的列兵，才能担任指挥职务。

北平沦陷后，市民陷入极度的失望之中，因此，这支部队决定要让北平人民知道它的存在。8月初，它计划去袭击第二模范监狱，那里关押了六百人，其中许多人是政治犯，有即将被日本人处决的危险。

一个参加者对我讲了这次袭击的故事：

"我们在夜间摸到监狱跟前，有些人从正面去，有些人从后面去。与此同时，我们在两个城门放了岗哨，以便日军出现时，有人报信。我和一批人是负责监狱的大门。

"我们其中一些人懂得日语，这使我们有了主意。我们在街上找了个淘气的孩子，给了他十分钱，叫他跑到监狱跟前喊：'日本军官来了！日本军官来了！'

"几分钟以后我们就到了，全都尽可能大声地讲日语。当看守人开了门时，我们拿出手枪，要他交出钥匙。与此同时，我们的一些人找到电话线，切断了。另一些人缴了卫兵的武器。

"为了让所有的犯人都可以听见，赵侗站在监狱中间的院子里高声喊道：'我们不是日本人！我们是来救你们的！砸开你们的门！我们是北平郊区的抗日游击队！'

"我们尽快地打开了牢房的门。与此同时，囚徒们也抓起床架和别的重东西，打开了他们的出路。当我们打开军械库时，发现有三挺机关枪、三十五支步枪、许多手枪和大量弹药。

"我用一挺机枪把守大门。囚徒们涌向大院子，赵侗对他们说：'你们在监狱活受罪，许多人将被处死。现在你们可以为中国人民做事了，同民族敌人战斗！'我们把三十五支枪分发给最像样的囚徒，立即离去。再待下去，是危险的。"

四十名游击队员带着五百七十名囚徒走出城外。这是一支离奇的队列。囚徒们穿着白色囚衣，有人还带着手铐。有些人关得太久了，举步维艰。许多人生病。这支奇怪的队列经过一个主要的城门时，上面有警察站岗。警察被如此多的人吓呆了，急忙去给总部打电话。这时，游击队和囚徒们已经消失在黑暗中，向友好的山区进发了。

在北平和天津，第二模范监狱被劫的消息一传十，十传百，很快就传遍了。对居民来说，这意味着："事情并没有完。"对那些准备在敌人统治下分散进行工作的抗日战士来说，这使他们受到鼓舞："你们不是孤立的。别人的工作已经可以看得见了。"

在山里，举行了会议，三百名以前的犯人，包括"政治犯"在内，参加了游击队。这支小部队内部又迅速发生了一次变化。武器重新感到严重不足。人员的构成也发生了变化，学生只占少数。这支部队现在共三百五十人。补给、吃饭、财政都成了问题。

游击队仍然靠近北平，离旅游胜地颐和园不远。赵妈妈定期出城，用菜篮子带出更多的武器，告诉他们关于游击队的"后方"和城里的财政情况。每天上午，她在自己的家门口坐上人力车，直奔她儿子的总部。迄今为止，还没有人怀疑她。现在，赵妈妈有了新的任务。她负责在城里招收新队员。学生们到她那里去，同她保持一定距离，跟着她到游击队的隐避地。他们三三两两来自中学和大学。有些学生头年在陕西红军开办的游击队训练班学习过。

游击队在北平德胜门附近安置了前哨，由一些逃出来的犯人组成。一辆日本卡车毫无警觉地从他们旁边驶过。他们开了枪，打死两个卫兵。游击队从卡车里弄到了两支步枪、一支手枪、几百条毛毯和水壶。"我们装备起来了，真像个战士了，"一个游击队员对我说，

"我们不再担心秋天以后如何在野外睡觉了。我们节省了几百元给城里的朋友，好让他们给我们买些御寒物品。日本人关闭了德胜门，堆起沙袋。他们开始调查，究竟是什么样的敌人竟敢无视他们的规定，打开他们的监狱，袭击他们的运输车。

这支部队成立已经一个月了，从几个人增加到四百人。三个星期以前，他们只是残兵败将，而今天却成为北平一带的一支主要抗日力量。

这时，它举行了第二次全体会议，成立了司令部和政治部。政治部是干什么的？它是由那些一心抗日的人建立的，旨在保证不管发生什么事都不偏离抗日宗旨。在不长的时间里，这支部队的人员组成发生很大变化。以确保宗旨不变为目的的政治部，主要是由学生组成，牵头的是毕业于东北大学的高朋（译音），在卢沟桥事变前，他曾在东北担任全国救亡协会的地下代表。

政治部是如何工作的呢？高朋把40名大学生集合起来，分派到这支部队的各个单位。他们同一般游击队员同吃同住，同那些过去当过兵、当过农民，甚至当过土匪的人建立了个人友谊和互相了解。他们通过这些人的亲身经历对他们宣传抗日的必要性。许多游击队员参加这支部队时对其宗旨并不甚了解。他们很可能成为各种野心家的肥沃土壤。这些野心家也许会试图夺取这支队伍的领导权，去当土匪或作为个人升官发财的资本。政治工作人员通过自己的耐心工作，教育游击队员懂得：任何这类企图就是叛国。破坏抗日武装力量，不是个人的问题，而是对民族抵抗运动的打击，是对敌人的帮助。

游击队只能是人民的军队。没有人民的信任，它的优势就丧失了。它就变成了一群无家可归的冒险家，成为众矢之的。政治部工作的另一个方面，是使人民信任赵侗的部队。第一步是加强游击队员的纪律性。不准白拿群众的一针一线；拿人家的东西，要给钱。要爱护农民的房屋和田地。他们有个口号："游击队是老百姓的军队。"学生们在任何地方向村民发表演说时，总是请求给予合作，而不是发号施令。

最后是"对敌人做政治工作"。在游击队的早期战斗中，交锋的很少是日本的正规军，往往是日本军官指挥的伪军。于是，游击队进攻的时候，高呼：

"你们为什么不掉转枪口打真正的敌人？"

"中国人不打中国人！"

"让我们打回老家去！"

一方面做政治工作，一方面打几枪，就足以使这些伪军不战而走，有时甚至倒戈，跑到游击队这边来。伪军是没有心思为主子卖命的。

后来，赵妈妈从北平送出一封信，带来坏消息。叛徒向日本人告发了游击队和它在城里的接头地点。她的身份也被发现了，必须离开。过了几天，她就安全转移，绕道去中原了。①

日本人雇用了一个追捕赵侗的侦探高宪章（译音），他是华北人民最痛恨的汉奸之一。高宪章是土匪头子和日本的特务。他以五万元的报酬，出卖了东北义勇军领袖李海清（译音）。他邀请李海清"商谈联合对敌的行动"而把他诱杀了。现在，日本人答应给高十万元，作为摧毁赵侗及其游击队的报酬。像以前一样，高安排了一次"会晤"。但这回，他没有发出邀请。他亲自带领三百五十名武装人员对

---

① 赵妈妈到了河南南部平汉线上的避暑胜地鸡公山。她并没有闲着。在两个东北游击队员、她的丈夫和两个女儿的帮助下，她在黄河北岸建立了一个新的游击队根据地。当时那里受到了日本人的威胁。她招收了四千名"红缨枪"队员，并建立了司令部。这支游击队对日本人采取了几次成功的行动，但是后来，由于组织和领导不健全而解体了。自1938年以来，赵妈妈周游全国各地，为华北的游击队募捐。

赵侗的总部作"友好的访问"。早有警惕的游击队先是诱伪军深入圈套,把他们分散孤立起来,然后出其不意,解除他们的武装。高自己坐在赵侗的接待室等待被接见时,做了阶下囚。在这次短兵相接中,死三人,伤一人,抗日游击队缴获三百支步枪。被缴械的土匪全部予以释放。高宪章经过军事法庭的审判,被处决了。①

几天以后,日本的一架飞机在西山侦察到了游击队;为了进行扫射,它飞得很低。游击队用步枪打了它一枪,竟幸而命中,机毁人亡。这架飞机给日本人造成的损失远远超过游击队成立两个月来的开支和买武器的费用。

日本人遭此损失,再加上8月、9月北平周围游击队如雨后春笋般地发展起来,促使日本人对游击队发动了一次扫荡战。10月初,日本人派了三个旅的兵力,在飞机、装甲车和坦克的配合下,开进西山了。在卢沟桥事变以前,日本人只用一个旅就把整个华北吓唬住。靠这点儿兵力,他们就迫使中国人在塘沽和北平签署了屈膝投降的协定。而今天,在他们几个月前"征服了的"领土上,为了平定一小块地盘,则动用了三个旅。这种占领的代价实在太昂贵了。

这次,游击队员又撤向圣山妙峰山。为了躲避从四面八方围拢来的日军,共有七千之众的其他二十七支游击队也撤到了同一地点。

圣山长满丛林的山坡有效地隐蔽了游击队,使敌人飞机大炮的轰击成了盲目的狂轰滥炸。日机轮番轰炸妙峰山达数日之久。它们炸坏了善男信女们每年朝拜的寺院。炸弹的轰鸣声连三十里以外的北平城都听得到,但却没有炸死一个游击队员。

当游击队从日本人包围的山上逃走时,他们遭到了惨重的伤亡。

---

① 合众社驻北平记者费希尔当时正采访游击队总部,目睹了高宪章就擒的全过程。

赵侗的部队则是幸运的。他们从日军守兵薄弱的一条偏僻小路上溜走了。但是,他们也并非毫无损失。他们撤走时,遭到七架日机追踪袭击,死了五十人。其他游击队更惨。以前曾在东北军当过团长的张弘(译音)领导的一千人在一条狭窄的山路上遭到日本人的伏击,损失了一半人。其余的许多人被打散了。剩下的一些人参加了赵侗的部队,后来张弘当了赵侗的参谋长。孔章许(译音)的部队从五百人减少到五十人,也加入了赵侗的部队。当赵侗离开妙峰山时,他拥有一千五百人。

在这支部队经历了第一次巨大的战火考验后,它又面临一次严重的内部危机。抗日的道路是艰巨而漫长的。而当土匪的道路则是有利可图的,而且也不那么危险,如果人马充足,管理得当,甚至可以当伪军司令。赵侗的部队发誓要走抗日的道路。以前当过土匪营长的姬昌武选择了土匪之途。他小心谨慎地慢慢朝这方面发展。凭借个人的威力和勇气,也通过自我吹嘘,他建立起他的威望。他竭力阻挠学生们的政治工作,他手下的人目无法纪,对他唯命是从。他千方百计在游击队员中孤立学生。他嘲笑他们软弱和不懂得打仗,他希望他手下的人也讥讽他们。不难看到,这会导致什么结果。

学生们到赵侗那里,主张把姬撤职。他们指出,把他继续留在游击队,必然会使那些以前当过土匪的人集合在他的旗帜下,而这些人本来是可以参加抗日斗争的。姬的部队在村里的所作所为损害了游击队的声誉,失去了人民的信任。姬抽鸦片,狂妄自大,活像个土匪头子,经常有一批拍马屁的人围着他转。农民们对他忧心忡忡,因为他们以前也见过这类人。

姬昌武听说学生告他的状。他不懂得他身处新型部队。他把学生叫到他的营部,要他们在另一张状子上签字:"我们在姬的营部工作的学生和政治工作者请求让他继续当营长。……"他们拒绝签字。他大发雷霆，"我是你们的营长，我命令你们签字。"但他们不肯签字，并继续要求把他革职。结果，姬被调走，另行安排工作。

姬在那些曾在军阀部队中干过事的军官中组织了一个所谓"实力党"。这些军官在其单位重新建立了忠于个人的旧体制和恐怖主义的纪律。这个党的成员在游击队总部的会议上要求不断扩大其小单位的实力。他们说："我们需要更多的武器、人力和资金。"他们主张对游击队在北平的支持者提出更多的要求和从村里的居民中强行征用财物。他们最讨厌政治工作者。他们说："当士兵不服从的时候，就揍他，这样就使他打仗打得好些。当敌人出现时，就开枪。这就是军队必须做的事。演说有什么用？这些学生只会削弱我们的力量，妨碍我们的发展。"

当学生看到"实力党"在不断壮大时，他们竭力抵消它的影响。他们努力学习军事技术，向这些人表明，他们不光会说，也会打仗。他们在同敌人的短锋相接中努力表现得出色。他们知道，为了孤立这些不可一世的潜在的军阀，他们不仅需要争取这些人的同情，而且需要争取其信任。在这方面，他们是成功的。

当"实力党"最后企图夺取整个游击队，把它变成土匪队伍时，他们竟找不到支持者。姬昌武被枪毙了。他的几个追随者被缴械，赶出了游击队。一些学生被提拔担任指挥职务。

多年来，军阀一直压制群众运动。而现在，军阀的思想余毒实际上是站在日本人的一边来打击抗日的人民。但是，华北的游击队运动很容易就消除了这种腐化影响。军阀的时代已经结束。

这支游击队退到南口，那里的长城离北京最近。8月底，在这里打了一场大战。一批土匪同日本人狼狈为奸，肆虐乡里。游击队把他们打散了，缴获了两挺机枪和许多步枪。人民对游击队感激不尽，他们给游击队送饭吃，照顾伤员。

赵侗的队伍现在拥有一千五百人，是北平一带最大的一支游击队，但在河北省还数不上它，全省至少有两万名游击队拿起武器反抗侵略者。过去几个月，小股部队参加了大的队伍，大的队伍又彼此建立联系，形成了"联军"。河北人民自卫军在东北人吕正操的领导下，已经控制了河北省中部的许多地区。它是由以前的士兵、民兵、铁路工人和农民组成的。在南部大名镇附近产生了一支一千人的游击队，它有一支由两百名学生组成的政工队对人民群众进行宣传。在冀豫边界的磁县，一支四千人的游击队建立了一个地方政府。本来安心教书的大学教授杨秀峰博士在冀豫晋交界处的太行山区建立了一个根据地。这个游击区在十八个月之后，仍然不断骚扰敌人。在晋东北，八路军的先头部队为晋察冀边区战区打下了基础。他们已经同位于平汉铁路线上富饶地区的吕正操部队建立了联系。与此同时，在北平和天津，华北救亡协会改组为华北人民抗日自卫委员会。11月10日，委员会在天津举行会议，有许多游击队的代表参加。会后不久，会议代表到汉口向中央政府汇报工作，要求得到正式承认和支持。[①]

这就是河北"敌占区"的情景，这就是河北人民三个月来对日本的所谓"和平与安宁"的欢迎。

11月底，一个信使来到南口山区赵侗的总部。他带来了原红军、现为国民政府第八路军的总司令朱德和副总司令彭德怀的一封信。他们写道，他们听说了赵侗的部队，希望他同意同八路军的正规部队和游击部队配合行动，以便更有效地打击敌人。

---

① 这些情况是 1937 年 12 月在汉口采访会议代表刘清扬小姐时了解到的。

12月10日，赵侗部队举行了一次会议，决定立即西进，去位于冀晋边界的佛教圣地五台山。寒冬日益逼近，游击队需要一个根据地。赵侗以前曾去过五台山，认识五台山下一个县的县长。此外，他们希望在五台山找到以有名的林彪——五师的一部分为代表的部队。九十月份在五台山建立的八路军总部开到晋南后，林彪的部队仍然留在那里。

但是，他们还没有到五台山，就碰到了八路军。他们越过长城进入察哈尔时，发现蔚县、莱黄和广灵三个县为杨成武指挥的八路军一个团所占据。杨司令带领他们到河北西部的阜平县去，来自全省各地的游击队正在那里讨论如何联合行动的计划。

晋察冀边区战区司令员聂荣臻在阜平会见了他们。聂雄才大略，在中国的解放斗争中有丰富的经验。他曾在法国、德国和俄国留过学。1926年，他曾任黄埔军校政治部秘书，黄埔军校为1925—1927年的革命斗争提供了军事领袖。在国共两党分裂后，他曾在江西苏区和红军中工作。现在统一战线重新建立后，他得到国民政府的授权，负责领导敌占区人民打击侵略者。

赵侗部队决定留在阜平接受训练。他们在那里待了一个多月，接受了正规的军事政治训练。军事训练着重于锻炼体力和夜战、突袭的技术。政治训练同普通教育结合在一起，因为不少战士是文盲。政治训练以统一战线的纲领为基础，强调自觉的纪律性和同人民保持密切联系的必要性。

每天课程包括：早餐以前一个半小时跑步和爬山，早餐和午餐之间战术课和政治课各一小时，下午是几小时的作战操练。晚上是讲课、戏剧和群众性歌咏活动。集结在阜平的所有部队都按这个教学大纲受训。

各级军人每月的军饷标准是：军长五元；团长四元；低级军官三

元；列兵二元。

晋升的依据是各个人的经验和在实战中的表现。不一定是逐级提升。一个普通游击队员如果在战斗中表现出色，可以越级提拔为连长。一个军官如果失职，就不客气地降为列兵。但这些变动不是独断专行作出的，而是由有关部队的军政领导人共同决定的。

战术训练是通过实际演习和教室里的"沙盘"模拟战进行的。这种"沙盘"战颇能吸引游击队员，他们课余花几小时练习，他们改变沙盘战场的地形，互相压倒和消灭对方的"子儿"。训练时，战士要讨论和分析每一个行动。每一次战役后，游击队员都要重新逐点加以研究，找出胜败的原因。

以前，"第一人民抗日联军"是一群居无定所的抗日勇士，他们在游荡中不断扩充实力和武器。现在，它成为一千五百名充分武装起来的、坚决抗日的力量后，面临着一系列新的问题。技术问题和政治问题交织在一起。一千五百人的部队需要一个根据地，来获得给养和兵源，同时也需要保卫它。在根据地中，他们如何维持自己的生活呢？像土匪或军阀的军队那样，榨取老百姓的血汗呢？还是同人民保持密不可分的联系，成为他们的武装先锋队，去打击那些在华北农村为所欲为的强盗，去抵抗烧杀奸淫、无恶不作的日本军队？此外，还有如何进攻敌人的问题。每一支游击队继续在敌人的侧翼独立地作战呢，还是大家联合起来，协调行动，切断敌人的交通线，当主战场最需要兵力的时候把日军拖在后方，让它动弹不得？

赵侗的部队以及来阜平的其他游击队对这些问题找到了满意而明智的解答。这并不是空口说白话。八路军在打游击战和组织群众方面有着丰富的实际经验，经受过多次战役的检验。这些游击队员亲眼看到，在河北西部短短的两个月中，八路军便在人民和这个地区的武装力量之间建立了牢不可破的联系，不是用强迫手段，而是通过合作和组织工作，保证了大批部队源源不断地得到兵源、物资和食品。阜平不仅同晋南的八路军总部，而且同山西的统帅部和汉口的中央政府保持着经常的无线电联系。它的确有能力协调游击队的军事活动。

在阜平，聂荣臻和聚集在这里的许多游击队领导人之间很快达成了统一战线工作协议。游击队在敌占区夺回来的那些地盘的行政领导权立即交给由"晋察冀边区政府"代表的中央当局。游击队负责保卫指定的地区并从那里开展活动。在民政、军事的大政方针上，它们听从边区政府的指挥，但在地方事务和各个部队的内部事务上，它们有很大的自主权。

这是1937年12月在中日战争爆发六个月后在报纸的地图上早就被划为"日本占领下"的地区内发生的事。

1938年1月15日，根据中央政府的特别授权，边区政府在五台山正式成立。当时，它已控制了敌占区的四十二个县。它在这三个省共拥有十万游击队员。

不久，赵侗的部队，现已成为边区战区第五支队，前往河北西部负责保卫那里的八个县。很快，它的人数就扩大了十倍，达到一万多人。新兵很少是行伍出身，几乎全部是保卫自己家园的农民和工人。

这支部队果然打了许多仗，收复大量失地。1938年7月7日，即中日战争爆发一周年之际，它派了一千人再度出现在北平城下。它夺回卢沟桥，停留了一天。它突袭北平发电厂，使全城一片黑暗。北平街上筑起了沙袋路障。像一年前一样，大炮轰鸣，一队队的日军巡逻全城，实行戒严。但这一次防守的是侵略者。游击队完成了任务后，主动撤离。对北平的突然袭击是一次政治示威。这是边区政府作出的决定："对敌人进行勇猛的打击，以资纪念战争一周年。"它向日本人、向北平人民、向外国使馆、向全世界表明："华北仍然是我们的。"日本人气急败坏。什么时候到头啊？北平人民重新振奋起来。外国使馆的无线电发报机响起来了。

所有这一切都是后来的事。现在，这支游击队又开始了它的事业的新阶段。

过去，每次战斗后，游击队的财产和人事都要发生变化，这样的情况已经一去不复返了。从北平山区的第一批隆隆炮声，到有计划地保卫新的边区，形成了一个历史阶段。今天在边区，正在依照一套完整的军事、政治、经济计划来建立抗日反攻的根据地。仅仅过了六个月，在此期间，不屈不挠的华北人民产生了许多勇士。

他们开始建立新的军队。

赵侗的部队仅仅是其中的一支。

第五章 火的考验

"这回将是全民皆战，"在平津陷入极度失望之中的那些日子里，我的一位大学生朋友充满信心地说，"到处都将是前线。"

事态的发展很快证明，他是对的。在这两个城市陷落十二天后，日军的主力和中国中央政府的精锐部队在北平西北三十英里的长城边的南口打起来了。不到两个星期，保卫上海的大战开始了。这次历时3个月的英勇无畏的战斗为中国赢得了举世的同情和钦佩。

对日本人来说，上海事件是卢沟桥事变和日本以前的全部政策的必然结果。当威胁和政治压力未能使他们控制华北时，他们便动武了。南京中央政府对日本的武力威胁表示蔑视并做好应战准备，而不像以前那样屈膝妥协，因此，日本人便决定进攻他们认为是中国政府实力主要堡垒的上海了。

如果夺取了上海，日本人就可以使中国政府受到严重的打击。在工业上和财政上，这个城市是中国最富庶的基地。作为一个港口，上海是中国通向西方的主要门户。中国的对外贸易大部分是通过上海进行的。在军事上，上海控制着通往南京的水路和铁路要冲。

上海还是英、法、美三国在中国的势力中心。这三国在上海有大量投资和贸易利益,在某些地方(如公共租界和法租界),它们还享有行政权。英国在上海的利益特别大,在英帝国以外投资最多的就是上海了。在夺取上海以后,日本人希望不仅可以左右南京,而且可以左右其在中国的主要经济对手。他们完全预料到,英国会支持中国尽力避免上海遭到进攻。但他们也相信,一旦这个大城市被控制在他们手里,他们就可以提高谈判条件;他们可以利用英国对中国政府的巨大影响来迫使中国迅速接受休战。1932年第一次"上海之战"后发生的事情正是如此,当时,主要是英国的利益促使中国接受了屈膝投降的"休战",从而结束了英勇奋战三个月的十九路军的抵抗。

结束第一次上海之战的这次休战使日本处于十分有利的地位,所以他们发动第二次战争,毫不怀疑他们有能力迅速占领这个城市。根据条约,中国军队不得进入这个地区,只留下三千名"保安队"驻守,像在天津一样。而日本人则有权在以虹口为界的中国领土内的"越界公路"上自由行动。虹口是外国人管辖的公共租界的一部分,早被他们当作住宅区。1932年,防御得最好的中国工事就位于这些公路上。由于这些阵地坚固,侵略者费了很大劲,死伤多人才攻下来。现在,这里建筑了一个绝对难攻的堡垒,布满了大炮,能够抵御大炮和飞机的袭击,这就是江湾的日本海军陆战队新建的钢筋混凝土兵营。

像在天津一样,西方列强在其帝国主义扩张时期强加在中国身上的不平等条约给侵略者造成了最有利的形势。在天津,根据庚子条约,中国军队不得进入这个城市。在上海,日本可以在公共租界内建立一个强大的基地。像在华北一样,对日本的抵抗从一开始就受到中国政府在妥协年代里作出的种种让步的阻挠。关于这一点,上面已经谈到了。

日本在上海的据点,不光是海军陆战队兵营。在公共租界具有战略意义的街道上,日本公民们多年来建筑了许多用最坚固的材料建造的现代化小"房屋",房顶盖了一些厚厚的水泥板。日本子女的学校、日本人拥有的工厂,甚至在外面道路上建筑的"科学实验站"(友好的中国政府怎么好意思不让人家盖呢)都是选择有利的地形,用坚固的材料建造的。在这些建筑物的宽敞的地下室里,日本人早已储备好了枪炮、弹药和食品,等待着"这一天"的到来呢。① 打仗一个月之后,当这些一度平安宁静的街道上的大部分建筑毁于战火时,日本建筑师根据日本战术家的计划建造的那些低矮结实的房屋则依然存在,即使最没有经验的人,也一眼就看出了它们的用场。那时,它们坚固的房顶上架起了大炮,牢固的墙壁后面伸出了机关枪,瞄准所有的地方。

日本海军陆战队在将来可能交火的地方多次举行了演习。他们当时驻守上海,有五千人,而中国的武装警察只有三千人。由于这些演习是在凌晨3时至5时进行的,只要把街道封锁起来,甚至某些准备好的据点也可以使用。日本历次驻防军大都参加过占领上海的演习,一旦真的打起来,他们都可以作为增援部队返回来,把他们的经验用于实战中。但这些精心策划的演习并不像他们预计的那么有用,因为中国的抵抗意想不到地猛烈,打乱了日本的计划。

如果日本在华北得手,它就会在上海制造事端,这一点任何人都不怀疑。铭记着1932年的教训,当卢沟桥的小冲突可能导致大的敌对行动时,上海人民在7月份就做好了应付最坏局面的准备。中国政府也开始进行战备,以防上海走北平和天津的老路。但当时并没有违反1932年停战协定。虽然市内的保安队开始建筑防御工事,但正规军尚

---

① 在西方国家的许多城市里,法西斯先生们(在专家的帮助下)大概也同样建造了许多房屋,储备物资,等待着他们的"日子"吧。

未开进市内。后来，日本海军陆战队的调动和增援部队的开来才表明，进攻即将开始。

早在7月24日，上海就感到惊慌不安，因为当时发生的一个事件非常类似导致卢沟桥发生冲突的那个事件。日本海军突然宣布，一个穿蓝色上衣的、名叫藏本的日本士兵被人绑架了，如果不立即把他放回来，日军就要采取强有力的行动。日本派巡逻队进入中国领土来寻找他，形势紧张起来。原来这个日本士兵跳长江自杀，被镇江的一个中国船夫救上，交给有关当局。一场虚惊结束了。在讯问时，这个士兵供认，他没有按照规定去日军的专用妓院，而是去了别的妓院，从而违反了纪律；他的行动被长官看见了，因害怕受惩罚而逃跑。甚至日本海军也无法借口这个事件而开战，何况华北的谈判正在进行，中日冲突的未来趋势尚不明朗。

8月，日本要在上海采取行动的迹象已变得十分明显，准确无误。他们的内河船队从汉口和其他长江口岸撤走了日本侨民，这些船只集中在上海，没有返回原地。8月9日，即这支船队到达的同一天，上海发生了一件日本帝国式的真正的挑衅。日本海军陆战队大山勇夫中尉和水兵斋藤要藏贡献了他们的生命，以便制造一个借口——这是神圣的护符，日本人每逢采取行动总是这么做的，因为他们是一个计划性很强的民族，总是事先把一切安排好。他们开车驶入中国虹桥军用机场，当哨兵拦阻时，他们便开枪打死一人。其他哨兵迅速反击日本人。两天以后，由五艘巡洋舰、九艘驱击舰、九艘炮艇、一艘航空母舰和许多运输船组成的一支舰队开进上海。在日本商船公司拥有的码头上，他们卸下了枪支弹药、补给品、卡车、坦克、兵力以及一支装备精良的远征军所需要的全部装备。不用说，这样一支部队是不可能在短短两天的时间内集合起来，渡过日本海的，即使大发雷霆的天皇下命令，也做不到。

　　日本大使馆仍然在南京照常办公。在这支舰队抵达上海的那一天，它要求中国政府从上海撤走保安队。日本想不战而胜，唾手夺得这座城市。中国政府没有理会日本，而是向全世界表明自己的态度。它公开宣布了所采取的自卫措施，它不仅没有撤出保安队，反而赶忙派正规军——精锐的第八十八师去支援它。

　　8月13日，第一批炮声在上海隆隆响起。一场大规模的现代化战斗，像一颗炸弹一样，扔在这个大都市的心脏。那里有四百万人在生活和工作。一天之内，就有大批难民源源不断地拥入法国租界和公共租界里的非日本区，成片的房屋、商店和工厂成了战场。在闸北和江湾，日本舰队的大炮把炮弹无休止地倾泻下来，中国士兵和日本的海军陆战队在这条灰色的长街上打开拉锯战，死伤者数以千计。不久，双方动用了所有的武器。日本海军飞机对中国防线狂轰滥炸，中国空军的歼击机和轰炸机，在它成立以来第一次起飞迎战外来之敌。①

　　8月13日标志着华北事变、上海事变和所有其他事变的结束。从今以后，再也不可能谈论敌对行动的"地方化"了。尽管中日两国仍然维持着"正常的"外交关系，但它们之间已经开始一场全面战争了。上海战事爆发两天后，日本飞机对"中华民国"的首都南京进行了首次轰炸。

---

① 这次飞行出现了两个悲剧。8月14日，中国的炸弹不幸在公共租界的街道上炸死了大约两千名中国人和一些外国人。一颗炸弹本来是要轰炸停泊在附近的日本巡洋舰的，却不幸落在华懋饭店。另一颗炸弹是从中国飞机损坏了的炸弹架上落下的，据官方调查，那是被日本的高射炮击中的。必须指出的是，日本的巡洋舰和其他船只停泊在德国、苏联、英国领事馆附近。据所有中立人士的意见，危及租界安全的责任完全在日本人，他们不应该利用租界作为基地。在对租界市政当局提出的抗议中，俞鸿钧市长指出，日本的高射炮架在日本银行的屋顶上，甚至架在非战区的其他建筑物上。

7月，卢沟桥的英勇保卫战使全中国感到骄傲和自信，促使政府起来领导抗日的人民。从那时以后，北平和天津几乎是兵不血刃就陷入敌人之手。而今天在上海，中国军队在三英里长的战线上同武器精良的日军决一死战，这条战线的每一寸土地都被日本海军的数百门大炮瞄准。中国军队是坚决抵抗这种进攻呢，还是屈膝，把中国这座最大的城市拱手交给日本？

中国军队没有屈服。8月和以后的两个月，它继续坚守上海。针对日本人疯狂的猛烈轰击，它筑起了一座新的血肉长城，像聂耳所唱的那样。它以其劣势的武器装备，击退敌人，给他们以重创。在这方面，它得到空军的有力支援，青年飞行员参加了上海战役，成功地击退了日本对南京和杭州的空袭。在第一周结束时，三十架日本飞机被击落，一部分是首都有效的地面防空设施击落的，另一部分是中国的年轻飞行员用机枪击落的。

当时的空战，中国明显占了上风。最初的几次胜利是极为重要的，怎么说都不会过头，特别是对后方的民心尤为重要。在人民居住的城市上空，敌机一来空袭，人们就看到它们冒着浓烟被击落，以后他们也就不怎么害怕它们了。

在卢沟桥事变以后，中国政府第一次勇敢地反对日本人鲸吞华北的企图。而在上海事变以后，它更是对日本对华政策的一切野心给予打击。

当两国军队在上海和南口激战的时候，南京则紧张地进行政治、外交活动，清楚地表明蒋介石"抗战到底"的口号是认真的。而日本人则企图不战而胜，统治中国。

中央政府的军队在两条战线上战斗着。

他们尽一切力量使地方军队的领导人转向南京。

现在，全国各地的司令们都云集南京，表示愿意领导他们的军队反对共同的敌人。他们坐飞机来自最遥远的、以前曾是人迹罕至的省份和地区。其中许多人对中央政府只是口头表示拥护，有些人，如云南省主席龙云，是第一次访问首都。在那些表示愿意充分合作，共同进行民族战争的人士中，最杰出的要算是除中央政府自己的由德国人训练出来的军队外中国另外两支最强大的军事力量的领袖，他们就是多年来一直实行自治的广西将军李宗仁和白崇禧，以及南京军队十年来一直围剿的红军领袖。1932年曾经英勇保卫上海，但后来由于反对政府的投降政策而解甲的、著名的十九路军司令们李济深、陈铭枢、蒋光鼐和蔡廷锴也回到南京，表示愿意为国效劳。

在妥协投降的时代各奔前程的各党各派，在日本进攻的面前重新团结起来。蒋介石在围剿红军和巩固其在西部省份的权力的过程中在全国各地修建了漫长的公路。现在，数十万军队沿着这些公路开赴抗日前线。广西的将军们扩充自己的军事力量，主要是为了对付蒋介石。现在，他们勇敢的士兵们已经置身于上海和山东的战壕里。红军在同装备精良的政府军作战时，锻炼出了一种几乎是传奇式的灵活机动、出其不意的战术。用不了很久，它就表现出，这种战术对付日本人同样是有效的。

日本人千方百计地设法离间中国同苏联的关系。东京不断要求中国恪守"反共产国际"公约，其基础就是希望一旦发生苏日战争，中国给日本以援助，或者至少是保持中立。在战争爆发以前，它也可以从离间中苏关系中得到好处。日本可以无后顾之忧地在中苏边界无阻挠地进行挑衅，任意蚕食"友好的"中国领土。

8月21日，中国和苏联签订了互不侵犯条约。① 这个条约没有军事意义，同苏联与其他邻邦签订的类似条约没有什么不同。它以前之所以没有签订，是因为日本一直想把南京纳入柏林—罗马—东京轴心，南京虽然谢绝了这个"荣誉"，却也不愿做出公开激怒日本的事情。在1937年8月的情况下，签订中苏互不侵犯协定，同卢沟桥的抗日行动、蒋介石牯岭讲话和在上海坚决抵抗日本的进攻，是完全一致的。这意味着，从今以后，中国将在军事上和外交上保卫中国的领土完整和利益。如果日本针对中国政府政策上的这种剧变，竟企图消灭中国政府，那么，中国将起来迎接这种挑战。

日本最害怕的是中国人民举国一致的革命性团结。20年来它的政策的实质，就是阻挠这种团结。在中国软弱妥协的时代，它不断施压国民政府去镇压抗日的民众运动和加强对红军的进攻，因为红军早就把收复失地作为它的主要目标之一。更有甚者，它表示愿意把它的军队借给南京去对苏区采取"联合行动"。如果南京接受这个建议，日本军队就可以找借口，去中国的任何地方。在西安事变期间，日本又提出这个建议，日军表示很想去把蒋介石从绑架者手中"救"出来。

然而，日本的步步进逼不仅没有使中国分裂，反而促成了它的团结。卢沟桥事变之后，国共两党奠定了正式结盟的基础，以取代西安事变以后达成的停战。这种联盟的条件是：

（1）在普选和民主原则的基础上西北苏维埃政府改组为边区政府；提出官员名单由中央政府任命；

（2）红军改组为国民革命军第八路军；

（3）共产党宣布和国民党真诚合作，共赴国难；

---

① 8月29日，南京和莫斯科正式宣布。

（4）蒋介石则承认中国共产党的合法地位。①

红军的改组是在9月10日公布的（实际上8月22日已经完成）。十二天以后，这最后两条也正式公布了。

共产党中央委员会的宣言写道："唯有内部团结一致，才能够击退日本帝国主义的侵略。共产党现在的主要目标有三个：（1）全力进行民族革命战争收复失地。（2）实现民主的改革。（3）改良人民生活状况。这政策是根据孙中山先生的三民主义，那曾是1924年国共两党第一次革命联合的基础，而现在也代表着今日中国的需要。"

共产党宣布，为了联合抗日，它放弃以前的推翻国民党、组织苏维埃政府和没收地主财产的政策。它说，现存的苏维埃政府已经在按照牯岭商定的方针进行改组。红军现已成为国民革命军第八路军，隶属于国民政府中央军事委员会管辖。

委员长的答复逐点承认了共产党的宣言。蒋介石认为共产党的行动是"民族感情超过其他一切考虑的典范"。接着，他提出中央政府对其以前的政敌采取的态度。他写道："任何国民，凡是信仰三民主义者，不管他以前行为和信仰怎样，国民政府都宽容之。……同样，国民政府也乐于接受任何党派的支持，只要他们愿意在国家生存的斗争中接受国民党的领导。"

政治犯被释放了。先是在南京和上海，然后遍及全国。不仅党与党之间的裂痕，而且多年来在中国人民与其政府之间形成的巨大鸿沟终于缩小了。在上海前线，各党各派、各界人民代表已在抗敌战地工作团中工作着，给抵御敌人进攻的中国军队以莫大的支援。国共两党的和解大大振奋了民心，举国上下，一致对敌。

---

① 这是同蒋介石进行谈判的林伯渠（林祖涵）在《边区政府年度报告》中提出的。我把他的三点分为四点。

第一个欢迎国共合作的，是国民党的缔造者、中国国民革命之父孙中山的遗孀宋庆龄。她写道："孙先生一生致力于共同奋斗救中国。正因为如此，他主张国民党和共产党应当合作。共产党是代表产业工人和农民利益的党。孙先生明白，如果没有这些阶级的支持和合作，那么，完成国民革命的使命是不容易实现的。假使孙先生所主张的国共合作一直继续到现在，今天的中国早已成为一个自由独立的强国了。往事是一个良好的教训。在此非常时期，以前的一切嫌隙都应置之脑后。全国要联合起来，一致抵抗日本的侵略，以争取最后的胜利。"

多年来，中华苏维埃的存在，不仅对于西方，而且对于大多数中国人来说，都是神秘莫测的。在官方的报刊上，人们读到"匪徒被消灭"、朱德和毛泽东多次被杀的消息，可是，他们总是又活了。人们普遍不相信有一个组织得很好的苏维埃政府和一支十万多人的红军。检察官们所允许的"解释"，五花八门，从政府的所谓"共匪"，到假理论家的所谓"自发的、无组织的农民运动"①，无奇不有，都是些毫无根据的恶意中伤和诽谤。对来自苏区的确凿有据的消息和来自国外共产主义运动的报道，那些敌对的宣传家和不负责任的笔棍们大肆挞伐，表示"不相信"和"怀疑"。

史沫特莱的著作被认为是轻率的虚构。而斯诺实地考察、亲眼目睹的报道虽然被认为无可置疑地是第一手材料，却也被投以怀疑的目光。

现在，随着两党的和解，又出现了新的神话。有人说，共产党从来就不是共产主义者，现在"已经抛弃了他们的原则"。有人说，共

---

① 托派观点。

产党一直是、现在仍然是共产主义者，他们之所以参加统一战线，是为了用狡猾曲折的方法破坏国民政府。还有人说，中华苏维埃"终于决定完全消灭他们的运动了，到1936年夏天他们对其最初的原则已经背离得很远，以至他们对地主、资本家的友好程度实际上超过了国民党"。事实上，他们都是反动派。这最后一个说法是极端恶劣的汪精卫先生的热心追随者炮制出来的。①

9月初，我设法在南京找到了两位八路军代表，谨慎的宣传官员仍然把他们的地址保密，不让好打听的记者知道。这些宣传官员在适应新形势方面是缓慢的，他们把统一战线看作一种秘密安排，关于这方面的情况，只有经过他们精心的加工才能透露到外界去。我很幸运，能够向美国读者报道共产党对中国政治发展的新阶段作出的权威解释。这个新阶段就是，中国最大的两个政党用合作取代了它们之间的斗争。同时，我也完成了合众社的任务，它很高兴，我是在首都采访秘密的共产党谈判代表的第一个外国记者。

在国民党统治的地区，共产党在西安事变以前是绝对不公开活动的。虽然我从小生活在中国，然而在此以前我从来没有见过一个共产党员。现在，我就要看到传奇般的红军领导人了，心中不免激动而又好奇。我坐在代表团的整洁的会客室，墙上挂着孙中山、毛泽东、

---

① 《中国共产主义实况》，由汤良礼（译音）作序，从文风来判断，也是出自他的手笔，他是汪精卫的主要宣传家，一度担任《每日先驱报》的中国记者。这本小册子的了不起的作者还说："有人认为，中国共产党将像他们的德国和意大利同志那样被吸收到政治团体里去。德国以前有过一个工会运动，它仅次于世界上最强大的英国的工会运动；共产党的力量仅次于俄国共产党；它的社会民主党是世界上最富有的劳工党。……德国的所有这些强有力的、活跃的政治党派、团体完全被吸收在纳粹体制中。当中国不再有外来的威胁时，人们将发现，改良后的共产党将同样诚恳地、有效地同国民党合作……如果德国政府了解新的共产纲领的话，它就不会轻易地同日本签署反共产国际公约了。"这个杰作写于1938年4月，即希特勒承认满洲国之后。幸运的是，汪精卫先生已不再能够在重庆发挥这些观点了，而他的坚决的追随者、日本帝国主义在中国的"第五纵队"的成员们也不再写中国的对外宣传材料了。

蒋介石、朱德的画像,他们组合在一起似乎有点儿奇特,叫人不敢相信。我心中想象着老资格共产党人的形象,这些经历过十年残酷斗争和传奇般长征的人大概是不苟言笑、难以接近、带点狂热吧。

这时,门开了,走进来两个人,一位是穿学生蓝制服的知识分子,他身材瘦长,戴着眼镜,会讲英语;另一位是身穿黄卡其服的军官,笑容可掬,仪表堂堂。他们同我热烈握手,态度坦诚直率,使我的紧张感顿消。在两个小时中,我们谈了统一战线的形成过程和党的新方针。我提出的所有问题,他们都给以坦率的回答。我们相谈到一半时,空袭的警报响了,我们停止谈话,蜷缩在一个尚未完工的、阴暗潮湿的防空洞里,那里挤了许多人,不知从哪儿来的一束电线上挂着一个昏暗的电灯泡。

我十分喜欢这些年轻的共产党人。我感到意外的是,在他们身上没有一丝一毫的官架子。但我失望的是,仅仅见到了两个"机关工作人员"和他们的部下,而没有见到我渴望要见的满身战争疮疤的英雄。在他们那充满阳光的庭院里有许多穿蓝色制服的、性格开朗的青年男女。我离开的时候,询问了他们的姓名。那位军官自我介绍说:"叶剑英,以前当过红军的参谋长。"那位高个子的"大学生"说:"秦邦宪(博古),以前是西北苏维埃政府的主席。"他们以及站在周围给我倒茶的年轻战士们,都是红军的钢铁汉,他们击败过许多强大的敌人,忍饥挨饿,渡急流,爬雪山。他们就是八路军的指战员,在中国抗日斗争史上要写下许多光辉的篇章,在度过另一个年头后,将继续他们的"长征",向失去的东北挺进。

那次采访我记的笔记,在南京陷落时丢失了。但我仍然保留着关于共产党立场的一篇不长的译稿,后来我据此给合众社写了报道。这篇译稿对当时世界舆论热烈讨论的一些问题提供了一些说明:

中国共产党驳斥了所谓该党"向国民党投降"的说法。他们认为，他们的马克思主义原则本身要求在战争时期以及战后建国时期同他们曾经与之打过仗的政府进行最充分的合作。

他们认为，抗日的民族战争在本质上是革命的。他们说，马克思主义理论把两种民族主义区分开来：一种是压迫国家的民族主义，他们把自己的意志强加于别人；另一种是被压迫人民的民族主义，他们为民族的解放而斗争。前者是反动的，后者是进步的。此外，共产党认为，全国范围的抗日斗争将使每个中国人懂得，把自己个人的命运同更广泛的民族问题联系起来，从而参与在政治上形成一个民主的新中国。共产党鼓吹在人民的这种新觉悟的基础上把群众组织起来。

这种观点使中国共产党把抗日斗争作为其活动和宣传鼓动的基础。考虑到在这个关头由于社会斗争加剧，有产阶级既可以置身于和平阵营，也可以投入日本人的怀抱，因此，中国共产党现在主张所有阶级携手合作，共同致力于抗战。他们既然采取了这样的政策，就把所有反对这种合作的人斥之为汉奸。他们认为，利用革命口号和传统来制造分裂以有利于日本帝国主义的胜利，乃是一种最卑劣的政治伎俩。凡是用这种方法来破坏他们所主张的由各个阶级、各个党派组成的民族战线的人，都被他们谴责为托派。①

共产党领导人告诉我：他们的党过去没有、将来也不会解

---

① 不能由此得出结论：中国共产党阻挠群众改善生活的努力。相反，他们一直在政府的各种会议上主张减轻人民的负担，实行孙中山三民主义中所提出的土地改革和减租纲领，并支持群众要求让富人承担战争的物质负担。

散。他们的党员之所以把一切都献给抗日斗争,不是因为他们"改组了",而是因为他们认为,作为共产党员,他们有责任这样做。

在上海,中国军队向侵略者和全世界表明它是能打的。南京的所作所为清楚地表明了它斗争的目的。现在的战斗不是决定:究竟是让日本的侵略得寸进尺,直到中国被征服为止呢,还是在它已经巩固的地盘上止步。这是1932年的问题。而1937年,一个最重要的因素是中国人民的觉醒。甚至在敌对行动开始以前,中国政府就已经采取谨慎的行动,力图把主动权从日军手中夺过来。现在,中国的外交和政治攻势正在全面展开。日本大陆政策的整个结构都受到挑战。

日本人受阻于上海,全世界都看到了他们的受挫。他们原打算先对中国进行恫吓,然后给以打击,使之屈膝,没想到中国不吃这一套,反而团结起来了。恼羞成怒的日本人便诉诸轰炸平民百姓的一手。早在8月26日,日本外相广田向全世界广播说:"日本现在唯一的方针是给中国以打击,使之屈膝,不再有战斗的精神。"他说这番话后,日本的陆军和海军并没有取得胜利,倒是日本的空军露了一手,它在同一天飞到中国首都的贫民区北府塘炸毁了六所学校、一座医院,炸死了两百名尚在床上睡觉的工人。日本在上海的发言人大言不惭地说,日本空军将"摧毁南京",以惩罚中国政府桀骜不驯的态度。

他们给了南京两天的"警告"。妇女儿童从城里撤走了。那些必须工作的人依然照常上班。西班牙已经证明过,中国现在又一次证明,法西斯想压服整个民族的做法是不能得逞的。不仅中国人,而且在南京工作的外国国民都不肯离开自己的家。当美国大使奉华盛顿之命撤到河上的一艘炮艇时,他的做法被南京所有的人视为临阵脱逃。

居住在南京的所有人，不管是中国人还是外国人，都有权离开明显的军事目标躲在安全的地方。保卫这种权利的唯一办法就是原地不动，照常工作，一旦发生什么事，其责任完全在日本人身上。根据一个破坏条约的入侵者（它并不是美国的交战国）的吩咐，华盛顿居然命令它的大使撤出挂着美国国旗的大使馆，这种默许无异于直接纵容日本用空袭的办法摧毁一个大都市的疯狂的罪恶计划。在中国的首都，一天之内，美国成了仅次于日本的最不受欢迎的国家。作为合众社的记者，我看到我的消息来源枯竭了。中国朋友不再来我的办公室，因为它暂时设在美国大使馆内。

居住在南京的美国公民纷纷拿着谴责美国政府政策的署名声明来到大使馆。美国驻华海军舰队总司令雅纳尔海军上将手中拿着法律宣布，美国驻扎南京的炮舰"吕宋号"绝不因载大使或者其他任何原因而离开南京。人们认为，国务院肯定明确地知道它的这道不幸的命令会产生什么后果。不管怎样，在日本的大轰炸实际进行以前，詹森先生回到了大使馆，再也没有离开过。

这就是日本"警告"前后的情况。1937年9月的最后一周，日本向惊慌的世人表明了轰炸的含义。9月22日，六十五架日机空袭了南京，轰炸了三十个地方。在人口稠密的南城死了许多人。住在河畔一个难民营的一百名从上海逃出来的人，被一颗炸弹一扫而光。与此同时，日本人事先没有警告过的广州也在劫难逃，十二小时内遭到四次空袭，两千多男女老少死于非命。路透社记者的报道说："外国观察家对日本轰炸的目标感到不解，因为政府机关或军事设施都没有挨炸。"日本飞行员是心中有数的。他们的目的是造成一种恐怖气氛，所以他们专找广州拥挤的街道去炸平民百姓。在原先以为日机不会去的汉口，9月24日有八百名市民被炸死，三百六十座房屋被夷为平地。

幸而南京既不是广州，也不是汉口，它是一座新兴都市，有宽阔的马路和广大的空间，否则，在日机狂轰滥炸下，难免不死数万人。尽管国际上纷纷表示愤怒的抗议，日本一队队的飞机还是连续五天空袭了中国首都。单是9月25日一天，就有九十六架飞机参与轰炸。除了别的地方外，他们还轰炸了红十字会的一座大医院，那里住着许多从上海前线退下来的伤员。

但是，抵抗依旧，人们的生活和工作照常进行。高射炮猛轰空中强盗，不时看到敌机坠落，有的油箱起火，像彗星一样拖着一条长长的火光和冒着浓烟的尾巴栽到地面上，有的被它自载的炸弹炸得粉身碎骨，千百块碎片飘落下来。每当出现这种情况，万众欢腾，成群结队地涌向敌机的残骸，顾不得会有什么危险。在这座现代化的都市里有一座中世纪遗留下来的夫子庙，那个地区巷道狭窄，有一天我随着人流穿过小巷子，不期而遇蒋介石的夫人，她正爬上一架坠毁的、还隐隐冒烟的敌机残骸上。她是航空委员会的秘书，每次空袭后，她都要亲自视察一下实地情况。

在上海已经出现了许多群众性的战地服务团体，它们在以后的一年里成为中国生活中的显著特点之一。但是在首都，几个月过去了，它们连一点儿影子也没有。南京是一个军政都市，有着宏伟的建筑和崭新的林荫大道。那里的一切都是周密规划的，有着一切必要的军事应急措施。当敌机来袭时，穿着漂亮制服的警察和宪兵以及经过严格训练的、有纪律的急救单位知道该做什么事。几分钟内，就把街道清理完毕。自爆发战争以来，修建了大量防空洞，一遇空袭，人们就钻到里面。至于汽车和卡车则伪装起来，停在马路两边浓密的树荫下。一切都是井然有序，什么也不缺。乍看起来，新南京有一件令人摸不着头脑的事。那里不仅没有群众组织，而且似乎也没有基本居民。卖肉的、烤面包的、制蜡烛的、工人、手艺人以及那无所不在的乞丐，都哪里去了呢？难道他们不住在那里，或者是市政当局用某种神秘的命令把他们支开了？

　　解释很简单，原来有两个南京。一个是气派非凡的新首都，另一个是作为它的基础的破烂不堪的旧城。旧城在太平天国时期遭受洗劫，尚未恢复过来，那次灾难使它原先的建筑只留下十分之一，原来的居民只剩下四分之一。当制定首都的平面规划时，这残余的部分又被铲除，新的林荫大道无情地切除了许多房屋和商店。南京变成了一个大卫戍城，威武的军官在武装带上挂着镶金边的匕首；官员们佩带徽章，穿着时髦的翻毛皮领上衣；无忧无虑的年轻飞行员们手拉着手在大街上扬长而过；神气活现的商人穿着美国的衣服。原来的居民们只能在拥挤不堪的南城安稳度日。在别的地方，他们不是被赶走，就是栖身于桥下或空地上的披屋中，那些空地离雄伟的政府大厦后门只有几步之遥，隔着街道被周密地围挡起来。首都的大马路都是用沥青铺成的，官员们的小汽车沿着这些光亮的柏油路疾驰而过。老百姓在两边的土路上蹒跚而行，或者在田野里平静地耕作着，或者在这个大城市的空隙草场放牧牛羊。在这块广袤的土地上，建筑物之间的间隔距离非常之远，仿佛是一只巨手随心所欲地把它们撒在这里。

　　现在，当严峻的考验来临时，这个多少带点儿普鲁士色彩的官府新南京以其精心组织起来的设施对付来自空中的敌人。在中国的所有城市中，只有南京甚至在战前就做好了防空准备。在它的街道上张贴防空的宣传品已经好几年了。钢筋水泥做成的大炸弹模型矗立在一些主要广场上，"以教育人民"。南京有很好的高射炮、训练有素的炮手和强度的探照灯。日机每次袭击南京都吃苦头，总有一些飞机被打下来。

对南京的贫苦大众，也提供了数百处新的公共防空洞。他们也的确需要防空洞。从西班牙到中国，法西斯的炸弹特别照顾穷人。他们瞄准矗立在空旷地方的部委大楼，然而却总是炸不中目标。从巴塞罗那的贫民窟到南京的破烂棚户区，每一颗落在穷人中间的炸弹都造成巨大的灾难。凡是大楼和棚户并存的地方，炸弹总是落在后者的身上。在空袭以前，穷人的南京同作为官府的巍峨南京，是没有什么关系的。而现在，由于空旷的地方很多，倒救了不少人的命。防空洞使人们免遭炸弹碎片的伤害。以前，外国的贵宾们前来南京观光游览，宪兵们总是驱赶穷人，以免有碍观瞻；而今天，则是告诉他们如何防备空袭。新南京的高射炮手们每打落一架飞机，首先是劳苦大众的胜利，因为他们是日本空袭的主要受害者。在南京，像在全国其他地方一样，抗日斗争使所有的阶级联合起来对付民族敌人。一个阶级的胜利就是所有阶级的胜利。

在南京有成千上万名流浪的学生，他们是挤在火车上和船上从北平和天津远道而来的。他们热切地要求发挥自己的力量。他们抱怨政府没有一个关于在抗日战争中如何使用他们的计划。他们成群结队地聚集在八路军的办事处，要求让他们进入著名的抗日大学，那所在延安黄土坡上办的大学，在窑洞教室里把知识分子培养成为战士。抗大只接收了为数不多的人，因为名额已满。戴眼镜的博古每天对几十名前来报名的青年说："到处都有战斗。发挥作用，不能全靠能否进入抗大。可以做的事情很多。不论在哪里，你们都应该自己找到一个地方来充分发挥自己的力量。"

9月18日，日本占领东北周年纪念日的那一天，南京第一次出现了群众性的游行示威。北方来的一些学生在街头发表演说，在南京庄严的墙壁上贴出一些招贴画——不是在首都的一些大门和广场上已经有的许多引人注目的精美宣传品，而是精心画在廉价纸上的、充满热情的招贴画。在南京的一个大戏院，举办了上海画家的招贴画展览会，这些画技巧纯熟，内容充满激情。他们有几百人，在战争的形势下迸发出了惊人的创作力。仅仅几个月前，这种战斗的抗日绘画还是被禁止的。而现在，这些画家们可以向全国倾诉他们的心里话了。

9月18日，我第一次听到首都广播电台播放的聂耳的《义勇军进行曲》，这首歌曲过去在南京一直遭到禁止。我上次听到它，是在日本人统治的华北。而今天，全中国都在唱它了。

一两天以后，我在南京一所中学的礼堂观看了北平天津学生联合会主持的戏剧演出。这个学联的剧团准备下乡演出，因此，道具因陋就简，在农村能找到什么就用什么。这些独幕剧有强烈的感染力。有一幕话剧，名叫《北平的一个晚上》，演的是一群学生在被敌人占领的这个中国文化古都英勇无畏地经营一个地下印刷厂。另一幕剧叫《保卫卢沟桥》，生动地再现了战争爆发时的情景。这些学生演员熟悉他们演出的对象。他们都亲身参加过或亲眼目睹过当时的战斗。正当一个学生表演如何用农民们喜闻乐见的"大鼓"调来宣传抗日时，日本飞机来空袭了。敌机俯冲的尖叫声、炸弹爆炸声、高射炮的咯咯声，吓得听众惊慌地站起来准备跑。但演出并没有停止。一个学生歌手继续表演，他唱道："在卢沟桥，我们听到了敌人的大炮。"这时，一颗炸弹在离礼堂两百码远的地方爆炸了。"但我们并不害怕，我们回击着小日本的每一个袭击。"又一颗炸弹扔下来了。"现在我们可以听到敌人的炸弹了，"学生们一齐唱道，"但我们不会停止战斗，直到把敌人赶到大海。"现在，听众们聆听着歌手的声音而不理会炸弹声了。每个人都坐在自己的座位上。半小时以后，空袭结束了。这位青年学生停止了他的大鼓词，放下打拍子的钗钹，才露出十分疲倦的样子。听众狂热地欢呼起来。

中国的新戏剧艺术是如何发展的，它在战火中如何试验用可以进一步加强同人民群众联系的新方法来演出，从而鼓舞人民的斗志，大致情况就是上面介绍的。

那天的听众中，不仅有学生，而且有首都的高级官员和社会名流，其中包括：宣传部部长邵力子和新生活运动秘书长阎宝航。他们的小汽车就停在外面，随时可以把他们送进钢筋水泥的坚固防空洞里。然而他们也坚守自己的座位，倾听着学生歌手质朴有力、打动人心的演唱。学生用歌声进行着民族战斗，他理解作为一个战士的职责，那就是：当敌人进攻时，绝不能放下手中的武器，而是要握得更紧。大鼓词受到农民和手艺人的喜爱，有文化的人则不大欣赏。而现在，一个大学生竟全力以赴地掌握这种"粗野的"艺术，换上他自己的新词，不仅能够激发起老百姓的战斗共鸣，而且使高雅的学者和达官贵人也有同样的感受。这就是当时的时代、当时的环境。

在我离开以前，歌手递给我一张名片和他的电话号码。他说以后要拜访我。几天以后，我在流浪学生住的那所学校里去找他。一个女学生对我说："你在宪兵总部可以找到他。"宪兵发现北平天津学生联合会没有注册，因而拘留它的领导人。一星期以后，他们才获释。

这就是敌机轰炸下的南京：藐视日本；政治上团结一致；统一战线有坚实的基础；统一战线的群众运动开始发展壮大，使中国的各个社会阶层都认识到这种团结一致可以产生斗争的力量。与此同时，仍然保留着原有的警察式的统治体制，一方面，承认群众的力量；另一方面，非官方成立的团体总是受到怀疑，原先的镇压机制随时自行启动。然而，群众毕竟开始觉醒。在妥协屈服时代用以压制人民群众那一套老的镇压手法渐渐行不通了。一年以前，抗日的学生不是长期监禁，就是完全失踪。而今天，在宪兵长官"慈父般的开导训话"后，几天之内这些学生就被释放了。

日本用对广州、汉口和南京进行狂轰滥炸的办法威胁中国政府和人民，结果夺去了几千中国公民的生命，但它想要摧毁全民抗日的意志这一目的则完全没有达到。9月25日，即九十六架敌机向首都倾泻了几吨重的高度爆炸物，屠杀了六百名居民的那一天，蒋介石接见了外国记者。他呼吁各国支持中国的斗争，并直率地说，凡是在九国公约和国际公约上签字的国家都不能保持中立。他宣布：

"日本的空袭南京，并不影响军事地位。

"日本封锁我们海岸线①，也不能停止我们的战争，这是对列强商业上的打击，因为他们未能阻止远东的侵略者。这里的和别的城市的人民被屠杀是否使我们屈服，你们可以根据自己所看到的去判断。这些所作所为使中国人民和全世界人民充分认识到日本的野蛮。我们的抵抗是不会屈服的。不论这场战争持续多久，中国将坚持到底，因为它有无穷无尽的力量和资源。"

正像7月17日以来在所有的场合一样，蒋介石再一次表达了中国人民的心里话，他们要求列强履行条约义务；他表达了中国人民决心把斗争进行到底，取得最后胜利的勇气和信心。中华民族"无穷无尽的力量和资源"还没有被充分调动起来。但是，这些话倒是有预言性的。在华北山西北部山区里的平型关，这个预言已经变为现实。9月25日，就在蒋介石向记者发表谈话的那一天，八路军采用游击战术，消灭了日本板垣师团的三千人。但这个胜利并不是八路军单独取得的。在战斗的前夕，它的政工人员召集了当地数千名农民，向他们分发枪

---

① 8月26日，日本海军发言人在上海宣布，对中国的海岸线从秦皇岛到北海全部加以封锁。

支。这些人参加了战斗，帮助取得了胜利。平型关战役是中国抗日战争史上的一个里程碑。中国军队在东线之所以能遏制日本军队，是因为拥有南京多年来建设现代化军队所积累起来的军事装备，而平型关之战则活生生地证明了中国人民的"无穷力量"不仅仅停留在口头上。它的潜在力量已经在发挥出来，这使侵略者感到不安。

当我用电话向合众社上海办事处传送蒋介石对记者发表的谈话以及后来传送平型关大捷的消息时，我的上海同事们可以听到震撼着中国首都的空袭炸弹和高射炮反击交织在一起的轰鸣声。而我这一头也可以从电话里清晰地听到日本大炮轰击上海坚不可摧的中国防线的轰响。

到9月底，上海之战进入了第二阶段。8月13日以后的两个星期里，战斗集中在这个城市心脏地区的三英里长的战线上。每一寸土地都成为激战的目标。日本海军的大炮把闸北和江湾这两个城郊轰击得硝烟弥漫、弹片横飞。在这条用顽强的血和肉筑成的短短防线上，不但动用了大炮、机关机、步枪、手榴弹，而且也使用了飞机。双方还使用了巷战中最有效的武器——火把。敌人阵地前沿的整个街区被放火烧掉，浓烟滚滚，形成了一道道火墙，以防备侧翼的进攻。当火势还没有减弱时，中国的战士和日本的海军陆战队员就冲上去，拼死厮杀，争夺留在他们后面的还冒着烟的一堆废墟。中国战士欢迎这种短兵相接的交手战。在上海，他们发现，打肉搏战，日本人可不是他们的对手。他们多次危及敌人的阵地，深入虹口的日区。但是日本人凭借其武器优势，从远处猛打，才使中国军队未能扩大战果。

8月27日，日本陆军前来增援海军。海军做了一场独揽占领上海之功的美梦，结果落空了。日本陆军在长江和黄浦江汇合处登陆，想接应城里的海军陆战队。但是中国军队对这两支日军形成了杯形包围圈，使它们长期无法联系起来。

日本人一个月来一直想建立一块较大的地盘，以便能够让大量兵力登陆，发展成一条正规的战线。它的这个想法直到9月15日才实现。那一天，中国人把防线从江边移开，撤出了日本海军的火力圈。取代两个杯形包围圈的，是一条连续的四十英里长的战线。这对城中的形势并无影响。中国的防线围绕一个固定的轴心，就好像一扇门在枢纽上旋转一样。这个轴心就是上海的北站。城中心的战斗仍在继续。这仍然是居于优势的武器装备同坚决顽强的血肉之躯的搏斗。海军的大炮仍然可以打到中国的整个防线。所不同的是，9月15日以前，他们用不着费神去瞄准目标，因为他们可以看见每一个阵地，知道其准确方位，不管白天黑夜，他们可以准确无误地命中目标，准能打死中国士兵。现在，他们则必须找到中国的防线，才能确保炮击的效果。

上海的中国军队是在敌优我劣的不利形势下作战的，但是，作为其后盾的有上海三百万同胞和积极的同情者。军民合作的口号在上海并没有充分实现，比不上此后一年中在华北和长江下游一带的游击区建立起来的那种军民合作、亲密无间的关系。不过，从上海之战一开始，各阶层民众就尽其所能，多方支援军队。舞厅、戏院、饭店都变成了收容伤员的医院。成千上万的妇女自愿当护士。童子军白天深入战场，抢运伤兵。商会、工会和各种社会团体募捐大批款项，购买必要的补给品和慰劳品。一个战时工作总会（上海抗敌后援会）承担义务，向军队供应它所需的一切东西。有一个战区总部急需八千条装沙子的麻袋。总会得到通知后，通过电话、海报和广播电台发出呼吁，不到三小时就收集了八千条以上的麻袋。儿童们收集了香烟锡箔和空罐头筒，装上金属碎片，做成简易的手榴弹。各种团体募捐了数十万件香皂、毛巾、背心、铅笔、纸张、图书杂志等，以方便前线战士的生活,并派代表亲自送去。数万人同战壕里的战士建立了定期通信关系。他们为伤员和康复人员安排了各种娱乐节目和讲课班。中小学生到医院替文盲战士写家信。

在战时工作总会中最活跃的是以前的救亡协会,现在改名为文化工作者全国抗敌联合会。这个协会是中国第一个真正的统一战线组织。它诞生于1935年北平学生大游行以后,在战争爆发以前一直是一个半合法的组织。在它的历史上一个里程碑是,联合各阶层人士支持在西安事变几个月前爆发的纺纱工人抗日大罢工。这个行动导致"七君子"的被捕,他们第一次被控以"危害民国"的大罪。经过几次议而不决的审判,他们被关了几个月。上海战争爆发前不久,曾组织了一个广泛的统一战线委员会来争取他们的获释。过后不久,政府主动把他们释放。这个新的委员会便投入紧张的支援战争的工作,"七君子"中的几位人士也积极参与。

不到一个月,这个联合会就在全市建立了几百个分会,会员总数超过十万人。全上海的爱国人士都被组织到区、街、里弄的单位里。它们的工作得到中央委员会的指导。中央委员会负责同在上海前线作战的所有部队的办事处进行联系,询问它们需要什么东西。每周它发表一系列指示,确定今后一周的具体工作计划。下面的所有单位都努力完成计划。例如,当需要背心的时候,各个单位就征询全体居民的意见,在本区组织生产。各个街道的富户出物出钱,租来缝纫机,由工人的家属缝制。御寒的冬服是动员各家各户提供的。几万套棉衣从这个大都市的数不清的里弄源源不断地运给部队。当总部号召给战士写信时,慰问信便雪花般地飞来。如需要什么志愿人员,全市就会立即响应。

当军政人员想了解形势、提高斗争水平时,协会就组织专家讲解民族危机各个阶段的情况，从中日资源的对比到游击战的战术。作家、教师、新闻记者一方面坚持本职工作，另一方面每天晚上承担讲课任务。部队经常要求给他们派宣教人员。于是成立了许多团体，它们后来成了所在部队的政治部。上海沦陷后，郊区涌现了许多游击队，它们也在那里从事政治工作。每个人都竭尽全力地做好这项工作。宣传员紧靠火线工作，昼夜出没于那里。钱亦石是这方面最积极、最受人爱戴的领导人之一，他领导二十个青年在浦东帮助张发奎的军队。他拼命工作，积劳成疾，几个星期就死去了。在军人、伤员、难民、男女老少中间都有宣传员在工作。

当时成立的宣传队，有些在许多战线上一直坚持工作，闻名全国。胡兰畦女士的妇女剧团，主要是由纺织女工组成，她们一直在长江一带的游击队中工作。由剧作家洪深领导的另一个剧团后来在汉口和重庆成为军事委员会政治部戏剧处的核心。在上海沦陷后，还有两个剧团去西北找八路军，成为丁玲的有名的战时服务团的一部分。一批海关职工南下广东，去农民和渔民中间工作。曾经教会数百万人歌唱的刘良模带领二十名青年人去了苏州、南京和长沙。上海文化界组成了一支战斗队，帮助保卫这个城市。上海陷落后，这支队伍分成若干小分队，散布全国各地，成为振兴中国文化的主力军。上海的许多教授到延安的鲁迅艺术学院执教。杜重远是上海著名的《生活周刊》的发行人，他曾由于攻击日本人而蹲了两年监狱，后来带领救国会的许多成员到遥远的新疆编辑了一些报纸，开办了一些学校。

虽然许多印刷厂被毁，纸张的库存很少，但上海的进步新闻工作者却使他们的出版物增加了十倍。必须尽快地教育军队和人民适应这场伟大的斗争，这在很大程度上依靠参加这场斗争的人充分理解目前面临的问题。工人、战士和学生踊跃到礼堂听报告，他们要求新内容的教材和读物，以前这些书由于抗日著作遭到禁止而不能出版。为了解决这个问题，出版了一些报纸和期刊。中国最著名的作家之一郭沫若，流亡国外十年，刚刚回国。他创办了《救国日报》，这份报纸后来成为文化工作者协会的机关报。上海沦陷后，郭沫若担任了汉口和重庆政治部宣传厅长的职务。他的报纸，由高尔基著作的译者夏衍担任主编，先是搬到广州，后来迁至桂林。许多小的期刊合并到战时联合出版社。"七君子"之一的邹韬奋主编的三日刊《抗战》，其发行量达到十万册。它还出版了汉口版，其纸型由飞机运送。另外一些老的进步刊物《世界知识》、《妇女生活》和《人民周刊》也改进了内容，销量大增。所有这些出版物在全国其他地方都可以见到。

救国会的生活书店出版了两万册四卷本的《战时教科书》，专供文盲和半文盲使用，每册售价两三分钱。从战争爆发到上海沦陷，《救国丛书》出版了六种书，其中包括《蒋介石言论集》、宋庆龄的《中国不亡论》和胡愈之的《战争与外交》。八路军代表潘汉年的《全面抗战论》、最近获释的另一个领袖李公朴的《在北方前线两月》以及中国代表钱俊瑞的《布鲁塞尔青年会议》等在上海一版再版，很受读者欢迎。群众文库出版了一些社会主义经典著作：普列汉诺夫的《马克思主义问题》、恩格斯的《反杜林论》和《费尔巴哈论》等发行了数千册。它还以小册子形式翻译出版了《苏联大百科全书》中的哲学、形式逻辑、历史学、社会形态等条目。帕姆·杜德的《世界政治》在几个月之内发行了两版，共三千册。《大公报》的著名战地记者范长江介绍红军政治工作的一本文集和记述北方游击战的《游击生活素描》都多次再版，发行数万册。《黑白丛书》（从东北的黑河黑龙江到长白山）描写了东北失地的抗日斗争。

版画艺术也得到蓬勃发展。在中国反抗帝国主义斗争史上，招贴画、木刻和漫画构成了一条战线。这条战线的发展经历了空前的艰难困苦、迫害镇压和无休止的斗争。一个画家即使可以售出自己的作品，所得报酬也是微乎其微，为了糊口，不得不一两天就拿出一件成品。但是，用笔为群众运动服务的画家很少出卖自己的作品。他们白天干些重活，以维持生计，晚上才偷偷地作画。他们不得不把画具藏起来，为了避免被人发现，他们往往把以前的木刻毁掉。多年来，他们遭受迫害和逮捕。难怪战争一爆发，束缚这种艺术发展的枷锁一松开，它就立即以成熟的技艺投身于民族解放的斗争，对面前的工作充满决心。新的艺术家人才辈出。他们不断探讨技艺，精益求精。从卢沟桥打响第一枪，版画艺术就完全投身于斗争。每一份爱国报纸都刊登了丰富的漫画，每一座大城市都贴了招贴画，每本宣传小册子都有许多生动的木刻。在上海，艺术家们出版了《漫画》，这是一份刊登各种绘画艺术的战斗性周刊。

人们多年来一直认为，只有走抗日的道路，中国才能觉醒，才能得到解放和发展。战争头几个月的情况充分说明了他们的观点是正确的。中国没有灭亡，反而得到新生，团结起来的中华民族为了保卫自己的独立，给敌人以打击。战火中的上海，短短三个月文化发展的速度超过了以往的三年。

上海人民不仅照顾伤员，给军队提供补给品，教育自己自觉地参与民族战争，而且在许多情况下，给军队以军事援助，甚至亲自参加战斗。

在工人、手艺人和商店店员中间，中央政府的代表组织了一个射击和特务团，负责狙击敌人和侦察敌人的动向。这个团包括日本人雇用的苦力和公共租界的市政职工，他们由于工作关系，经常出入于日本占领区。在上海战役期间，蒋介石的特务头子戴笠招募了三千名这样的人。到战争快结束的时候,由于汉奸的告密,其中五百人死于日本的一颗炸弹。他们是在一座建筑物里被炸死的,他们白天藏在那里,一到夜幕降临,便出来分散活动。日本人轰炸了那里,连屋带人一起炸平了。

自动参加斗争的事例,数以百计。其中有些感人事迹,闻名遐迩。

战争初期,中国第八十八师的战士穿过日本人的防线,迫近汇山码头。在这次成功的袭击中,为军队带路的是一批虹口工人。当这些工人前来部队,建议他们进行这次袭击时,军官们将信将疑,不敢贸然从事。为了表明自己的忠心,这些工人亲自袭击了敌人的哨所,回来报告自己的胜利,并表示愿意把他们缴获的两百支步枪交给师部。最后,师部下决心进行这次突然袭击时,工人们手持步枪参加了战斗。

杨树浦是上海的一个大工业区,处在交战区域内。许多工厂关闭了,数千职工闲着没事干。他们组成了志愿劳工队,帮助军队运输物品和挖战壕。

当日本人首次在隔黄浦江与上海市区相望的浦东登陆时,集中在江中的数千只舢板船上的船夫给中国军队想出了一个对付日军的主意。当他们的计策被接受时,他们同数千名战士换了衣服,这些战士照常划着船,在敌人的背后登陆,日军丝毫也没有觉察有什么问题。中国战士在几小时之内就把浦东的日军全部消灭了。

在浦东还发生了一件感人的事情,一个日本工人给中国军队提供了有价值的帮助。他是日华纱厂的一名老仓库保管员。在战事爆发前,日军在他看管的仓库里隐藏了大批武器弹药。10月初,老人去浦东张发奎总部报告了这件事,表示愿意带领中国人去军火隐藏的地方。他说,从战事一开始,他就同情中国,早就想办这件事。但事关重大,他思想上反复斗争了很久。几天以前,他听说他的刚服兵役的孙子在上海牺牲了。从一开始，他就认为孙子是死于残酷的、毫无意义的军事冒险中，这使他下定了决心。他认为，日本军国主义者浪费着祖国青年的鲜血，他有责任回击他们。这位日本老人留在张发奎的部队里，当中国军队撤离浦东时，他随军同行。

日军的进攻在市区受阻，于是，它改变战术，想在右翼形成一个广大的包围圈，其中包括在黄浦江和长江登陆的陆军。这个运动是缓慢而艰难的，花了两个月时间才占领了十英里的地方。每走一步，它都遇到中国部队的激烈抵抗。中国战士创造了以英勇精神战胜优势装备的奇迹。宝山守军的故事最能说明中国战士坚强不屈的精神，在那里整整一营人打后卫战，结果全部被歼，只剩一人活着，他讲了被围的情况。

中国军队在9月15日建立的防线一直维持到10月初。在僵持不下的三个星期中，保卫者不仅顶住了日本人的进攻，而且收复了在战斗初期被敌人夺去的一些阵地。例如，市政中心就一度落入中国人之手，这个地方是在欧洲人和日本人控制的公共租界之外建立一个大上海的宏伟计划的核心。但在10月中旬以前，总的战局无大变化。双方都忙于增加兵力来进行一次大的交锋，以便决定整个上海战役的结果。

10月19日，在上海前线集结了十五万人的日军开始了他们早就吹嘘的"总进攻"，其目的是最后包围这个城市。这个新的总进攻的眼前目标是占领大场。大场是上海西北大约六英里处的一个小市镇，素以"鸡村"闻名，因为它是向上海供应禽类的主要地方。"鸡村"成了这场史诗般斗争的角逐之地。这场斗争将决定上海的命运；日本人认为，它也将决定这场战争的命运。在占领上海的军事行动中，他们原想一下子就粉碎中国军队的力量，而且要在布鲁塞尔九国会议召开之前尽快做到这一点。九国会议是要研究西方列强对日本非法侵华的态度，它的召开已经迟了。日本希望用战场上的既成事实，使欧洲那些高谈阔论的人住嘴。

为了达到这个目的，他们集结了大批步兵、七百门大炮、一百五十架轰炸机，以便猛攻他们和大场之间的那块8英里长的中国防区。10月24日，一百五十架轰炸机全都集中在这个小镇上空，进行军事史上最野蛮的轰炸，超过了法西斯对西班牙的任何轰炸。到10月26日，经过七天无休止的战斗，他们的右翼向前推进了大约五英里。10月27日，大场落入日本人之手。他们原想完全包围中国阵地，把五万名中国军队消灭在上海之内，这一点未能做到。中国军队开始有秩序地撤退。10月30日，中国战士离开了上海北部和一直作为其防线枢纽的火车站。留在他们身后的是一条八英里长的火墙，闸北成为一片火海，这肯定是世界史上最壮观的大火；还有四百名著名的勇士在一座钢筋水泥的仓库里孤军奋战四整天，顶住了这个港口城市全部日军大炮的轰击。四百名勇士可歌可泣的事迹和一位青年女郎献旗的故事闻名全世界。那位姑娘穿过弹痕累累的无人区，把一面中国国旗献给勇士们，在闸北沦陷后，这面国旗依然迎风飘扬。

中国军队井然有序地撤离上海，他们在西郊打了一场掩护战，坚持一个多星期，使日本人未能完全包围上海。要完全清除上海地区的保卫者，日本人就必须在杭州湾北岸靠近乍浦的金山卫登陆。这次登陆实际上没有遇到抵抗。到11月8日，日本人从这个方向推进，对中国军队的右翼构成威胁，因而中方必须撤离。

中国的一个人口最多、工业最发达的主要港口城市上海终于落入敌手。在占领上海后，日本人便开始推行他们多年来力图让中国政府接受的政策信条。

经济合作？日本军队抢劫了占领区内仍未倒塌的每一幢建筑物。

在整个战斗过程中,日本轰炸机特别注意炸毁工厂,从而消灭中国的独立工业。现在,他们砸碎了所有的机器,作为废弃金属运往日本。日本人口口声声说,他们并不想损害资本家的利益,而只是要改变国民党政府的政治路线。如果这些大老板对此存有幻想的话,那么,日军占据上海后,像豺狼一般在他们一手制造的废墟中抢劫掳掠的行为该很快打消人们的这种幻想吧?

反共?任何人,只要反对日本人,就是"共产党"。这不仅包括工人、农民,而且包括中国的统治阶级。中国的统治阶级,经过多次动摇后,终于拒绝给东京的军国主义们充当买办和警察。

使亚洲人民从白人帝国主义的统治下解放出来?日本对外国列强唱着不同的调子。它坚持说,它是在保卫所有帝国主义的共同利益,反对"排外的"中国政府。不论是在中国,还是在西方,即使那些相信日本的人也不会苟同这个论调。日本此举,旨在争夺地盘,这一点是任何狡辩都无法掩盖的。日本此举,旨在用暴力和恫吓使中国沦为被奴役的农业国,成为日本工业的附属品;用威胁和讹诈把西方列强的势力从中国挤出去,因为这些西方国家正忙于欧洲事务,来不及保卫其在华利益。这就是日本同其反共产国际公约盟国、欧洲法西斯强盗国家狼狈为奸,重新瓜分世界的活动中所扮演的角色。中国军队从上海撤离后很快发生的许多"事件"具体地说明了日本政策的每个阶段,日本的野心昭然若揭,甚至最不敏感的观察家也看得很清楚。

日本占领上海后,实际上全市的所有居民都待在公共租界和法国租界内,他们在战斗初期就到那里逃难。虽然这些租界是在外国的管辖下,但这些地区现在已成为战斗着的中国的"孤岛",同中国的主体隔离开来。在日本人的压力下,依照正式中立的原则,英法当局逐步取缔中国人的一切爱国活动。上海各大报纸,除了得到外国保护者外，都关闭了。官方的中央社停止了活动。但是，全市三百万中国人的统一战线在战火中建立起来的人民抵抗网是摧毁不了的。它继续千方百计地在民族斗争中发挥自己的作用。为政府和前方将士募捐的活动继续进行。年轻人迁移到内地，作为游击队员、宣传人员、中国新工业的工人和工程师，继续进行斗争。当日本人在租界的街道上举行"胜利游行"时，他们挨了炸弹。卖身投靠日本的汉奸遭到爱国分子的暗杀，后者总是能够逃走脱身，因为他们得到居民的同情和租界警察中的中国人的暗助。抗日著作继续秘密地大量出版和发行。直到今天，上海仍然是中国最大的抗日政治、文化中心。

上海的英勇保卫战向全世界展示了中国及其军队的崭新的一面，使人们看到日本军事力量的脆弱性，它在非常有利的战略形势下竟用了三个月才占领上海。从政治上来说，上海之战是中国的伟大胜利。它甚至使国内的动摇分子也有了信心，认识到本国的力量。如果在上海也像华北那样屈服退让的话，他们怎么会有信心呢。上海之战赢得了时间来巩固由于战争而引起的内部变化，并使大批后备人员得到了训练。从国际上来说，上海之战使中国财政部部长孔祥熙在欧洲之行中借到了大笔贷款来购买武器。[①]他10月回国。上海之战使外国列强认识到，一旦日本胜利，它们的在华利益是得不到保障的；中国也并非是一匹扶不起的弱马。虽然它们没有采取具体的援助措施，但它们通过国联、布鲁塞尔的九国会议和罗斯福总统的强有力的声明，对日本的侵略进行了正式的谴责。上海之战还帮助中国赢得了全世界人民的同情和声援，他们充分了解中日战争第一个大战役的情况，因为这场战争是在全世界众目睽睽之下，在一个国际性大港口进行的。

---

① 孔祥熙借到的贷款数目如下（中国元）：从英国借到一亿三千五百万元；从瑞士和荷兰财团借到两千三百万元；从捷克斯洛伐克的斯科达工厂借到五千万元。

不过，从军事上来说，上海保卫战所付出的代价太昂贵了。南京一些最精锐的部队，如八十七师、八十八师以及久经训练、装备精良的盐税征稽队都被完全消灭了。中国军队总共牺牲了三十多万人。中国的战略家起初认为日本人在上海打仗，有助于分散他们的兵力，使他们更难于在北方推进。但是，随着战争的进展，中国也不得不从全国各地调集精兵来补充它遭受的严重损失。10月，日本恢复了对华北的攻势。11月8日，即中国军队完全撤出上海的那一天，板垣将军的军队开进山西省会太原。太原是华北几省的天然堡垒。

中国军队把所有的兵力全都集结在上海不长的战线上，结果使得日本人较容易地在杭州湾登陆。他们的登陆使中国军队出乎预料地加速撤退。日本军队会合在一起后，在飞机密集空袭的配合下穷追不舍，不让撤退的中国军队有片刻的喘息时间，后者在泥泞的稻田里拖着军需品吃力地走着，天又下起雨来，处境相当艰难。一位疲倦的军官在南京曾对我说："人家是在天上飞，我们是在泥里爬。"让这样一些疲惫不堪的部队来把守有着坚固工事的苏州—昆山之间的所谓"兴登堡"防线，是不可能的。为了让他们到后方休息，另行调派了新的军队，但由于撤退的速度太快，他们来不及进入阵地，就拔腿跑了。在德国军事顾问的坚持下南京建造的一系列坚固堡垒实际上不战而撤。哪些地方有空当，哪些据点守兵薄弱，间谍早就一清二楚地告诉日本人了。到11月中旬，敌人和首都之间只有一支慌张撤退的中国军队，迅速丧失了战斗力。中国政府认识到南京受到直接的威胁，眼下已无可能阻止日军的前进，便把军事总部移到汉口，把政府迁到遥远的重庆。

对日本人来说，这倒是令人不安的。他们原以为中国人会承认失败，留在南京议和。不过，他们认为，他们已经打赢了这场战争；当他们扑向中国的首都时,中国由于较长时间固守上海而得到的自信心就会丧失。日本在上海的进展十分缓慢,给外国政府留下深刻印象;出现目前这样的结局,它们也没有精神准备。欧美报刊一方面赞扬中国在上海作出的巨大努力,但同时又认为,在这个过程中,中国已耗尽了全部力量,现在别无他法,只有求得一个"体面的和平"。

这就是第二次上海之战的结局吗?中国斗争的力量已经耗尽了吗?南京政府仍然像过去六年来一样用威胁就可以使之屈服吗?它开始抵抗的时候抱有很大的信心,但现在它的军队却在溃逃。它将努力保住第二次上海停战留下的一切,并改变过去一年的政局发展吗?

东京政府及其反共产国际盟国显然是这么想的。当日本的陆军和海军向南京挺进的时候,他们展开了第一次政治大攻势,谋求实现"东亚和平"。

第六章 决 定

南京撤退是从11月15日开始的。新南京和老南京汇合成一股无可分辨的人流,沿着首都宽阔的马路,走向瓶口似的北门,直奔长江。漂亮的汽车;老牛拉着破车;官太太们携带着钢琴和高级家具;苦力们肩挑竹扁担,一头挂着铺盖,另一头挂着竹篮子,里面放着娃娃;他们全都急匆匆地离开这个受到威胁的城市。与这支人流逆向而行的是部队,一师一师的人马沿着长江开向前线,这是来自农民的战士,个个身体粗壮,宽脸,穿着草鞋,他们的钢盔上戴着斗笠,涂上浅黄和草绿的伪装色,他们结实的胸前挂着沉重的木柄手榴弹。士兵们在大的广场上安营扎寨。光亮的柏油马路挖成了战壕和坦克陷阱。在士兵中间,不时可以看到一群群穿着长袍、扛着步枪的人,那是新兵,未来的游击战士。

宏伟的政府办公大楼、新的"银行区"、一幢幢大饭店、耸立在紫金山上的蓝顶中山陵,全都丧失了当年那种引人注目的新气象,孤零零地,被人遗弃了,成为一些同周围不寻常的活动格格不入的东西。

数以万计的穷人宁愿留在城里,因为他们无处可去。他们携带自己的日用品,你挤我,我挤你,搬到新的"安全区",其实一点儿也不安全，日本人占领后，许多人被从那里拖出来，男人被枪杀，女人被强奸。

我乘坐的去汉口的船是政府租来撤运官员的。它的设计容量是数百人，实际载运了三千人。高级官员四五个人挤在两个床位的船舱里。办事员和勤杂人员则塞在低级船舱里或挤在甲板上。在驾驶室和货舱，伤兵横七竖八地躺着，大家挤得紧紧的，似乎挺安慰的，有的热烈地胡聊天，有的呻吟，有的冷冰冰的。在人堆中间，穿着白色衣服的服务员穿来穿去，像和平时期一样，托着盘子给官舱送去各种菜肴，把那些大官模样的人客气地称作"先生"。

我们可以不必害怕空袭。在四天的旅途中，长江上空一直乌云密布，淫雨连绵，虽然安全，却令人心烦，人们宁愿冒空袭的风险，也希望有个风和日丽的好天气。

我睡在船上的一间狭小的邮室中。邮差颇爱好大自然。他的床铺上方挂着一溜鸟笼，里面放着六只金丝雀；许多罐子里放着蚕，蚕饿得要死，把桑叶全都吃光了；还有几只小格子编笼，蝈蝈在里头唧唧地叫个不停。

显然，他对老鼠是待之以上宾之礼的，夜间，数十只老鼠到处乱窜，有的居然在我的和我同伴的脸上跑过去。我的同伴有两个，一个是马达加斯加岛安塔那那利佛华侨中的国民党代表，他曾在海外部任职；另一个是船上厨师的小女儿，白天她总是兴高采烈地跑来跑去，扯大嗓门唱着到处流行的《义勇军进行曲》。

当我们抵达汉口的时候，我们发现那些从南京沿江而来的疏散人群挤满了长江的堤岸。同样的面孔，同样类型的混杂人群，同样的大包小包行李。找住处几乎是不可能的。我在一所简易旅馆里弄到了一间仓库似的房间。这个旅馆与其说是临时搞起来安顿大家，毋宁说是抢劫蜂拥而至的人群，要价高得惊人。谢天谢地，我只住了一天，经理就来说服我，把这间仓库让给了一位官员。据这位官员说，他是来给汪精卫先生租房子的。

南京是达官贵人的象牙塔、一座新的紫禁城，高高在上，远离群众。由汉口、武昌和汉阳组成的武汉三镇既是华中的行政中心，也是工商业中心，它可没有南京那个派头。它脏乱拥挤，而又显得实实在在。在它的大街上，当地居民同成千上万的难民混在一起，这些难民从上海、南京和失去的华北汇集到武汉。这些难民中间，也有大批中国各行各业的积极的抗日战士，他们之所以来武汉，是因为他们希望它成为新的抗战中心。在南京，当官的可以在富丽堂皇的大楼里办公，仿佛世界上只有他们存在似的。而在汉口，他们却不得不在租来的房间、狭窄肮脏的走廊上临时隔起来的小房子以及其他犄角旮旯里工作。他们再也无法高居于人民之上，在这个城市熙熙攘攘的人群中他们显得矮了一截子。这个城市在今后十一个月里，将成为中国事实上的首都。

在南京，我们看到中央政府长期精心训练出来的精锐部队，他们穿得很漂亮，虽然重武器不够充分，但个人配备的武器可以同任何一支部队相媲美。这支部队慢慢减少了。在汉口街头，从凌晨4时开始，就可以听到长江中游的口音，齐声高喊："一、二、三、四！"数以千计的人脚踏布鞋，发出沉闷的行走声。这声音、这脚步声，属于工人、商店店员和农民，他们身穿廉价的蓝布制服，肩扛步枪。这是中国一支新军队的战士，这些武装起来的公民不久就表明，他们可以像任何职业军人一样，打漂亮的仗。

中国有句古话，说得未免太粗鲁了："好铁不打钉，好人不当兵。"但今天，在"抗战到底"的口号下，写标语的人在汉口的墙上用很大的字刷着:"好男必当兵"。

在南京,如果出现飞机,那总是敌人的。在汉口,一天二十四小时,都可以听到飞机的隆隆声。在美国工厂制造的快速柯蒂斯—霍克斯飞机从杭州飞到武昌,在长江上空的试验飞行中表演了令人屏息的飞行绝技。在那些日子里,全市居民都常常伸长脖子,瞅一眼在头上轰隆隆飞过去的四个发动机的灰色巨型空中堡垒或者箭一般飞逝的、长着一个奇特的短鼻子的歼击机。这些新的飞机来自苏联,在国际联盟中迄今为止只有它认真对待日内瓦协议,给抵抗侵略的中国以援助。

在汉口街头,人们可以看到外国志愿飞行员,他们是前来帮助中国空军飞行员驾驶新的飞机的。有一些来自世界各地的富翁趾高气扬地走着。还有一些人结伴而行,好像是从工厂出来的工人,他们体格健壮,头发乱蓬蓬的,穿着皮夹克。这是来自苏联的志愿人员——空中的无产阶级战士。当南京受到威胁时,苏联、美国、法国的志愿人员第一次参战。日本强盗确信力量大减的中国空军无力迎战,却不料碰到了一支新的、强有力的空中对手,死亡等待着他们。

※　　　　※　　　　※

在上海—南京前线日军取得了突破,中国的心脏汉口正准备进行新的抵抗,在这样的背景下,反共产国际集团发动了中日议和的宣传攻势。外国在中国发起"和平运动",这并不是第一次。为了理解其含义,有必要简短地回顾一下西方列强对远东冲突的态度。

中国的抗战在国际上引起的反响非常有趣。了解一下这方面的情况,对中国是极其重要的。当卢沟桥的事态咄咄逼人地发展成战争的序幕时,西方列强自动地采取了同1932年以来各自政策的发展相适应的态度。英国的政治战略长期以来不重视华北，它集中力量加强同中央政府的金融联系，在华南和长江一带进行巨额投资。它希望"和平"解决北方的冲突，只要随后的妥协是地方性的，不会搞什么全面的中日经济集团就行。美国官方的态度是泛泛地同情中国的，但实际上可以概括为一句话："同我们无关。"

在上海遭到进攻后，情况有了变化。英国在那里投资一亿八千万英镑，其中一亿英镑投在公共租界的工业区杨树浦，它被日本当作根据地，从战争一开始，就成为战场的一部分。在三个月的上海之战期间，日本政府及其军队没有考虑英国的利益，决心迫使南京完全屈服，这意味着，在中国的发展中抛开西方国家。由于这个缘故，在中国的英国商界人士1932年本来是亲日的，而1937年则坚决亲华了。美国，从上海打响第一枪起，就重申它的孤立主义立场。在受到威胁的地区，美国人被要求撤出（他们愤怒地拒绝了），还谈论着把美国的全部军队从中国撤走（美国在天津的驻军最终是撤走了），命令詹森先生离开南京一举使美国的"中立"达到顶峰。罗斯福总统10月5日在芝加哥的演说预示着要改变这种政策。国务院次日就发表声明，谴责日本的侵略和破坏九国公约的行径。美国对华投资仅为英国的五分之一[①]。但它一向坚持"门户开放"，表明它归根结蒂还是重视中国市场的。战争爆发前数月内中美贸易的发展也证实了这一看法。此外，同英国相比，它在本国领土以外实际上并没有承担什么军事义务，因此，一旦它采取一项政策，便可以用它的巨大实力作为后盾。

在欧洲的反共产国际列强中，德国在华利益最大。在第一次世界大战以后，德国受到中国历届政府的赏识，因为它们认为，同一个战

---

① 外国在华投资1935年为：英国十亿美元；日本五亿美元；美国两亿美元。英国的投资为日本的两倍，为美国的五倍。上海既是英国投资最多的地方，又是它的对外贸易的最大港口。

败的、军事上软弱的工业国建立经济联系,不存在帝国主义渗透的危险。德国公司向中国最偏远的省份提供机器,并在那里设立办事处。中德合资的欧亚航空公司的航线从南到北、从东到西横跨中国境内。德国军事顾问负责整编中国军队,充当德国装备的演示者和经销商,给在"剿共"军事行动中成长起来的一代中国军官打上了他们的思想烙印。墨索里尼在南昌有一个空军使团,并以个人名义送给蒋介石一架飞机。但意大利的活动(他们在中国多年,他们的飞机专家只组装了为数不多的飞机)和影响都不大,而德国在大战前则上升到了国民党中国主要"友邦"的地位。

日本对中国的进攻使德国感到烦恼。首先,它危及了德国在中国的商业活动。更重要的是,它预见到,日本把大批军队投入中国,那么,日本作为其反苏盟国的作用就减少了。由于这些缘故,德国认为它在这段时期可以这样说:它同日本的结盟完全是为了对付"共产主义"(指苏联),一点儿也不妨碍它成为中国的"真诚"友邦。在投降派汪精卫以及其他派别中的反苏、反统一战线分子的帮助下,德国推行了三位一体的政策:离间中苏关系,破坏国共两党的合作,作为双方信赖的"真诚调停人"设法保全其日本盟邦的力量,以便用于罗马—柏林—东京轴心这一更大目标。

意大利的利益同日本的利益是并行不悖的。它希望远东的敌对行动继续下去,从而把英国舰队的注意力从地中海转移开来。在这种情况下,如果英国要使其舰队在苏伊士以东安全通过,它就必须在马雷诺斯特鲁姆作出巨大的让步。

德国、意大利和日本一年来共同努力,想拉蒋介石参加反共产国际集团,远东战争的爆发使它们的这个努力受到严重挫折。它破坏了它们以前的战略,使它们在中国政府内部的代言人不敢公开活动,促使东京和柏林之间发生严重矛盾。当它们达成了在远东共同行动的新基础时，致力于建立"和平"的主动权竟被英国抓过去，1938年10月促成了九国条约签字国的布鲁塞尔会议，这使它们很恼火。

在日内瓦，各国热烈地讨论了以何种形式就中日冲突问题进行国际磋商。苏联、法国和新西兰希望在国联的范围内采取行动。如果列强根据第十六条的规定进行磋商的话，那么，作出不利于日本的决定，势必要求国联成员国对侵略者进行制裁。这样的行动将会得到美国的支持，因为它已经正式谴责日本破坏条约。这是个合理的设想。

英国不希望惩罚日本。它的目的是，像它在上海曾经做过的那样，通过第三国的调解达成一项强制性的停战。如果它能使日本的军队留在华北，使中国作出不影响英国势力范围的让步，那就更使英国满意了。为了实现这样的和平，九国公约签字国之间进行磋商是可行的。磋商者的名单将不包括日本。如果包括日本，那就无法作出一致的决议。这次磋商将由美国来牵头，因为它作为九国公约的倡议国，将会努力使之成功。根据九国公约进行的磋商，它们没有要求采取任何具体针对侵略者的行动，而只是对双方进行调解。

后来扩大磋商的基础，也邀请苏联参加，于是，会议便开始了。日本和德国没有出席会议。中国断然表示，如果不能达成一项无条件恢复被占领土和充分尊重中国主权的和平协议，它将继续斗争下去。在上海陷落以后的令人沮丧的几周里，中国的决心也毫不动摇。关于这一点，顾维钧博士在布鲁塞尔、蒋介石委员长在南京多次强调过。在会议的整个过程中，意大利一直为日本说话，在它的激烈反对下，会议只通过了一项软弱无力的、敦促"和平解决"的决议便休会了，名义上是休会一段时间。①

为了破坏关于远东战争的国际磋商和把"解决办法"的主动权掌握在自己手里，反共产国际列强进行了分工，东京、罗马和柏林各自作出最符合其利益和愿望的一份努力。一位敏锐的中国观察家对它们当时的活动作出了这样的概括："德国、意大利和日本这三个法西斯国家各有自己的任务；日本加速对中国的侵略；意大利在九国会议上充当日本的喉舌；德国则将展开和平运动来抵消会议的效果。"②

事实就是如此。九国会议失败后，三个法西斯国家及其在中国的暗中代理人立即展开了猖狂的活动。谣言制造厂到全世界散布蒋介石即将投降的流言蜚语。日本军队加速向南京推进。在汉口平安度日的汪精卫发表失望的演说，描绘了在日本不可抗拒的侵略面前孤零零的中国人战斗到底的伤感情景。德国驻汉口和东京的大使拿着投降条件穿梭来往于两国之间。德国的新闻记者悄悄地对外国同行说："请注意汪精卫，他可能是中国未来的人物。"他们以空前的热忱采访着汉口和南京每一位负责的中国官员，请他们谈论和平的可能性，用美好的词句掩盖议和的阴谋。

在德国大使陶德曼从汉口飞到被围困的南京向蒋介石本人提出日本的要求之前，既有记者们的试探，又有大棒的挥动，表现了典型的纳粹法西斯一不做二不休的特点。到11月底，已有十几名德国和意大利记者奔波于这两个城市，进行游说。12月1日，意大利的新闻界放了一声大炮，报道汪精卫最老的追随者之一陈公博到那里进行"亲善"

---

① 截至写本文为止（1939年4月），人们正在努力恢复九国会议。
② 银行家、救亡运动领袖章乃器在上海《申报》上发表的文章。（转引自《太平洋文摘》）

访问。① 米兰的《意大利人民报》发表了一篇用墨索里尼的华而不实的文体写成的文章，劝告中国求和。

12月2日，陶德曼博士从汉口飞抵首都转达了德国驻东京大使狄克逊先生传达的日本议和条件，为了中国和外国的天真的右翼人士而在当时抛出了烟幕。这些条件是：

（1）日方确保它在华北没有领土野心，而只是希望经济合作；

（2）中国参加反共产国际公约；

（3）日本军队从中国领土撤出。②

十分奇怪的是，陶德曼博士未能说服蒋委员长接受这种显然十分宽大的条件，失望地返回汉口。蒋介石拒绝考虑这些条件的态度是十分坚决的，以致四天以后，连汪精卫也采取同一步调，在汉口宣布（又是向不屈不挠的海通社发表的），中国决无和平谈判的可能，而准备长期抗战。

中国政府在六周以后正式公布了日本的真正要求。这些要求是：在缔结和约以前，中国必须承认"满洲国"，镇压抗日运动和共产党，参加反共产国际集团，允许在必要的地方建立由傀儡统治的非军事区，同日本和"满洲国"缔结经济协定，对东京作出赔偿。至于日本撤军一事，只字未提。

日本继续向南京挺进。每前进几公里，东京就发出新的威胁，而在汉口的德国新闻记者一再试探投降的可能性。"中国将继续抗战吗？""蒋委员长会辞职吗？""在首都失陷后，中国还有希望继续

---

① 陈公博的欧洲之行，大部分时间是在德国和意大利度过的。人们认为，他作为政府的正式代表，可能是去劝说它们改变其对华态度。然而，实际上，在他去那里不久，墨索里尼就采取了坚决的亲日立场，罗马承认了"满渊国"，而东京则承认了意大利对埃塞俄比亚的占领。1938年12月，他奉派去劝说汪精卫回国，不料他也跟着汪精卫出走了。

② 见《密勒氏评论报》刊登的《日本对华之战》。

战斗吗？"对轴心国家来说，回答是不怎么令人满意的。各方都保证，在未来的斗争新阶段作出最大的努力。政府各部门加紧实行军事管制。全国都在动员年轻人接受军事训练。单单广东一省就公布征召30万人。

12月13日，日本军队打入南京。撤退的军队在强渡汹涌的长江时，遭受了成千上万的损失。有些人根本来不及撤退。南京厚厚的城墙本来是用于防御的，但是当一些城门被敌人的炮火打得无法通过时，反而成了死人的陷阱，还有一些城门被堆积如山的卡车、马车、牲口和人的尸体堵得死死的。日本人进城以后，枪杀了成千上万的被缴械的战士，洗劫了难民区，奸淫、烧杀、掳掠，无恶不作，实为现代史上所罕见。① 由于中国拒绝当亡国奴，日本人便把满腔的报复怒火一股脑儿倾泻在南京人民身上。他们向全世界暴露了一切帝国主义掠夺战争的道德上的丑恶面目和他们军队的无纪律。

在南京被占领的同时，发生了"瓢虫号"和"潘纳号"事件：一艘英国军舰被击坏，一艘美国军舰被击沉。这些蓄意的挑衅向英美各界人士清楚地表明，在日本危及它们在华利益的面前软弱退让，必然产生这样的后果。

12月6日，蒋介石从他在武昌的新总部向全国发表广播讲话，分析了中国面临的问题，并保证要继续抗战。他说：

"自从我们的抗战开始以来，我们在前线死伤的将士，总额已超过三十万。这一种损失在中国反抗外国侵略者的历史上是空前的。

---

① 关于南京大屠杀的外国目击者的翔实报道，请参阅田伯烈（H. J. Timperley）编著的《战争意味着什么》（一部好书，但书名不好）。所有的战争都意味着苦难。但只有掠夺性的帝国主义战争，如日本的侵华战争，才意味着不分青红皂白的野蛮屠杀。中国人民的民族解放战争，像历史上一切反对压迫的战争一样，则没有这样的事。有许许多多的战争，有强盗的战争，有进步和发展的战争。

"中国在长期抗战中，其最后胜利的基础，并不在南京，也不在各大都市，而是在全国的村落和人民坚决的信念中。在日本继续侵略之下，父亲们要教育他们的子女去抵抗，兄弟间要互相鼓励起来参战。假如全国民众都能准备反抗敌人，那么，敌人必然将归于消灭。

"我们决不可被暂时的胜利或挫折所影响。相反地，我们应当把握着抗战的真正意义，并坚定最后胜利必属于我们的信念。

"在中国国民革命的过程中，武装抵抗日本是不可避免的。对外，中国需要独立。对内，它要有一个没有压迫的生存空间。所以我们的抗战是一个为民主的战争，正如总理在他的三民主义中所阐明的。这是一个反对帝国主义暴力的战争，一个为生存与自由的战争。没有一个国家曾经得到自由而不付出重大代价的。这种苦难是不可避免，同时也是不能拒绝的，假如一个国家要生存的话。无论如何，我们必须觉悟，要完成国民革命，中国非继续抗战到底不可。不论现在情况如何变化，我们决不可退缩，而只有向前迈进。继续抗战也许未必能得到迅速的胜利，但妥协却是灭亡。

"中国是为了国际和平与正义而战，"他最后说，"虽然制裁还没有充分发挥，但是国际舆论已公认日本为侵略者。无论国际局势如何变动，我们决不会喊出失望的。我们必须抛弃任何依赖他人的倾向。我们已接受了战争，而我们必须坚信战争的目标是不会成为泡影的。"

自从7月中国首次向日本帝国主义发出挑战以来，这是最关键的时刻，这是最重要的声明。在南京的军事溃退后，在九国会议令人失望的失败以后，在法西斯列强进行种种"媾和"阴谋诡计以后，这次重申中国的基本立场，就开始了一个自信的新时代，使中国人民的战斗力量重新振奋。正如同蒋介石7月的讲话一样，他的这次声明又一次激发全国各地纷纷表示支持。

国民政府的抗日使全中国团结起来。现在，它重申，要调动全国人民的力量，不屈不挠地继续战斗下去，直到取得最后的胜利。这样，就使全国的团结进一步加强。

针对蒋介石的讲话，中国共产党中央委员会发表了一个新的宣言。

宣言回顾了到南京沦陷为止的六个月战争的得失。它表示完全支持蒋介石坚持继续抗战，认为这同共产党对这场战争的政策是完全一致的。在观点一致的基础上，它呼吁扩大国共两党统一行动的范围。

决定中国解放斗争最终结果的，不是一时一地的得失，不是军力物力。决定性因素是"四万万五千万同胞的坚强团结和他们对艰苦的长期抗战的毅力与信心"。危及中国人民生存的，不仅是日本的军事力量，而且还有促进日本"以华制华"政策策略的种种倾向……"汉奸、敌特、托匪制造不和破坏民族团结的阴谋，特别是在这种团结还没有充分实现的时候"。

接着，宣言提出了重要的政策声明：

"在此国难严重的时候，全民族抗日力量的进一步团结，是挽救局势所必需的主要因素。团结这些力量的基本方法是民族抗日统一战线的实现和扩大。而民族抗日统一战线的实现和扩大的基本条件是巩固国共两党的密切合作。中国共产党中央委员会可以向全国同胞引以为喜讯的是：国民党和共产党不仅实现了进一步团结的必需条件，并且决定继续他们的合作。中国共产党已不仅在战时和国民党握手救国，并且在获得最后胜利后，也决定和国民党和谐地合作建国。"

宣言最后建议：国民党、共产党和其他抗日力量共同合作，完成"六项急切和重要的工作"，动员全国的军事、文化、财政和物质力量，以完成长期抗战；政治上、组织上、军事上加强现有的军队，组建新的军队，统一纪律、装备、待遇和战术，接受统一的指挥；巩固和加强统一中国的国民政府，让一切抗日分子都有民选代表参加，改善人事制度，肃清腐化分子；实行"国防经济政策"，首先建立充分的军事工业；动员和武装中国大后方和敌后的民众，肃清汉奸，动员华侨；扩大国际宣传，以取得友邦人民的更大援助。

宣传最后表示相信："我们伟大的中华民族，拥有四万万五千万人口，并得到世界民主国家的同情和支持，一定能够打败日本帝国主义，日本帝国主义也受到日本人民的憎恨，并为外国所戒备。"

广西的李宗仁和白崇禧将军、"铁军"司令张发奎将军以及其他一度反对过南京的军事领袖们都发表了类似的声明，主张最大限度地团结全民力量进行抗战，并对最后的胜利充满信心。

来自全国各地的新的军队开赴中国的许多前线。全国分为几个战区，由最能干的将军指挥。日本未能立即沿长江西进攻打汉口，战场上出现了令人高兴的沉寂。中国充分利用了这一时机。炮火封锁了长江。新的工事正在构筑。东北战线仍然脆弱，日本人渡黄河，占领了济南。在东南，杭州落入敌手，他们重演了南京的暴行。但在山西和冀西，改编后的中国军队和八路军的游击队已经开始反攻。在所有的战线上，军队正在重新部署和加强，准备进行新的战役。

工业实行了军事管制。数十万人去修建一条把中国同苏联连接起来的新的军事公路。

立法院院长孙科博士前往苏联、英国和法国，争取它们支持中国长期抗战。

迄今为止对日本在华经济利益给予的一个最勇敢的直接打击是：中国军队在青岛炸毁了敌人拥有的一座价值三亿日元的工厂。

在抗战的新首都汉口，各种抗日政治派别的代表商讨联合行动的措施。这座商业城市变成了活跃的政治中心。它既有南京的重要行政职能，又有战时上海的紧张的文化生活。不论到哪里，基调是准备抗战。

中国经受了火的考验，它已经作出了自己的决定。

它将继续抗战，它将取得胜利！

第七章 估 计

到新年，第一阶段的军事行动结束了。在三条战线上，日本人已达到他们地理上的目标而休整了。在北方战线上，他们已渡过黄河，占领了济南。在西部，他们夺取了内蒙古平原上的包头和崇山峻岭的山西省的省会太原。在华中东部，他们据有了以上海、南京、杭州为界的三角地带。根据军事教科书的原则来看，他们现在已控制了整个华北平原——他们长期垂涎的富饶的五省天堂。此外，他们占领了并且用别出心裁的恐怖手段惩罚了胆敢抵抗他们侵略行径的政府所在地。中国最大的通商口岸、中国的政治首都和原本要使首都固若金汤的"兴登堡防线"，全都落入侵略者的手中。

不过，这些征服来之不易。日本原来梦想速战速决，三个月之内使中国屈服。但是仅上海一处，它就被抵抗了三个月之久，尽管它投入了最大的力量。而现在，已经过去了差不多六个月。它原打算用十五个师的兵力就实现自己的目标。它的某些将领，如华北驻军总司令甚至在战前大言不惭地说，一个师就够了。但现在它已经向战场投入二十六个师共约五十万人[①]的军队。不过，这是值得的。今天，日军洋洋自

[①] 汉口中立的军事观察家认为中国的估计是准确的。

得,敌人将会投降,日本注定要成为东亚无可争辩的霸主。

然而,中国政府并没有投降。它失去了原来的争夺之地华北,又丧失了它的权力所在地南京;根据一切通例来说,它似乎应当求和了。然而,它打破了通例,继续向日本挑战。首都陷落一周后,蒋介石说道:"不管现在局势如何变化,我们决不投降,而要继续抗战。投降,将使民族遭受浩劫。"这些话败军总司令是说不出来的。

当然,更非战败国领袖的语言。普鲁士战略之父克劳塞维茨写道:"战争无非是外交通过其他暴力手段的继续。"日本的外交早就企图用威胁恫吓的办法使中国成为它的恭顺的保护国,但它失败了。接着,它使用了"其他手段",不仅没有使中国屈服,反而激起中国更大的抵抗。所以它在更大的规模上更无情地采用这些手段。日本军队现在控制了中国古老文明的发源地和两个现代化发展的大中心。但是中国仍不投降。"其他手段"也未能实现日本政策的目标。

日本之所以侵略中国,是因为它未能用代价较小的外交和挑衅手段使之屈服。中国被迫起来应战的本身就反映了中国的力量日益壮大。日本也承认这种力量,所以它要在这种力量变得太大之前消灭之。东京外相广田曾经说:"我们必须现在把中国打得屈膝,直到它没有抵抗的勇气为止。"这话说得多痛快,但其全部含义是,过去日本用恫吓所能办到的,眼下则非用全部军事机器的威力不可了。

如果新中国仅仅是繁荣的大都市上海、沿海新兴的发达工业区和建筑雄伟的南京的话,日本便已经达到它的目的了。日本之所以对胜利充满自信,中国许多集体之所以动摇,大概就是由于以上这种错误的认识。日本和中国的失败主义者没有考虑到中国辽阔的疆土和四亿五千万人口所蕴藏的巨大力量。政治上的统一使中央政府可以利用这些力量来进行全民抗战。今天,政府进行长期抗战的决心使人民满怀新的信心来支持它。自觉地为民族解放而战的大军日益壮大，要求政府领导他们抗战，这使政府汲取了新的力量，坚定了必胜的信心。

1938年初的汉口是一个自我批评和进步的城市，是一个检讨过去错误和制订未来新计划的城市。在新年的元旦，情况变得十分明朗了：日本的和平倡议被完全拒绝，德国进行调停的新努力注定要失败。中国宣布了政府的改组。蒋介石放弃了在政府中担任的职务，把更多的注意力放在军队的事务上。中国的交通实行了军事管制。国防委员会的成员由三十人增加到七十五人。在新的成员中有：救国会德高望重的老人沈钧儒和中国共产党领导人毛泽东、周恩来。中央早就提出，中国要通过持久战才能取得最后胜利。总部清除了动摇分子，因而得到加强。前线和靠近前线的后方各省由军人担任省主席。

十天以后，在东京召开的帝国会议承认用武力迫使中国中央政府屈服的做法失败。1月16日，近卫首相宣读了下列决定："日本政府不承认国民政府作为调整中日关系的谈判的另一方，而要通过军事行动推翻那个政权，以期出现一个新的中国政权，作为这种谈判的一方。"中国政府针锋相对，重申长期抗战的决心。它公布了它在去年12月拒绝的日本提出的和平条件。

与此同时，中国召回了驻日大使。在爆发战争的六个月期间，他一直待在东京，就大大小小的事件提出"强烈抗议"，例如外交豁免权受到侵犯，中国一个副领事的行李在日本的一个港口被扣留。两国"正常关系"残留的一点儿遗迹最后消除了。这不仅具有象征意义，而且也具有实际意义，是一种战斗的姿态。中国大使继续待在东京，不仅是一种过分拘泥礼仪的做法，不仅是含羞忍辱地苟且度日，明明是日本对中国动武打仗，却偏偏说成是"事件"，中国还得赔礼道歉，作出让步。在那里保留一个"外交解决"的形式，还反映了中国的优柔寡断，仍然相信谈判的可能性。现在，既然明确认识到这种"解决"只能意味着投降，而中国无意这样做，所以这最后一个同日本政府直接接触的渠道终于撤掉了，这正是中国人民长期要求的。①

在国内，国民党、共产党和其他一切赞成长期抗战的派别，更加迅速地实现了真正的团结。国民党政府表现出了继续抗战的决心。通过六个月的战争，共产党和八路军向全国表明，只要全心全意地认真贯彻"抗战第一"的口号，就会取得多么大的成就。过去的仇恨和互相怀疑让位于新的认识。大家越来越体会到，充分发挥各党派的主动性，是开展全面有效抗战的首要条件。

国民党、共产党和其他各党派共同参加了改组政府时新成立的军事总部政治部的工作。政治部的建立使中国可以充分利用抗战的革命性。每一个诚实正直的中国人都支持抗战。政治部的任务是把群众的这股力量组织起来，发挥其作用。通过军、师、团各级的政治部，对中国军人进行教育，让他们认识抗战的目的。在后方，工人、农民、学生、商人、知识分子和各行各业的人都组织到各种支援抗战的全国性协会里。全世界所有正直的进步人士都同情中国的抗战，憎恨日本的侵略。人们建议扩大和改进中国的国际宣传。在日本的殖民地朝鲜和台湾，人心思变。日本人民对战争并不感兴趣，对他们也要进行宣传。

领导政治部的是军政部次长陈诚将军，他以前曾是围剿红军的主要将领之一。他的助手是国民党的著名政治家张厉生和一度被国民政府禁止的"第三党"（社会民主党）成员黄琪翔。宣传厅由中国著名的左翼作家郭沫若领导，他曾流亡日本十年。在1925—1927年的大革

---

① 不过，仍留下一个工作人员，照管中国在东京的大使馆房产，直到1938年7月，战争爆发一年后才撤走。

命时期,他曾领导整个国民革命军的政治部。参加政治部工作的有许多名流。《义勇军进行曲》的歌词作者田汉是宣传厅艺术处的处长。剧作家洪深主持爱国戏剧的创作。活跃的中国现代漫画学校的校长叶浅予负责宣传画工作。曾长期侨居日本的唯美主义作家郁达夫主持对敌宣传科的工作。中国年轻的电影事业的最优秀演员、导演和摄影师在政治部的电影制片厂工作,制作了许多唤醒民众参加抗日的影片。

1月9日,我参加了汉口第一家共产党报纸《新华日报》的开业典礼。虽然这家报纸是公开的共产党机关报,但是发言的人包括许多非共产党员和国民党人士。社会各界代表欢迎这份报纸的出版问世。六十岁的法学家沈钧儒说:"我们希望它批评政府的缺点,向政府提出切实可行的建议来推进抗战。"沈钧儒是救亡运动的"七君子"之一,头年曾被捕入狱,现在是国防委员会的成员。广西大学教授邓初民博士说:"我们希望贵报宣传抗战的社会意义,揭露任何投降倾向。"立法院的官员张海门(译音)说:"我是老国民党员,我要坦率地说,我们没有贯彻孙中山先生的遗嘱。今天,我们需要共产党帮助恢复1925年的国民革命精神。共产党懂得如何组织民众。如果说不把群众组织起来,我们就不可能打败北洋军阀的话,那么,为了打败日本侵略者,我们多么需要他们的帮助啊!"

中国共产党政治局委员、一度担任共产国际中国代表的王明(陈绍禹)直言不讳地谈到了这份机关报的性质和宗旨:"我们的主编潘梓年同志是共产党员。我们希望他在各个方面都遵循党的路线。但任何人都不必为此担心。今天共产党的路线就是中国人民的路线。它的问题就是中国人民的问题。这份报纸将讨论同组织起来进行抗战有关的一切困难问题。它将坦率地揭露缺点和对中国有危害的趋势。虽然已经建立了中国人民的全国统一战线,但是不容否认,组成这个战线的各个党派之间的摩擦仍然存在。本报将通过坦率的讨论消除误解，加强各党派之间的团结，为建立一个新生的新中国而共同奋斗。"

《新华日报》的诞生是一件极其重要的大事。在以后的岁月里，国共两党之间的争论多次成为两党机关报之间的论战。自由讨论取代了武装斗争和警察恐怖。被雇用的流氓企图破坏《新华日报》的办公处，结果遭到全国舆论的普遍谴责。

中国还谈不上民主。政治部长期辩论工作方法和工作分工问题，结果束缚了大家的积极性，妨碍工作的开展。新的出版自由仍受到攻击。但是，重要的是，在动员民众方面毕竟有了一个开端，这是以前所没有的。出版自由也是以前所没有过的。统一战线遇到了重重困难。那是因为它已经从纸上谈兵变成了一种有血有肉的东西。在这种情况下，妨碍它的东西自然会变得很具体。但是，中国人民团结的力量胜过企图破坏它的人。1月似乎是一个起伏变化莫测的月份。不过，从一年的角度来看问题，我们可以看出，前进是势不可挡的。

后方在国民政府的领导下，多党走向自由合作；前方也在统一的指挥下，各个部队之间加强了合作。在战争的头六个月，由于各个将领们各自为政，独立行动，结果丧失了许多阵地。现在，采取了严厉的措施，强制服从命令，消灭军阀"自治"的残余。早在去年12月，李服膺将军就在山西被枪决，因为他从奉命防守的阵地上撤退。现在公布了命令，奖励有功将领，惩罚失职的文武官员。有不少人被处死或监禁。十三名师长由于不称职而被革职。山东省主席韩复榘将军长期处于日本人和中央政府之间半独立的缓冲地位。在妥协的时期，这倒也不失为权宜之计。但是现在，全民抗战了，他仍坚持这个立场。他自动撤出济南，让日本人不放一枪一炮，就占领了山东省会。他立即被逮捕，经过军事法庭审判，被处决了。

对韩复榘的公开判决书说，他犯了五条罪状：（1）他不服从上级命令；（2）他向人民贩卖鸦片；（3）他使用武力向该省居民横征暴敛；（4）以公财济私用；（5）没收人民自卫的武器。换句话说，韩复榘是一个典型的省级老式军阀。他是现代中国第一个以上述罪名被审判处死的将军。两年以前，他的所作所为可能被认为是"正常的"。有许多人像他一样。但是当全中国为民主和民族解放而斗争的时候，他继续我行我素，因而犯了错误。处决他的枪声标志着军阀时代的结束。它强调了民族统一战线的意义，甚至省里的老军阀也不例外。如果他们尽自己作为军人、作为中国人的义务，他们将第一次得到人民的支持。如果他们不履行这种义务，韩复榘的下场是个警告。当中国人民起来捍卫自己的民族独立时，过去的事不算旧账，既往不咎。但是如果有人胆敢破坏这种斗争，那就不客气了，因为这关系到国家命运。

军事上的统一不仅仅是惩罚问题，在某些情况下的确需要强制执行，然而也有一些情况，通过自愿合作就做到了，而且取得了重要的结果。在上海和山西打仗的军队来自全国各地，他们千里迢迢，开赴前线，从来没有发生不服从命令的事。军阀组织的地方税务征稽队和专卖保卫队离开地方，到前线同民族敌人英勇作战。在山西，太原失守后，中央军、省里的军队、八路军和武装群众，通力合作，实际上阻止了日军的前进。① 在民族战争中，人人有用武之地，大家齐心合作。在军阀混战的年代里，充满了倒戈出卖的事情。而在抗日战争中，从来没有一个军官带着部队投奔敌人。一些老的骑墙派，如曾经同日本人关系非常密切的石友三和对平津的失守负部分责任的张自

---

① 山西省的军队和整个西战区由阎锡山将军指挥，他多年统治山西。中央军由卫立煌指挥，八路军由朱德统率。

忠，现在都对日本人作战，而且打得很好。日本人亲自训练出来的伪满军，一有机会，就逃到中国方面。

现有军队的统一仅仅是创建一支新的中国人民武装力量的一个方面。1月，通过了一项在中央的控制下在全国征兵的决定。全国分为九个征兵区，实行了抽签征兵制。省级军队通常采用的强迫农民当兵的做法被严格禁止。① 在民政方面，行政院颁布命令，责成全国各县成立抚恤委员会，负责照顾前方将士的家属。将士家属可以免交附加税，免服劳役。他们家庭生活困难或生病，可以申请救济，遇有丧葬可申请抚恤金。阵亡将士或残废军人的家属有特殊福利照顾。这些规定并没有得到普遍贯彻。即使照办了，救济款的数额也是很不够的。中国的前方战士应该得到政府更多的照顾。不过，总算迈出了第一步。

当后方进行改组的时候，前方则正在准备军事行动的新阶段。日本人占领济南后，沿津浦路南下，另一支日军则从铁路的另一端南京北上，日本人想使这两支军队在徐州会师，然后联合起来沿陇海路西进，大致是顺着黄河南岸进军。在潼关，他们希望同在晋南作战的日军会合。这样一来，就形成了一个战略包围圈，把在黄河以北活动的全部中国军队，包括不好对付的八路军，全部包围起来。

在徐州战役② 开始时，日本有四个目的。第一，它想把南北两条战线联结起来。第二，它想消灭黄河以北的军队。第三，通过入侵华南切断中国从海上进口武器的通路。第四，西进切断中苏公路。除了第一个目的外，它的所有计划都落空了。至于其他方面，又过了九个

---

① 这个禁令在靠近前线的地区实行了，但是在四川等边远省份仍然流行拉夫的方法。拉夫是中国农民最害怕的。来自这些地区的军队最不可靠、最糟糕，直到后来纠正这种做法，情况才有改变。
② 这里所说的"徐州战役"不仅指夺取该城的战役，而且包括以徐州之战为中心的整个作战阶段。

月，它才进攻广州。中国的西部供应线有多条通道，到1939年4月为止，没有一条被切断。可以确有把握地说，黄河以北的中国军队是绝对消灭不了的。中国的新的作战方法在这方面起了作用。我们已经谈到了中国在政治方面的新生。现在来谈谈中国军队在抗战中挫败日本的新战术。

1月15日，蒋介石视察了华北前线。在洛阳，他会晤了八路军的总司令和副总司令朱德和彭德怀。八路军是在山西活动的。在所有的战线中，山西第一个在过去两个月显示了，被打败的军队如何重整旗鼓来遏制和反击侵略者。在南京地区，日本人安然无事。津浦路沿线，韩复榘的腐败军队很少进行抵抗。但是在山西，日本人已经处于守势，他们最初占领的地盘大部分已经丧失。八路军并不认为这全是他们的功劳。太原失守以后，在山西作战的三支军队的将领们开会发誓，决不过黄河，要留在山西骚扰和反击侵略者。他们忠诚合作。正是由于他们共同努力，日本人前进的势头被遏制了。他们之所以取得胜利，是因为他们把运动战和游击战结合起来，这正是以前红军采取的战术。八路军首先显示了如何最好地运用这种战术。

蒋介石同红军这个大敌打了十年仗。现在，通过六个月的全民抗战，他认识到八路军在抗日方面是一个忠实可靠的盟友。在十年内战期间，红军面对着武器好、人数多的敌人，不仅维持下来，而且加强了力量。现在，整个中国军队面临着同样的局面。谁能比八路军更有资格提出正确的战术呢？红军之所以取得胜利，最根本的一条，不论它在哪里活动，都得到人民的充分支持。在全民抗日战争中，整个中国军队都是为人民而战。它必须学会争取人民的支持。在这方面，八路军的经验也是很有价值的。

洛阳晤谈肯定对1月最后一周在武昌举行的参谋会议的进程产生了

巨大影响。蒋委员长确信，为了保证国军各部队之间协调行动，必须提高参谋的权威，使他们有一个共同的行动纲领。为此，他们参加了训练班，研究徐州战役问题。

武昌会议对以前的错误作出了实事求是的、成熟的估计，并确定了中国军队的新任务。它表明，民族解放战争既发挥了中国士兵的战斗力，也提高了中国军官的思想水平。

会上，大家充分认识到，这场战争必须打到底。中日两国互相较量的不仅是军事力量，而且是两国的国力。中国地大物博人口众多。在政治上，它拥有打一场民族革命战争的巨大优势，政府可以得到各阶层民众的支持。但在工业上和军事上，在拥有优越的打击力量方面，日本大大超过中国。它的资源得到充分的开发，中国的资源虽然"无穷无尽"（蒋介石的话），但基本上是潜在的，尚未开发出来。日本把六十年工业发展的成果投入了战争。但日本的发展主要是以同期积累起来的进口原料为基础，它无法再生产。日本只有达到自己的目的，或者至少可以很快地有效控制新的资源，从而补充它消耗掉的，它付出的代价才是值得的。否则，它非垮不可。

政治上，日本也需要速胜。打这样一场战争的必要性，它的人民是一点儿也不清楚的。战争已降低了日本人民的生活水平，十万多个父亲、丈夫、儿子在战场上丧生。日本人民以前享受的为数不多的半民主政治权利也丧失了。而中国人民则充分认识到，他们是为自己的生存而战斗。战争带给他们的牺牲和苦难完全是日本帝国主义的军队造成的。虽然他们还在战斗，但在自己政府的领导下，他们已经得到一些好处。中国的军队以前曾经肆虐乡里，现在则显然保护老百姓不受日本人的祸害和剥削。任何一个农民都可以从路过的难民口中听到日本人烧杀抢掠的详细情况。中国士兵对待群众比以前好了。在日本，最后残留的一点儿自由也消失了，而中国人民则得到了他们长期得不到的言论、出版、结社等方面的自由。像在以前的苏区一样，在华北收复的失地中，人民群众成为民主政权的基础，他们的经济负担大大减轻了。

战略是社会、经济状况的反映。日本优越的工业力量的反映是，它的军国主义者相信能够给中国以"致命的打击"。它的资源匮乏的反映是，他们不得不拼命设法以尽可能小的代价速战速决。日本人民对战争不感兴趣。因此，在国内，军国主义者向人民进行侵略主义的宣传，同时无情地压制他们的任何独立思考的表现。当他们穿上军装，被征入伍的时候，则鼓励他们不要考虑战争的最后目的，只管在烧杀、掳掠、奸淫中寻欢作乐和发财吧。在军队中发牢骚，是要受到严惩的。不过，那些比较勇敢的、思想开阔的人还是进行了反战宣传。士兵中间集体自杀的"流行病"揭穿了日军官方所谓的每一个军人都对日本的神圣使命充满热情这一说法的虚伪性。

中国总参谋部掌握的确凿证据表明，日本人原先打算用五十个师的兵力打败两个假想的敌人——中国和苏联。对中国，他们认为用十五个师就够了。剩下的三十五个师用来对付苏联。

战争爆发时，日本有二十五个常备师。其中十六个师被派到中国参加上海和山西战役。这已经超过了原来的计划。但上海战役之后，发现这支军队也少得可怜了。所以日本不得不动员十五个师的预备役人员，其中十个师被派到前方。这就是第一阶段军事行动结束时的情况。日本超过计划多派出了十一个师。这就是说，在它计划的对假想敌人联合力量的"胜利"中，从战争一开始，就多拿出了十一个师的兵力。此外，它已遭受十五万人的伤亡。①

从军事角度来说，日本失败的原因在哪里呢？其主要原因是，它傲慢地错误估计了中国的力量。当中国动员全部力量来进行抵抗时，日本决定放弃只打华北的计划，对长江下游、中国的军事、政治中心也给予打击。这是一个严重的错误。这分散了日本的兵力，迫使它不得不向中国派出比原计划更多的兵力，使它消耗了大量的人力物力财力，从第一等军事强国的地位下降到第二等。中国知道日本资源有限，诱使它作出更大的消耗。日本为了节约兵源，在派出必要的增援力量时是很抠门儿的。这样一来，日军在任何地方任何时候都不足以消灭任何中国军队。由于兵力不足，日本人只好采取侧翼战术，结果只能迫使中国人放弃阵地，却无法包围和消灭他们。在蹩脚的日本军事法西斯主义者手里，坎尼、色当和坦嫩贝格消灭敌人的典型战术只不过成了赶走敌人的方法。

在军事行动的第一阶段，中国犯了错误，使日本可以充分利用其优势。在参谋会议上，大家坦率地谈到了这些错误。蒋介石在他的讲话中也概述了这些错误：

第一，中国长期寄希望于九国公约签字国，认为它们关于维护中国独立和领土完整的保证会遏制日本。因此，中国的军队只限于采取防御战术。对一个装备很差的军队来说，防守一条固定的防线是致命的错误。这使装备较好的军队可以寻找弱点，以优势武器猛烈轰击。由于需要大批人力在防线的各个据点上保持足够的力量以抵抗进攻，处于守势的军队就不得不放弃主动权，无法进行反击。它固守一处，等着挨炮击和轰炸，上海的中国军队就是如此。中国的步兵非常希望

---

① 这是中国方面对日军死伤的估计。

同敌人交锋，他们比日本的步兵善于肉搏战。但是在上海的条件下，他们只好消极等待，而敌人则充分利用了他们飞机大炮的优势。

中国的第二个错误是缺乏协调。当日本进攻上海时，其他战线基本上消极观望。他们明显的任务本应是起来反攻，吸引和牵制尽可能多的敌人兵力，从而减轻上海战线所受到的压力，因为上海的中国军队是根据严重错误的战术拼命的。

中国的第三个错误是缺乏统一指挥的结果，韩复榘的出卖，正确战术普遍性的误用。诱敌深入、扩大其战线、增加其脆弱性，这本来是中国的好战术。但是津浦路上的中国军队没有把守防线上的据点，使敌人的前进付出巨大代价，并集结兵力于敌人的侧翼进行反攻，而是在许多情况下不打而退。这不是战术，而是军无斗志，望敌而逃。

第四个错误是最重要的一个错误。中国军队没有充分利用人民的支持。它没有动员人民的力量，这本来是它最重要的助力。群众的支持是为人民利益而战的军队的无价之宝，最大的军事优势，因为这种优势是侵略军不可能复制的，也无法加以抵消的。然而正是在这方面，中国几乎没有做什么事情。只有在山西战场调动了人民群众的力量，结果搞得日本人寸步难行。

中国政府军队战前所接受的战术训练是由德国军事顾问和在军官学校执教的退休白俄将军教授的。这种战术适合于警察和镇压人民的军队，而不适合于从事民族解放战争的军队。聚集在武昌的军官有许多旧观念需要改变，但是大多数人开始理解新形势的需要，并且勇敢地去做。

一位参加武昌会议的军官后来告诉我，会议为中国军队制定了新的战术，这就是：把游击战、运动战和阵地战结合起来。

"什么是游击战呢？"他说，"游击战就是动员人民群众的力量打击敌人。游击战最好是由武装的群众进行,部队专门拨出一批正规军加强他们的力量。游击战要处处打击敌人,使敌人不敢离开基地,哪里薄弱就把敌人消灭在哪里,打击敌人的交通线,阻挠其供应,并切断敌人的退路。敌人越深入我们的领土,他们的交通线就越长,我们就越容易用游击战术打击他们。如果他们在某一据点只有少数人把守,游击队就消灭他们。他们是无法加强所有据点的。为了有效地保护他们的交通线,他们不得不从前线抽调军队,这样一来,他们的打击力量就减弱了。"

游击队经常骚扰敌人,使之寝食不安,每天使他们遭受损失,这里死一百人,那里死两百人,这里一辆坦克被炸,那里一座桥被毁,一辆火车出轨。蒋介石曾说:"最后,我们将积小胜为大胜。"

八路军领导人之一周恩来当时对记者发表谈话时,曾指出日本人所处的困境。他说:"日本在华北的兵力是十个师。如果他们在每个城镇派驻一百人的一个连,那就用完了他们所有的兵力。但这样的守兵,我们是很容易消灭他们的。如果日本人在每个城镇驻一个营,他们将需要三十个师。"

游击战虽然很重要,但毕竟只是中国主力军的助手。在敌对行动的第一阶段,日本并未能消灭或大大削弱中国的主力军。中国军队用运动战代替阵地战,以此作为其主要作战方式。它的战术也从防御转入进攻。

一位军官说:"当我们固守一条防线时,敌人可用飞机、大炮突破一点。我们只能等着挨打。这在战术上和心理上都是不利的。一个人老是防守,而不是出击,就会开始怀疑自己的进攻能力,因为他只看到敌人的强点,而看不到敌人的弱点。如果我们在不断的运动中打击敌人,经常害怕的就是敌人,而不是我们了。因为我们准确地知道何时何地出击,而敌人却不知道。"

这并不是说,阵地战就完全放弃了。为了在某个地方阻止敌人的前进,也要用阵地战,同时让流动的军队打击其侧翼。这样,主要的地盘就会得到保卫。这位军官说:"例如徐州,它是两条重要铁路的交会点。因此,我们必须保卫它。但它不同于上海,上海是举世瞩目的中心,保卫它在政治上对我们很重要。我们始终记住,我们的真正目的不是保卫徐州,而是不让敌人的兵力会合起来。因此,如果我们失去了徐州,但是通过在别处的反击,阻挠了敌人的会合,我们的目的就达到了。当我们被迫放弃一个阵地时,我们将在周围的地区留下足够的力量骚扰敌人,使他们在占领那个据点后不得安宁。我们可以丧失许多城市,但决不会放弃任何一片国土。即使在敌人的大后方,也要让他们感受到我们武装力量的压力。"

中国决定让他们的所有军官和战士学习新的战术,了解其意义。每一个战士都懂得,中国现在才开始发挥自己的力量。中国战士对中国的事业有了信心。他们确信中国在军事上有能力粉碎敌人的阴谋。

"每个人都懂得了为什么要抗日。我们之所以要抗击日本人,是因为我们的家园受到了破坏的威胁,我们的妇女要受侮辱,我们中华民族要受奴役。没有必要告诉我们去战斗,谁也不能阻止我们去反击敌人。我们需要知道的只是,如何才能打得最有效。"

对此,武昌会议作出了回答。

参加这次会议的参谋们,不仅带着新的观念,而且带着新的权力,回到了中国军队的两百零二个师。他们不直接对自己的指挥官负责,而是对全国的总参谋部负责。他们的战术决策对拥有执行权的指挥官也具有约束力。

为了进行运动战和游击战,三支新军受命组建了。一支是以江浙皖三省边区日本占领的地区为基地，以红军向西北长征时留在长江以南的共产党游击队为核心组成的。这支军队后来成了著名的新四军。第二支以苏鲁豫三省边区为根据地。第三支由八路军、国军和地方军组成，负责阻止日军在冀豫晋三省山地的进攻。① 这些军队是人民战争的产儿。它们是统一战线的军队，其任务是采用以群众的团结一致和战斗主动性为基础的新战术去发动反攻。

在晋察冀边区，一支人数众多的新的游击队成长壮大起来。它从日本人手中收复了四十多个县，使它们重新由中国人控制。1月10日，在国民政府的批准下，它在收复的地区建立了中国的第一个地区性政府——晋察冀边区政府。这是中国首次尝试建立统一战线的民主政府。它是全国赶走了侵略者时建立新中国的模型。

在此期间，后方群众的团结和主动精神在继续高涨。

在全国范围内建立了动员委员会，其任务是：招募和训练保卫地方的民兵，进行战时宣传，募捐款项，协调各县的工业和手工业，生产前方需要的物品。在全国的许多地方，这些委员会刚刚出现，但在山西、广东和湖南，它们已经开始实施普遍的军训。

当局不仅采取措施来救济从长江下游拥向华中的数十万难民，而且把他们组织起来，发挥他们的力量。在鄂西实施了一项吸收五万难民的屯垦计划。他们实行了军事训练。其中的熟练工人被雇用到生产企业里。学生宣传员被派去给他们宣讲国难的意义，宣传只有斗争才能收复失去的家园。

1月15日，二十多个国民教育团体的代表在汉口开会，建立了"战

---

① 建立许多"边区"的原因是，中国的省份通常都是依照自然边界（大多数为山区）来划分的。因此，这些边界都在人迹罕到的山区，易于防守，对周围平原居高临下，具有战略意义。在中国的历史上，这些边区发挥了极其重要的作用。

时国民教育筹备委员会"。这个委员会的目的是制定战时教育的课程，以便推荐给全国学校使用。与此同时，流亡学生被送到大后方甘肃、四川、贵州和云南等省去继续学习。①

在长沙开办临时大学的平津师生奉命前往云南，因为该市面临敌人轰炸和入侵的威胁。其中五百人拒绝离开。他们说："战时教育不是不断向后方转移。我们的责任是留下来，准备同来犯的敌人斗。"他们继续在湖南组织群众和进行宣传。同意撤离的同学跋涉千余里，迁到新的地方。他们能吃苦耐劳，是新中国的好青年。

冷清的汉口商业区换了容颜。在它那拥挤的街道上，可以看到许多为中国的解放而积极斗争的人们，他们来自上海、南京和华北沦陷的省份。在它的墙壁上张贴了数不清的宣传画、墙报和宣言。其内容天天变换，反映了中国和世界的形势发展。只要一有投降或出卖的谣言出现，马上就有许多标语，重申人民抗战的决心。当中国空军取得胜利时，很快就贴出生动的招贴画。当希特勒为日本张目时，墙上立刻出现他的凶相毕露的漫画。当澳大利亚的码头工人拒绝为日本装运钢铁时，汉口海员联合会签署公告，表示感谢。中国著名的作家也为"文化人抗敌同盟"的墙报写稿，它的墙报张贴在全城许多地方，每三天换一次，总是吸引一大群忠实的读者。中国最优秀的画家画出极有分量的宣传画，贴在大街小巷。

2月初，举行了一系列群众集会和示威游行，支持国际和平运动的伦敦会议。2月7日，数千名妇女打着旗帜在街上游行。其中有中国领导人的夫人、纺纱厂的女工、新培训出来的红十字会护士，还有腰挎手枪的前线服务团的女战士。

---

① 金陵大学、中央大学、武汉大学和被日本人炸毁的天津南开大学如今在四川开学。北平的北大、清华两所大学在昆明开学。其他许多著名的学府也都西迁。

2月8日是青年日。五千名男女青年在中山公园举行群众大会。正当他们开会时，日本飞机来了。会议领导人井然有序地把他们转移到比较安全的地方。当敌机走后，会议重新开始。他们振臂高呼："法西斯侵略是全世界青年的公敌"、"打倒日本帝国主义"、"中国空军万岁"！

2月9日是工人日。数千名工人举行了游行，其中包括为保卫中国生产武器的钢铁工人和军械工人、纺织工人、海员、邮政人员、卡车司机和铁路工人。这些运输战线的工人沿着中国不充分的运输网络，克服几乎不可想象的重重困难，在日本飞机无休止的疯狂轰炸下，把军队和补给品源源不断地运输到前方。他们的口号是："外国的工人兄弟们，我们联合起来，就可以制止侵略者"、"帮助我们抗日"、"全世界的工人，联合起来反对日本帝国主义"。

2月12日，文化工作者上街游行，抗议日本人破坏学校和大学。专门为这一天写的戏剧上演了。招贴画和传单宣传了必须抗战和中国必胜的道理。

动员中国人民的工作开始了。统一战线在这个新领域每天不断具体化。但是仍然有许多团体不理解统一战线的实质和充分发展各种力量对中国抗战的贡献。统一战线内部竞争激烈，往往仍然是争权夺利，而不是通过为国为民的有效工作来表现自己的领导才能。普遍认为必须搞一次强有力的群众运动。但问题是，人们往往不是考虑"如何开展它"，而是考虑"如何控制它"。那些以这种态度对待群众运动的人自食恶果。为党派角逐而努力的人失败了。真心实意为抗日而发展群众组织的活动日益兴旺。

当时汉口最显著的特点之一是，人们普遍对八路军的活动、政策和领导人感兴趣。该军在山西的表现是人所共知的。以前的苏区成为以民主方式动员群众的成功范例。延安以前原是陕北山区一个沉睡的县城，自从成为八路军的首府以来，变成了一个巨大的文化中心，来自全国各地的成千上万名青年在那里的抗日大学、军政大学和鲁迅艺术学院学习。汉口的每一家书店都摆着数百种研究八路军、共产党和特区的历史与成就的书籍。其中一些著作和小册子对自己的专题作出了很好的阐述和分析。但是也有一些由文痞草成的不学无术的作品。凡是关于八路军的出版物都很畅销，书店要求多提供这方面的书，于是蹩脚文人为了赚钱而连夜粗制滥造一些新东西。

读者要求多了解这方面的情况，本来是很平常的事，不值得大惊小怪。这并不意味着八路军要牺牲国民党的利益来收买人心，或者人们读了这些书就会"变成共产党员"。十年来没有公开出版过任何东西来介绍中国现代史上这一极其重要而引人注目的阶段、中国现代政治思潮中的这一极其重要的流派。过去在这个禁区周围筑起的高墙现在拆除了。人人都在读关于八路军的书，正如同西方研究东方问题的人读斯诺的《红星照耀中国》一样。

这一情况以及民主觉醒的其他事例使国民党的一些集团不禁怀念过去对"危险思想"进行警察镇压的日子。统一战线的敌人，从臭名远扬的汪精卫到托派（中国也有托派），都对共产党发动了新攻势。

1月17日，一批全副武装的人捣毁了《新华日报》的办公处。出售这份报纸的报童被打得鼻青眼肿，头破血流，他们回来讲述了如何挨打、报纸被抢走的经过。以后几天，国民党报刊上再次出现了攻击共产党、八路军及其出版物的文章。有一篇社论把德国纳粹说成中国最好的朋友，把第三帝国捧为中国政治发展的榜样。另一篇社论要求恢复一党独裁和"思想统制"。他们说，在苏联只有一个党，报刊只反映它的观点。那么，中国共产党有什么理由反对国民党在中国实行政治垄断呢？既然中国共产党要求出版自由，它为什么不去要求苏联修改出版法呢？

2月10日，《新华日报》针对这些攻击，以对中国共产党领袖毛泽东访问记的形式做了回答。毛泽东在对记者的谈话中指出，苏联经过工人的革命建立了无产阶级专政。今天在苏联只有一个阶级——劳动人民，只有一个党来维护他们的利益。在中国却不止一个阶级存在。在这种情况下，一党专政就会成为一个阶级对其他阶级的专政。为了各阶级合作以对抗共同敌人的民族统一战线计，唯一可实行的政治基础是拥护抗战的所有党派实行民主合作。

关于思想管制，他说："管制的原则，在中国已历史地证明为错误。"这个原则曾被试过。它引起了十年内战，使日本人有机会发动侵略。

毛泽东说："而统一战线的原则，已团结了的全国与侵略者作战。"他谴责报界反对《新华日报》的运动是企图推翻共产党的合法地位和破坏统一战线。他说，这种做法不仅破坏中国人民的团结，而且破坏全国抗日战争。

此外，也发动了对八路军的攻击。反对统一战线的人说八路军"游而不击"。他们指责说，拨给它的军事开支被用来进行宣传。在回答这些诬蔑时，朱德总司令报告了八路军在战争头五个月的战绩，包括七次大的战役和在广大地区开展的游击战，从而在敌人后方的一个省重新建立了中国的政权。报告没有提及这些攻击。报告的标题是："抗战六月来八路军所得的经验和教训"。只是在最后一段，他写道：

"最后，我要指出民族统一战线的重大意义。在山西省东北前线各方的团结，已粉碎了敌人以华制华的阴谋。这无疑是重大的政治成就。必须认识到，如不普遍地实现团结并坚决加以维护，敌人仍能找出破绽来尝试分裂我们的战斗队伍的诡计。民族的团结统一，先从军队的团结统一做起，这是胜利的秘密。"

　　这种明确的声明揭露了攻击者，使他们哑口无言了。与此同时，蒋介石也对他们的活动表示不满。他没有理由对共产党的忠诚合作不满意。此外，他比任何其他人都清楚八路军打了多少仗。他最清楚中央政府拨给八路军的款项是多么少。据说，他曾大发雷霆："我不管他们是怎么使用这些钱的。我拨给别人的钱比这多十倍，可是他们完成的工作比八路军要少得多。"

　　对统一战线的攻击来自国民党内仍然主张同德国、意大利友好的集团。日本希望这些集团要求接受它多次提出的投降条件。2月18日，不是毛泽东、朱德，也不是蒋介石，而是希特勒给予这些集团一个沉重的打击，使他们一蹶不振。那一天，希特勒宣布德国承认"满洲国"，并支持日本对中国的侵略。他发表侮辱性讲话说："我认为中国在精神上或物质上都没有强大到足以顶住布尔什维主义的入侵。"中国全体舆论界对这种言论表示万分愤慨。进步人士早就预料到会有这一天，但是，不单他们作出了最强烈的反应，而且那些或多或少比较保守的集团也反应十分强烈。工厂被日本人占领的资本家、成功地保持了中国货币稳定的银行家、多年来围剿红军的军官们，开始懂得了法西斯的反共行为对中国的抗战有着什么真正的含义。

　　中山研究会是国民党内的一个重要团体，其宗旨是进行理论研究和探讨政策性问题。它也发表声明，呼吁在民族战争中进一步加强团结。它说："我们必须巩固和加强统一战线，必须制定一项共同的救国纲领。凡愿服从这一纲领者，不论属于何党何派，都应给以工作。必须开展群众运动。所有的国民党员、所有的真诚抗日人士都必须动员起来从事群众工作。"

不断动员中国人民的工作仍在进行,统一战线继续发挥影响。先后举行了全国作家代表大会和全国学生代表大会。周恩来担任了政治部副主任的职务。

3月1日是朝鲜革命纪念日,汉口的墙上贴满了要求让朝鲜人民独立的标语。在中国的朝鲜革命者发表宣言,表示要在反对日本帝国主义的共同斗争中同中国合作。3月27日,在全国作家代表大会上,日本作家鹿地亘在欢呼声中走上了讲台。他和他的夫人克服重重困难来到中国,参加反对他们国家军国主义者的斗争。过了几天,他在讲演中说:"1925—1927年,当国民革命运动在中国发展时,日本人民既惊又喜。他们组织了不干涉中国同盟,反对日本军务省干涉中国的运动。……在发生东北事变和第一次上海战役时,日本人民愤怒地高喊:'离开东北'、'离开上海'!你们中国人听到了这些呼声吗?日本法西斯分子害怕日本人民和中国人民进行接触。……他们想用挑动两国人民相斗的办法来达到压迫两国人民的目的。"

鹿地亘谈到日本人民的反战运动,日本一个重工业中心和东京郊区被征入伍的工人2月举行的暴动。他还谈到某地农民和矿工举行示威游行时遭到血腥镇压以及神户码头工人遭到枪杀。

不久,鹿地亘在政治部任职,负责撰写对日军进行宣传的材料和给日本俘虏讲课的材料。抗日统一战线不单单是中国人民的统一战线,中国的民族解放战争也是朝鲜人民、台湾地区人民①和日本受压迫群众的解放战争。

在军事上,1月和2月对中国是有利的。中国空军的改编得到加强

---

① 战争初期,台湾革命同盟就表示支持中国的抗战。

后，作战活动增加了。1月5日，中国的轰炸机袭击了芜湖，炸毁停在机场的日机多架。1月11日，他们再次飞往芜湖，轰炸了停泊在长江的日本军舰。1月15日官方的战报说，中国空军在1月份十四次空袭中击毁了二十四架日本飞机，击沉了十四艘军舰。1月26日，中国空军轰炸了南京机场。2月中国空军又取得了许多重大胜利。2月3日，中国轰炸机中队第一次配合地面反攻部队，轰炸了津浦线上蚌埠的日军阵地。18日，中国空军同轰炸汉口的日本轰炸机展开了激战，十八架日机被击落了十二架。全市人民都目睹了这场惊心动魄的空战。2月23日，中国飞机第一次袭击日本的后方根据地。在对台湾的突然袭击中，他们摧毁了一座发电厂和停在机场的许多飞机。下述事实证实了这座发电厂所遭受的损失：香港有三天无法同台湾的国际无线电站通信。2月以后，中国飞机参与了华北前线的许多战斗。

在韩复榘不战而逃后，津浦路前线处于瘫痪状态。到1月底，李宗仁将军统率的十多万广西军队去那里增援。这支军队像坚固的楔子一样，挡住了日本从南北两个方向朝这里会合的道路。日本的这两支部队本来是从容不迫地挺进，现在突然受阻。韩复榘的部队在新领导人的统率下恢复了信心，作战非常英勇，他们反攻了有着坚实城墙的济宁，挫败了日本人想沿着陇海路南下归德的计划。在南部战线上，广西军队英勇地保卫了淮河防线，日军打了整整三个月都未能突破。中国飞机首次在安徽支援了地面部队。与此同时，中国军队根据新的战术，在东线杭州、西线平汉路和山西开始反攻。日本人想消灭八路军的企图彻底破产了。游击战遍及全国。阎锡山将军从山西报道说，山西省的一百零五个县，日本人只占领了十二个。1月13日游击队发动奇袭，收复了冀南的曲周、永年、肥乡和广平。1月17日，离上海二十英里的浦东川沙被收复了。2月2日，山西的游击队夺回了太原东北七十英里处的定襄。

2月7日，日本人打算在广州建立一个"独立政权"的阴谋被揭露了。中国警察轻而易举地把阴谋分子一网打尽。原来日本人收买了一个广东老军阀李福林将军，让他领导这次阴谋活动，向他提供20万元。李将军确实当过封建军阀，但他也是一个爱国的中国人。"我该怎么办呢？"他给国民政府打电报请示。"收下这笔钱，我们需要它"，政府回电说。所以李福林收下了钱，继续同阴谋分子保持联系。当他收集了他们阴谋活动的充分证据后，中国警察一举粉碎了这个阴谋。珠江被封锁了，实行了戒严。日舰齐集虎门炮台附近，准备到广州进行庆祝胜利的巡游，却不料其整个阴谋败露破产。这就是日本想要夺取华南的第一个阴谋的下场。

2月初，日本的一支强大的纵队沿平汉路逼近陇海路以北40英里处的新乡和黄河。中国军队采用新的战术，阻挡了他们的前进。中国人拆毁了日本进军路上的三十英里铁轨，并在晋豫边区的太行山上派驻了大批部队，经常从那里进攻日军的侧翼。

2月10日，林彪统率的八路军——五师以迅雷不及掩耳之势夺回了冀中保定和石家庄之间的四个车站，切断了平汉路上日军的后方。它缴获了五百支步枪、三十挺轻机枪和一百多匹马。在定县，三百名日本人丧生。在新乐，一列辎重火车出轨。游击队拆毁了铁路路轨，割断了电话线。

平汉路上的日军为了赶走威胁其侧翼的中国军队，向西进入晋南。在豫晋边区的灵石，打了一场重要的战役。敌人突破中国的防线后，夺取了山西的临时省会临汾。中国军队留在敌人的侧翼，伺机反攻。在以后的两个月里，他们包围了日军的先头部队，收复了该省的大部分地区。

但目前，日本人暂时达到了目的。他们在巩固侧翼后，把注意力迅速转向津浦路，在那里，对峙的军队正在集结，准备进行决战。他们希望在这里消灭中国的主力军，取得胜利。但事实完全相反。

第八章 反 击

在南京失陷后的三个月里,中国政府和人民表明了自己长期抗战的决心。政府坚决反对日本提出的任何"和平"倡议。军队表现出有能力粉碎日本最高统率部的总计划。人民,特别是敌人后方的人民,开始积极参加抗战;游击队的活动日益扩大,对军事行动的进程产生着越来越大的影响。

3月初,日本人决定放弃次要战线的军事行动,一劳永逸地集中兵力夺取徐州。他们要把南北两条战线连成一片,包围和消灭中国军队的精华,把从山海关到杭州的整个海岸线都置于他们的统治之下,建立一个"全中国"的傀儡政府,占据控制通向汉口道路的战略要地。南京的沦陷并没有使中国的抗战陷于瘫痪。但是如果在徐州大败,中国政府就会在它仍然控制华南和长江中游的时候求和。给中国以"致命的一击",仍然是日军的野心。当运动战、阵地战和游击战在许多战线同时进行的时候,究竟在何处下手才能产生直接的效果,是有点儿难以确定的。在比较分散的几个地点进行试验后,日本人选中了徐州。在这里集结了三十万中国精锐部队。日军从南北两个方向像一把巨大的钳子一样,在城西的陇海铁路线上收拢,就可以把这支力量聚而歼之。这的确将是致命的一击，使中国永远不可复原。"在徐州打一场坦嫩贝格战役"，这已成为日军的座右铭。①

然而，在徐州并没有出现坦嫩贝格那样的情况。进攻一个月后，日本不仅没有达到他们的目标，而且他们强大"钳子"的北部一翼几乎被打散。这个"钳子"只是5月下半月才合拢，然而他们未能包围任何东西，因为中国军队已经撤走了。与此同时，日本则吃了两次大败仗，其中一次震动全世界。在日本进入平津时夹着尾巴溜走的、被人瞧不起的北方军队在临沂消灭了四千名日军。另一支主要由新兵组成的中国军队在台儿庄及其周围消灭了七千名日军。日本人不是在徐州，而是在台儿庄打了一场坦嫩贝格战役。但是被围歼的不是中国军队，而是日本军队。

3月初，主要战场是在晋南豫北沿黄河北岸一带。迅速推进的日军遭到了中国激烈的抵抗。蒋介石亲自在黄河南岸平汉路上的郑州坐镇。企图渡河的日军在这里和晋西被击退。八路军在晋西把企图进入陕西的日军打退了。

3月第二周，中国军队和日本军队分别沿着黄河两岸向东直奔津浦路上的主要战场。了解战局的每个人都清楚，争夺徐州之战即将开始。

3月15日，日本人开始沿着津浦路北段长驱直入，在以前几周这一带没有什么战斗。他们分三路进军。中路沿着铁路线直扑徐州以北大约五十英里处的峄县，右路在铁路以西沿着运河北岸行进，左路在铁路以东进攻临沂（沂州）。左路的目的是切断徐州、连云港之间东西向的陇海路而攻打徐州侧翼。

---

① 1914年8月24日至26日在坦嫩贝格，兴登堡包围击溃了俄国第二集团军，打死打伤十万人，俘虏九万六千人。当时俄军深入东普鲁士，德国第二十集团军挡住了他们的去路，第一后备军团和第十七军团则从侧翼包抄，形成钳形攻势。

整个战线的中国军队是由广西领导人李宗仁统率的。他和广西另一位领导人白崇禧使该省成为重要的军事根据地。白崇禧将军现在担任中国军队的参谋长，此刻也在徐州。他们共同制定了击溃并消灭敌人先锋部队的计划。他们正确地预计到，日军中路不会直接进攻徐州，而是企图通过穿越平原跟陇海路连在一起的铁路支线逼近城下。他们打算让日本人沿着这条铁路前进到徐州以北30英里处的台儿庄，与此同时，他们控制侧翼。当敌人到达台儿庄时，他们从两侧包围，孤立并消灭了日本军队凸出的部队。

制订计划是一回事，执行计划是另一回事。自从战争爆发以来，中国军队只在平型关打了一次大的胜仗，当时八路军在山西北部的峡谷里消灭了板垣第五师的三千人。① 事实证明，中国士兵是能打仗的，而且打得很好。但是，中国将领在复杂的战役中不善于协调不同训练、不同指挥的省级军队的行动。而台儿庄战役计划所要求的正是这一点。

台儿庄大捷对中国及其军队具有划时代的意义，因为它证明，中国的军队虽然武器劣、训练差、缺乏统一性，但在一次"典型的战役中"毕竟能够以优越的战略策划击败日本人。它的重要意义还在于：对这次胜利贡献最大的师团之一竟是迄今为止一直软弱无能、老吃败仗的第二十九军，而那个给予决定性打击的师，并非由职业兵组成，而全是些从城乡招募来的战时新兵。最后，这次大捷还得力于其他战线的军队和游击队的积极配合和协助，他们阻挠敌人的运输线，在作战最关键的时刻拖住敌人的兵力。

临沂的胜利为台儿庄大捷准备了条件。来自青岛的日本板垣师团

---

① 发生在1937年9月23日至28日的这次战役是林彪的第一一五师打胜的。

和矶谷师团于3月15日到达该城郊区。中国最高当局认为时机已到，便下令遏制日军左翼的前进。面对着开到临沂的两万名日军和伪军[①]，他们投入了数目相等的华北军，由庞炳勋和张自忠[②]指挥。守军让日本人进入城里后，便把周围的村子放火烧了。接着，他们把日本人赶出城外。由于村庄被毁，日本人无处安身，便又一次攻打临沂。从3月15日至19日，临沂三次易手。当庞炳勋把敌人拖在临沂城周围时，张自忠向北袭击敌人的左翼。日本人被打得落花流水，不得不后撤十英里，退到汤头镇。他们损失了四千人，包括三名团长，即大佐、中村和中野。中国俘获了六百名战俘和大批战利品，包括一些野战炮和装甲车。虽然中国军队也遭受了同等的伤亡，但他们穷追不舍，收复了日本人安身的汤头镇。这次胜利使日军左翼在两个月左右的时间里毫无进展。张自忠将军被官方宽恕了他在北平投降中所起的作用，并受到了国民政府的表彰。而日本板垣将军则赢得了败得最惨的日本将军的"名声"。

我当时采访的一位中国战略家说："这还说不上像坦嫩贝格和马恩那样的大战役，但它将作为我们抗战中的大战役载入史册。这是我军表明不仅能抵抗，而且能在不利条件下进攻的第一次战役；不仅是进攻，而且是穷追不舍。在临沂击溃敌人后，我们追击了一整天，在汤头镇又大败日军。在上海进行阵地战时，我们表明我们坚持得住。而现在进行运动战时，我们可以准确地执行参谋部的作战计划，实施成功的反击。同时要记得，在临沂作战的师团并非我军最好的部队，

[①] 土匪头子李桂堂指挥的伪军参加了这次军事行动。他们充当日本人的先锋，在主力军被歼以前就被打得一败涂地。

[②] 在卢沟桥事变的时候，张自忠担任天津市市长。他之前的行为帮日本人占领北平，但他后来逃出重围，向中央政府自首。近几个月来，他已将功赎罪。他的军队没有佩带师徽，而是挂着"打倒日本"的臂章。

而板垣和矶谷则被认为是日本顶好的将领。"

临沂的胜利是各条战线共同努力赢得的。在三天的战斗里，在峄县和济宁的日军中路和右翼正忙于对付中国的反攻。河南的中国军队紧紧咬住日军，使之无法去山东增援；他们还渡过黄河，收复了一些村镇。在河北，游击队进攻了日本大后方的平汉、平津、津浦等铁路线。在绥远、内蒙古，勇猛的东北老英雄马占山率领一支骑兵旅，收复了陶县。在晋西北，八路军消灭了河曲的日军。由于日本人处处挨打，他们无法对主战场派更多的援军。这大大减轻了徐州中国军队的压力。

这为下一个战役——在台儿庄包围日军，准备了条件。3月23日，日军开进该城，上了中国人的钩。中国最高统率部紧张地等待着反攻的结果。

为了目睹台儿庄的战况，我于3月下半月离开汉口，前往徐州。

汉口一直紧张不安，因为它担心日本人渡过黄河。现在，它屏息静气地注视着徐州周围地区严峻的准备工作。到前线时，我更感不安。行驰在陇海铁路线上，这个感觉一直存在。黄河南岸的郑州一个月以前遭到狂轰滥炸，现在仍然是一片废墟。河南省会开封的防御工事遭到日本的炮轰。火车穿过河南贫瘠的平原，黄土弥漫，旅客不安地注视着有无敌机。对面来的火车满载伤员。成千名难民扒在车厢上面和旁边。

当火车开到徐州的时候，可以听到远处隆隆的炮声。前线离这里只有三十里远。站台上躺着许多奄奄一息的士兵。他们从很远的地方运到这个车站，已不能再运了。他们大概只能再活几小时，所以也没有往拥挤的医院送。他们全都昏迷不醒了。车站是荒凉的。

但出乎意外的是，市内却充满生机。所有的商店都照常营业。墙上贴满生动的爱国招贴画。街道上熙熙攘攘，士兵、民兵和民众各自忙着自己的工作。报童们叫喊着卖报纸。广告员身上挂着戏剧海报。妇女和儿童们在市内的两个公园悠闲地散步和玩耍。穿着整齐的蓝色制服的男女中学生散发着传单。他们擎着第五战区的旗帜。郑州遭受了一次猛烈的轰炸后，人心惶惶不安，笼罩着一片失望的情绪。徐州遭到的轰炸比郑州多，更靠近敌人，如果敌人突破台儿庄，徐州在一两天之内就可能陷落。然而这里的气氛比郑州更有生气、更鼓舞人心，它比遥远的汉口更使人有信心。这种鲜明的对比，只可能有一种解释。在汉口，人们希望日本人不会突破。而在徐州，人们正准备粉碎大胆的敌人，因为敌人离城里十分近，三十里以外就是前线，他们一时一刻也没有吃败仗的打算。

当我采访李宗仁将军时，别的人已经先我而到了总部。三个农民赶着一群肥大的黑猪，走过咧嘴笑着的岗哨，径直进入统率着三十万大军的第五战区司令长官的院子。"这是怎么回事？"我问陪同我的年轻军官。"农民给军队送慰劳品来了，"他说，"他们走后，你就可以见到司令长官了。"

李宗仁将军出身于农民家庭，个子不高，肩宽腰粗，圆圆的脸庞上有一双炯炯有神的眼睛。他已是中年人了，短而硬的头发梢开始泛白。但他精力充沛、刚毅不屈，是一位敢打敢冲的军人，同时又显得和蔼可亲，说起话来简短有力。

"保卫徐州有什么重要意义呢？"我问他。

他说："徐州是第二阶段军事行动的关键。它关系着陇海路、平汉路的安危，因而也是汉口安危之所系。在这个阶段，我们战区[①]是

[①] 李宗仁将军是第五战区司令长官，这个战区包括山东和江苏两省、长江以北安徽省的部分地区和河南东南部。

最为重要的。日本人将集中全力打通津浦路。现在他们用来对付我们的兵力算不了什么。他们必须投入更多的兵力才行。即使他们把我们赶出这个城市，那也不算完了。这个战区的军队誓死与战区共存亡。这并不是说，我们集结在一起，让人家屠杀。我们将分散开来，在广大的地区机动灵活地作战。我们正在动员群众。一俟时机到来，我们将用人民群众的力量对付敌人。"

我对他说，徐州的气氛使我感到吃惊。

"你感到神秘不解的事情，其实是非常平常的。当我来这个战区的时候，敌人前进得很快，人民陷入悲观失望之中。为什么会产生这种情况呢？答案可以在对前山东省主席韩复榘的判决书中找到。你大概记得，他被处决的罪状包括：擅自撤退、榨取民财、没收乡村居民自卫的武器。但在过去两个月，情况发生了变化。我们向老百姓表明，我们的军队是能够抵挡敌人的。我们还证明了：对我们来说，军民合作并不是一味让老百姓出这出那，而军队则什么也拿不出来。"

"那你们是怎么做的？"我问李将军。

"我们成立了总动员委员会，由民众、军队和政府三方面的代表组成。我发布了七道命令，规定了军民共同承担的任务，公布于众。不经总司令部的特别许可，本战区的军政官员都无权向群众索要物资、食品或劳力。征兵的原则是：每个公民都有服兵役或以其他方式对防务做出贡献的义务。这方面有严格的规定，任何违法行为，如进行贿赂使富人免服兵役等，都将按军事管制法严惩。征兵服兵役用抽签的办法决定。军政机关不得没收群众用于自卫的武器。另一方面，地方当局有责任组织和训练武装起来的群众，给他们派教官，教会他们以最好的方法保卫自己的村庄。总动员委员会负责发展和协调群众的活动，纠正以前的缺点和错误。为了促进这项工作，全战区的人民，除反对抗战的汉奸外，都有充分的言论、出版、集会、请愿的自由。军政官员不得以任何方式干预这种自由。我还下令，当军队需要征调补给品时，应当取之于乡镇的绅士和富裕人家，而不要向贫困的农民索取。必须让服劳役的农民，像部队战士一样，吃好住好。严禁强迫服劳役。

"徐州人民之所以充满信心，是因为他们知道为了保卫这座城市正在做些什么，而且他们自己也参加了这项工作。如果他们有不满意的地方，他们可以向上级提出建议。他们自己也可以放手主动做一些加强防务的事情。在军事上，日本人比我们强一些。他们武器好，坚决顽强。他们用野蛮残酷的办法使人们不敢抵抗。当人民没有组织起来的时候，情况的确如此。面对敌人的进攻，我们必须在道义上和物质上像钢铁一样坚强。只要我们用自己的军事力量去帮助和鼓舞人民，只要人民全力以赴地帮助我们增强军力，我们是能够做到这一点的。"

"眼下前方的形势如何？"

"在临沂，日本人在人员和武器方面遭受了巨大的损失。敌后游击队的活动使敌人难以增援新的人力物力。台儿庄的日军已被包围。他们还有一些弹药，但不多了。有一个师以上的兵力被孤立起来，他们像笼子中的老虎。他们的机械化装备大部分被我们缴获，所以他们没法突围。我认为，即使派增援部队来，也救不了他们。"

4月2日夜，我们一行人前往台儿庄。① 火车走得很慢，没有开灯，周围一片黢黑。大炮的隆隆声越来越近。我们刚离开徐州时，只见天际一束火光，几小时以后，那片火变得越来越大，成为地平线上

---

① 同车者有伊文斯和费诺，他们是在完成《西班牙大地》这部大型纪录片后前来中国的；还有著名的摄影家卡巴，他陪同他们从西班牙来中国；还有美国助理海军武官卡尔森，以及许多中国官员。

的熊熊烈焰。"那就是台儿庄,"陪同我们的副官说,"大火已经烧了三天。"在这座被包围的城市以南十英里处火车停住,我们下车,徒步走向司令部。我们在伸手不见五指的黑暗中,在麦田里跌跌撞撞地走了两个小时。给我们当向导的是一个农民。副官说:"没有农民,我们就无法在这个地区自由地活动。我们部队来这里刚两个星期,这里的地理环境不熟悉,很容易弄混,每个村庄的样子彼此都差不多。老百姓给了我们很大的帮助。他们给我们当向导,刺探敌情,照顾我们的伤员。甚至在敌人的炮火下他们也不离开部队,其中许多人拣起死者的枪支,参加了战斗。"这位农民上岁数了,身上长着瘤子,抽着烟袋,走在我们的前头。

那天夜里,我们睡在农村仓库的麦秸里。早晨,旭日东升,是一个响晴天,隆隆的炮声划破了北国春天的静谧。我们住的村庄呈正方形,房子都不高。村子周围筑有城墙,瞭望楼像用灰砖砌成的坚固立方体一样矗立在城墙的四角。鲁南的村庄和瞭望楼,外形颇有点儿法国诺曼底的味道,以简朴、坚固、圆拱为特征。其中许多是由西藏的旗人建筑的,他们一度作为世袭驻军在这个省安家落户,把他们高原故乡那种直线形的结实的建筑风格也带到这里。

第二集团军司令孙连仲将军在一个阳光照耀的院子里请我们吃早餐,那里有一个农家妇女赶着蒙着眼睛的毛驴拉磨,磨是用两块圆而平的石块做成,用这个原始的方法磨面。① 孙将军体格魁梧结实,声音有点儿沙哑,眼睛由于过度疲倦而充满血丝。他向我们扼要地讲述了这个城市的重要,它是用来诱敌深入上钩的:

"台儿庄控制着从铁路、从运河通向徐州的交通要冲。我们知道

---

① 当这里建立中国军队的司令部时,村里的农民并没有被赶走。这个事实本身就表明了中国各地出现的新精神。

敌人企图占领它，想以此为基地，进而攻，退而守。我们也需要它，丢不得，我们要在这里挫败敌人对徐州的进攻。而且我们还要以此为基地进行反攻。

"我们没有考虑被动的防守。敌人的先头部队已经掌握在我们的手心。游击队切断了他们的运输线，使他们无法派增援部队。日本人的野蛮行径使得人人仇恨他们，各地的农民都拿起了武器。河北、山东十分之八的领土仍然飘扬着我们的国旗。"

传令兵拿来一摞文件。

孙将军转身到村里的庙里去，那里是他的司令部。"当人民都动员起来时，"他说，"军队怎能满足于消极的战术呢？光抵抗是不够的，今天我们不能仅仅是挡住敌人，而是必须消灭他们。"

在这里，像在徐州一样，人们的信心很高。在日本大炮的射程以内，甚至在双方炮兵对峙的中间地带，身材高大的农民照样在富饶的绿色麦田里耕作。在我们村庄前面，其他数以百计的村庄都像它一样，军队的教官正在教给成队的穿着蓝色服装的农村青年操作步枪和机枪。从十八岁到四十五岁的村民都参加了自卫团。在距两军对峙的前线只有三四英里的后方，这些农民战士在起伏不平的山地里打着模拟战。一批新的村长任命了，他们是经过特殊训练的学生，他们把村长、民兵司令、小学校长三种职能集于一身。小学校成了成人教育、爱国宣传和群众组织的活动中心。村里古老的墙上贴满了宣传画和标语。长长的民兵队伍把食品和补给品送往前线，再把那里的伤员运回来。在田间耕作的农民随身携带着步枪。

中国军队的参谋长对我说："要控制台儿庄，关键在于夺取周围的村庄。只要这些村庄掌握在我们手里，城里的日本人就会局促不安，手足无措。我们以这些村庄为基地，一等时机成熟，就发动进攻，消灭敌人。"

　　两个星期以来，双方一直在争夺这个小小的铁路城镇。3月23日，板垣将军指挥的日本第五师发动了第一次进攻，出动了两个步兵团、两个炮兵团和几十辆坦克与装甲车。中国第三十一师年轻的师长池峰城奉命把敌人遏制在城内。这个师在战争开始的时候在河北省的房山、冬季又在山西省娘子关同板垣的军队交过火。在这两次战斗中，它损失了原来兵力的百分之七十；现在它主要是由新兵组成，他们不是职业兵，而是来自田间的农民、来自工厂的工人、来自大城市商店的店员和仓库管理员。日本人隔着台儿庄的街垒对第三十一师的士兵喊话："你们还剩下多少人？我们听说你们在山西全被我们消灭了。"中国战士回话说："我们的人足以消灭你们！"

　　3月23日是激战的一天。第一批二十辆坦克向着台儿庄北城墙开来。中方在城外只有四十名战士和一辆装有反坦克炮的装甲车。中国士兵低低地趴在战壕里，装甲车严阵以待。当坦克开到几百码远的时候，中国装甲车开到它们前进的路上，向它们一一开火。战壕里的士兵等坦克开到跟前时，突然跳出去，把一束束手榴弹塞到履带下面和它们的炮眼里。四辆坦克被反坦克炮准确地命中，打了个稀巴烂。另外九辆坦克也损坏了。坦克后面的日本兵转头就跑。中国军队出城追击，缴获两门野战炮、五门山炮和几门反坦克炮。日本的第六十三团遭到严重伤亡，团长丧生。在城市上空，一架日机被击落。在这次交战后，日本坦克再也不敢贸然接近中国的防线，它们停在老远的野地里，充当机枪阵地。中国战士不怕坦克了，知道如何对付这种怪物。

　　台儿庄的第二次战役始于3月26日，持续了三天，穿过周围的村庄，在田野激战。双方都增加了兵力。日本的第十师，中国的第二十七、第三十两个师在这个城市的周围摆开阵势。双方都动用了重武器，展开了猛烈的炮战。日本人有四十门一百五十六毫米口径的大炮和五十六门八十八毫米、七十五毫米口径的大炮。中国人拥有的大炮只有日本人的一半，口径为一百五十五毫米和七十五毫米。日本人不停地打炮，中国人只是在发现明确的目标时才打炮。中国士兵高兴地发现，敌人三成以上的炮弹是哑弹。① 他们把这些哑弹称作"日奸"。"我们的朋友——日本工人在帮助我们。"

日本人猛烈的炮轰把台儿庄的城墙打开了一个缺口。28日和29日，他们通过这个缺口发动进攻，企图占领这个城市。但是，中国的第三十一师挖壕固守。日本人落入了圈套，想出也出不来了。

30日，日本人在台儿庄获得了一个立足点，逐渐扩大，慢慢控制了城区三分之二的地盘。日本大炮轰击中国占领的那部分城区，中国也炮轰被日本人夺去的那部分城区。双方的飞机不间断地轰炸城里对方的地盘。双方的士兵拿着步枪、刺刀和手榴弹展开了巷战。每隔十码或二十码就有一个街垒。每个街垒旁都堆满了尸体。

与此同时，中国的第二十七、第三十两个师准备分别包抄敌人的侧翼。白天，由于日本人不停地打炮，运动是很困难，中国人不得不趴在地上。他们知道，敌人的运输线不久将被切断。让敌人尽量射击吧，当最后反攻来到时，他们剩的弹药就不多了。第二十七师在吸引敌人火力方面有绝招。他们把农村抽水机上的卷扬机卸下来，四个一组，插到地里，远远望去颇像野战炮群。为了吸引敌人的注意力，在每个木制炮群的后面都有一门真正的野战炮，它迅速地向敌人的阵地发射几发炮弹后，赶快撤离。日本的指挥官拿着望远镜搜索一番。嘿，中国人多么愚蠢啊！他们的大炮竟完全暴露在外。日本七十五毫

---

① 据外国军事观察家说，在上海战场上，日本人也有这么多哑弹。

米口径的大炮行动了，一股脑儿打了几百发炮弹。中国人没有回击。"好！"日本指挥官想，"我们把他们打哑了。"然而半小时以后，真正的野战炮又拉出来了，那一行行的伪装物开始显示其生命力。日本人倒是满郑重其事，又打炮了，比前一次更厉害。他们白白浪费了数千发炮弹。"他们甚至连一台卷扬机都没有打中，"中国的一位炮兵指挥官后来对我说。讲起此事，他大笑不止。

"黑夜是我们的机会，"中国的军官总是这样重复说。白天，日本的飞机大炮主宰了战场。但夜幕降临以后，大炮就看不见了，中国人对其侧翼不断发动进攻。他们分成小批出动，神出鬼没，胆大心细。下一次从哪儿打，日本人一点儿也摸不着头脑。日本人只是一个劲儿地从他们所有的阵地上打机关枪，一个小时接着一个小时地打。但这也无济于事。每天早上一看，总有一段战线又落入中国人的手里。

4月1日夜，第27师袭击了设在台儿庄以北的一个日本团的总部。他们击毙了团长，缴了许多文件。在文件中发现了一名日本军官写的一首诗：

> 四小时占领天津，
> 六小时拿下济南。
> 为何区区台儿庄，
> 久攻不克如此难！

从这个团部，中国人还拿到了一个普通传令兵的日记。"我们为何而战？"这个日本兵写道，"中国人民面临着魔鬼的折磨。我们也经常受苦受难而死。天晓得我们的尸骨扔在哪里，谁来收。"

4月2日，台儿庄城里再次发生激战。日本人增加了城里的兵力，一次又一次地想把中国军队赶出城，赶到运河那边去。在巷战中，第三十一师的战士胜过敌人。在敌人的飞机大炮最猛烈的轰击中，他们躲在沙袋掩体的后面和他们沿着城墙挖的地洞里。甚至燃烧弹也对他们没有办法。池峰城将军对我讲了其中奥妙。"当敌人扔下燃烧弹时，"他说，"日本人像我们一样，也必须撤出附近的地方，因为弹片温度高达两千摄氏度，靠近它的任何东西都会燃烧起来。当日机离开的时候，日本人要等火势退下去才出来。而我们的战士在燃烧弹还冒烟的时候就回到了自己的阵地上，许多人被严重地烧伤。我们总是抢在他们前头。日本人使用这种武器，得不偿失。"也是在4月2日，日本人还使用了催泪瓦斯和喷嚏瓦斯，后者使鼻黏膜充血，打喷嚏不止，痛苦异常。但这一手也没有赶走中国守兵。

中国战士从他们自身价值同日本武器对比的丰富经验中得出了一句顺口溜："日本飞机的炸弹不如他们的大炮可怕，他们的大炮不如机关枪有效，但是他们的机关枪比不上咱们的手榴弹。对咱们来说，最好的还是大刀。"第三十一师的战士想尽办法靠近敌人，好使用他们的拿手武器。在他们越过最讨厌的障碍物——机关枪以后，他们就得心应手了。在巷战中，他们发现迫击炮大有用场。他们用迫击炮把日本人从最坚固的街垒后面炸出来。"迫击炮可以打开所有的大门"，中国战士说。

4月3日是最艰巨的日子。当时日本人控制了城里五分之四的地方。他们的正面进攻一刻也没有停止，与此同时，他们企图包抄精疲力竭的第三十一师的侧翼，切断它同城外中国军队联系的交通线。城里一片废墟，没有一处完整的建筑物。许多地方成为火海，滚滚浓烟遮住了视线。第三十一师伤亡过半。但是这些第一次品尝战士生涯艰辛危险的新兵不仅坚守阵地，而且屡屡出击。穿着皮夹克和便装的三十四岁的师长池峰城在士兵中间来回走动,他不像一位将领,倒像一个大学生。师里的老兵,现在大部分提升为军官,教给新兵如何打仗。第三十一师死伤连长二十四人,年轻军官的死亡率高于普通战士。只有领导带头冲锋陷阵,最英勇善战的战斗部队才会如此。

日本人无法保持他们对中国军队的压力,因为中国第二十七师、第三十师在增援部队的支持下发动了新的进攻,使日本人不得不更多地注意其侧翼。他们不断调整力量,哪里受到的威胁最大,就赶忙去那里增援,以保住阵地。

在以后两天的激烈炮战中,我同进攻日军右翼的中国炮兵待在一起。4日,日本的炮火仍很猛烈,炮弹落在中方阵地一百码以内的地方,中国一百五十五毫米口径的大炮是从一座围着灰色城墙的村子后面打炮的。日本人发射的炮弹为中国人的五倍。但在那天,中国的大炮打得比日军的更准些。我通过潜望镜,看见台儿庄外面公路上的一块地盘,一队行进的军队正向那里围去。

5日晨,我在一座不高的山上坐在中国轻野战炮阵地的附近。远处重野战炮射出的炮弹从头顶上呼啸而过,在远处爆炸。在蔚蓝色的天空下,无人区像一个巨大的棋盘,褐色的休耕地和长满旺盛庄稼的绿色田垄构成它的方格子;公路两侧低矮方正的灰色村庄就是主要的棋子;周围长满高大树木和绿色丛林的、阴森森的墓地更像守门的卒子。这些村庄掩护了炮兵。在浓密的树荫下行驶着运弹药的卡车和运兵的汽车,使敌人无法发现。每座草屋、每堆干草都保护人们避免死亡。我所在的那座山到处是弹片。昨天,一阵炮击把一侧的绿色植物全给扫光了,留下了累累褐色弹痕。今天,炮火减少了。在对垒的两军之间,农民耕着田地,因为他们知道炮弹只是从头上飞过,不会落下来。在一度是河床而现在则长满草的山谷里,妇女们比较安全地放牧着牲口。沿山谷而下，有一个难民营。年轻的妈妈给孩子喂奶。老爷爷坐在一摞铺盖上抽着烟。茶壶在火上开着。难民们倾听着远处的战斗声。战局如何发展，决定着他们的去向：或者是回自己的村里，或者是沿着逃难的道路继续向前，品尝有家归不得的、疲乏、艰苦的滋味。

传来了飞机的嗡嗡声。难民们蜷缩在山谷里。我们也去找隐蔽处，二十二架银光闪闪的轰炸机飞到我们头顶上。中国同伴一把抓住我，他指着机翼上的标志说："我们的飞机。"

这些飞机是去轰炸台儿庄的，炸城北日本的阵地。在台儿庄，只见一道闪光，接着是爆炸声，一股巨大的烟柱升腾而起。后来才听说，日本的军火库被击中了。这使日军惊慌失措，不得不撤出一大片城区。

在敌人阵地的上空，有一架中国飞机摇曳着，似乎出了毛病。当它的同伴消失在远处的时候，它降低了高度，向地面滑翔。它会安全着陆吗？降落在哪里，降落在战线的哪一边？

这架飞机滑翔到距我们山头半里远的一个村庄的后面，降落在一块休耕地上。战士和农民都奔向它。我们也爬下山去看个究竟。

十分钟以后，我们赶到了现场。飞行员是个身体结实的小胖子，他被吓得脸色苍白，站在飞机旁。在他的吩咐下，一百个战士用稻草和高粱杆把飞机盖起来，经过伪装，它已认不出来了。飞行员靠在飞机的翅膀上，给最近的司令部写了一个报告。

这架飞机降落的地点处于日本大炮的射程之内。日本人肯定看见了它的降落。虽然它立即被伪装得严严实实的。但日本人有的是炮弹，他们一定在寻找它的降落地。

我们村里的野战炮已停止射击。他们不想吸引敌人的注意力。但是别的村子继续打炮。我们倾听着。一个中国炮兵组打了一阵子排炮。日本人并不像往常那样，以十倍的力量进行还击，他们只打了两发炮。中国炮兵又打了一阵。日本人无动静。

过去的半个小时里，一百名战士一直注意这架飞机。现在，他们彼此相视，不约而同地说："他们没有炮弹了，他们在撤大炮。"

当我们返回驻扎司令部的村子时，我们发现只剩下农民了。参谋人员、野战电话机、哨兵以及我们的行李，全都不见了。只有一个战士从我们住的农舍中走出来说："司令部前进了六里路，我奉命在这里给你们引路。"

我们上路时，天已黑了。军队、大炮、补给品等都在向前移动。士兵带的番号是我们所不熟悉的。一打听，才知道他们是从云南来的。他们从缅甸、安南边界，跋山涉水，乘火车和步行，迢迢三千里，来到这里。省级军队过去从来没有走这么远的路程来打民族敌人。他们边行军边唱歌，唱的是《义勇军进行曲》。山东农民给他们当向导。

到了司令部，一片欢欣鼓舞。"我们切断了他们的运输线，迫使他们不得不退却，"迎接我们的副官说，"台儿庄东北角的八百名日军被我们完全包围了，今晚我们将干掉他们。"刚参加完蒋介石主持的武汉参谋官会议回来的年轻的参谋长同我们谈了很长时间，分析敌我力量对比。他给我们带来好消息。"司令长官准许你们进城，我来陪你们，明天一早就动身。"

那天晚上，英雄的第三十一师活下来的人把城里的日军残部消灭了。次日晨6时，台儿庄一个日本人也没有了。与此同时，其他部队收复了北面的三个村镇——山立庄、袁庄和刘家湖。刘家湖曾是日本司令部的所在地。在右翼，第二十七师克复了柳庄、插花庙和平庄。

昨天刚开来的新军队拿下了通往峄县的主要公路上的三个据点——南洛、北洛和獐山。日军撤退时溃不成军，仓皇而逃。拂晓，台儿庄十英里范围内已无日军。只有第二十七师仍在追击敌人，其他部队已追不上拔腿逃命的日军了。

6日晨，我们动身去台儿庄。当我们离开司令部时，看见天上有一架飞机。那是前天迫降的年轻飞行员驾驶的飞机。当士兵和农民在田野里前进的时候，他整夜都在修理飞机。他花了两个小时试图从松软的土地上起飞，掀起滚滚尘土，几乎弄翻了飞机，但他终于成功了。

台儿庄仍在燃烧。街上一片废墟，偶尔有几堵断壁残垣奇迹般地保存下来，光秃秃的，全烧焦了。到处都是尸体、未爆炸的炮弹和手榴弹。有一处地方，老爷爷在风景如画的小溪旁栽了一排垂柳。现在，小河里全是尸体，机枪的子弹整齐地把柳树枝全给扫了下来。第三十一师的战士，衣服破破烂烂，满身泥土，他们在街上给司令部运送战利品：几十挺机关枪、数百支步枪和刺刀、防毒面具、大量旗帜、文件和罐头。在烧得又焦又黑的墙上，我们看到宣传品——白纸片上写着标语、绘着漫画："赶走敌人！""打回老家去！""打倒日本帝国主义！"

城里的大多数中国士兵都戴着缴获来的敌人钢盔，他们把上面的日本黄色星星①换成国民党的太阳标志。不值勤的士兵在吃饭、睡觉或洗衣服。他们躺在地上，享受着休息的幸福。许多人脱掉了满是泥土和血迹的制服。他们脱去上衣，沐浴着阳光，把脚伸进运河里戏水。第三十一师的战士非常年轻，好动，闲不住。不知在哪里搞到一个排球，他们投掷着，互相追逐，笑着。

---

① 日本军队的钢盔和帽子上用的不是红太阳标志，而是一个黄色的五角星。

从城里的一角传来几百人喊口号的声音。我们朝那里走去，小心翼翼地踩着凌晨战斗留下来的残物。台儿庄北面被大炮打坏了的城墙上飘扬着青天白日满地红的中国国旗。在国旗下，站着一个穿着制服的女大学生，她向站在周围的一群士兵慷慨激昂地发表讲演。这个姑娘身体健壮，红红的脸蛋，充满活力。她说几句话，就把那满头蓬松的黑发朝后甩一下，否则发梢会扎进眼睛里。"第三十一师的同志们，"她的声音清脆、响亮，而且富有感情，"我们第三次对日本鬼子进行激烈的战斗；第二次伤亡过半；第一次取得完全的胜利。"

"同志们，这仅仅是开始。我们看到，我们可以打败他们，我们已经把他们赶出台儿庄。我们要继续战斗，直到把他们赶出济南，赶出华北，赶出东北，赶出全中国。

"最后胜利是我们的！"

"最后胜利是我们的！"士兵们一齐高呼。

"赶走敌人！"

"赶走敌人！"

"国民政府万岁！"

"国民政府万岁！"

"中华民族万岁！"

"中华民族万岁！"

几百只拳头伸向天空。

在城里破破烂烂的中国司令部里，我们找到了师长池峰城。他坐在一间堆满战利品的房间里。在他周围有许多中国文字记者和摄影记者，他们都很年轻，腰间挎着手枪，在昨晚的战斗中他们一直在城里。其中包括经费最充足的中国大报《大公报》的年轻有为的记者范长江、共产党《新华日报》的记者陆诒以及中央政治部电影制片厂的一些摄影师。池将军把手放在早晨发表演说的那个女学生的肩上,大家谈笑风生。

"你们师有许多女学生吗?"我问池将军。

他对身边的姑娘一笑。"是的,在师、旅、团各级的政治部里共有九十名学生,六十名男生,三十名女生。他们是去年8月我们在房山打日本人的时候来到我这里的。他们说:'别的部队都退了,只有你们在打,所以我们来你这儿。给我们点儿工作干吧!'我不知道该怎么办,但我打发不了他们,所以我给他们发了制服和口粮,让他们待了下来。"

"你很高兴让他们留下来吗?"

"现在我可离不开他们了。他们组织军民联合行动,演戏,搞娱乐,教战士唱歌、读书、写字,了解民族斗争的道理,鼓动民众支援军队。他们什么也不怕。有一些学生,包括一位女生受了伤,但他们仍然在前线工作。"

"政工人员在师里有什么军衔?"

"学生们可以随意同师里的任何人谈话和交往,从管行李的勤杂人员到师长,都可交谈。不过,我们正根据总部规定的条例来改组政治部。将来,政工人员会有正规的军衔和军饷。但他们的职能不会变。"

他向我介绍了政治部的一些工作成绩。在这次战斗中,他们把伤员运出城,给战士们拿来食品和水。村里的青年拿起阵亡战士的步枪,参加了战斗。敌人一有动静,农民就向师部报告。在打内战时,运输、供应和情报都很困难;而在抗日战争中,这些问题都迎刃而解,因为军队成为觉醒了的人民的拳头。而对敌人来说,这些问题则一天比一天困难。"

"有一个农家妇女,"池将军说,"每天进出城里。她从日本人把守的一个城门进去,她带着蔬菜和鸡蛋,所以他们欢迎她,然后她出来,沿着战线走到我们把守的城门那里,把日本人的调动和部署情况一一告诉我们。在最后一天,她报告说,城里东北角的日本人在哭泣,互相拥抱和写信。我们知道他们士气低落,立即发动进攻。她又去看看还有什么情况。今晨我们发现她死在城墙外。显然,他们发现她是在刺探军情,朝她扔了一颗手榴弹。"

为第三十一师暗中做好事的,还有一个十岁的男孩子。三天以前,当进行最激烈的炮战时,他哭着来到师部。日本人派他出来侦察中国大炮的位置,他果然找到了中国大炮的阵地。"我是一个中国人,"男孩子对第三十一师的军官说,"我怎么能对他们讲真话?所以,我在东边看到了大炮,就对他们说在西边;在西边看到的,就说在东边。"那天,日本人朝空空的田野上白白发射了一万发炮弹,这使守兵感到很奇怪。于是,日本人又派这个小男孩出去。他们不晓得,究竟是这个孩子撒谎,还是阵地转移了。他们威胁孩子说:"如果你讲假话,我们就杀了你。"他来到了师部,他不能再回日本人那里去了,如果他们第二次受骗,肯定会枪毙他。他不安地向军官们讲了他的处境。他们留下了他。现在,他神气地戴着发给他的制服帽和绑腿,在师部走来走去。

下午,我们出城,向北沿着日本人撤退的路线走走。台儿庄北城墙外,整齐地排列着四辆坦克。它们是在行进时,被中国炮弹打穿的,今天停在那里,动弹不得。这些坦克,中等重量,可坐两个人,一个司机、一个炮手,司机同时操作一挺机枪;炮手站着操纵旋转炮塔里的一门五十毫米口径的大炮和另一挺机枪。

在城北两里的邵庄,我们看到二十辆重型卡车、一些履带牵引车和三百匹死马，全毁于中国的大炮。周围的情况表明，日本人是匆忙撤退的。数百具赤裸裸的尸体躺在村庄附近的坟地里。中尉以上的军官尸体前放着一堆小木牌，共有四五十堆。日本人死后通常要举行火化仪式，他们已来不及这么做了，但从部分被烧的尸体来看，这个工作已经开始。到处是未爆炸的炮弹和数千枚铮亮的铜弹壳。日本缺金属，所以打完的炮弹壳要严加保存，以便重新装炸药。现在随地乱扔着数不清的弹壳，说明日本人是多么匆忙逃走的。在日本人丢弃的战壕里，我找到一些日本报纸，上面有不少漫画，恶毒地丑化蒋介石和中国政府的其他领导人。一个日本兵逃走时或者死亡时还留下了一本附有插图的《如何跳探戈》，这是一本邮购的指导书，主人翻阅时很注意爱护。

　　回台儿庄时，我们碰到了一个掉队的日本兵，他藏在炮弹洞里。他一被发现，就向我们开枪。我们的卫兵一枪打死了他。在他的身上，我们搜出了一本机关枪训练手册和他在战地储蓄银行存款的存折。有一个星期他存了一个日元，后来一周只存了五十分。他是个穷人。来台儿庄以前的两周，他存了二十日元。也许他抢了中国老百姓吧。他似乎对投降一事毫无概念，认为一旦被俘，肯定被枪毙。日本军队从来是不饶中国士兵的。"如果我们懂一些日本话，我们也许可以让他投降，"我们中间的一个军人说，"城里的日本人也是这样，硬是不投降。"

　　傍晚时，我们回到了台儿庄。望不到头的队伍正在通过运河的浮桥。我们观看了好几个小时，战士和军需品连绵不断，像蛇一样，一直延伸到地平线。第四十二军过去了，接着是第三十师、第二十一师、第三十二军的炮兵。两个星期来，台儿庄成了地狱，人们在这里战斗、死亡。直到今天早晨，才响完了最后一枪。战斗总算结束了。台儿庄是后方的一个据点，战士从这里去追击敌人。

军队的司令部又迁移了，它现在距离城里约一英里路。我们返回驻地时，又饥又乏，但却听到了好消息。

在这里以北二十英里的洪山镇，汤恩伯将军的第十三军俘虏了几百名日本人并缴获了许多野战炮。

在德州和济南之间的日本大后方，刘汝明指挥的骑兵师切断了津浦路。这就是为什么敌人无法增援台儿庄的原因。敌后各地的游击队同中国中央总司令部保持着无线电联系，不断拆毁铁轨，破坏公路。孙桐萱和曹福林的游击队曾经闯入济南。在曲阜和胶济铁路沿线都有战事。

在上海、南京一带，机动队伍收复了泗泾。

4月5日，上海西郊可以听到机关枪的声音。在沪杭铁路沿线，游击队很活跃。

在华北，晋察冀边区的游击队不时进攻平绥铁路线上的南口、怀来和宣化。他们拖住了日本的两师兵力，分散了他们的力量。

哪里的日本人减少了驻军去增援主战场，中国政府的军队和人民就像洪水冲破闸门一样冲向那里。

台儿庄大捷，是全中国一致奋战的结果。

次日，台儿庄人民开始返回城里。他们从废墟里挖出自己的东西，把自家藏在街垒里的金银首饰匣子取回来，在一片瓦砾中清扫一块睡觉的地方。邮局和电报局在断壁残垣的办公处重新开张。一列火车开进了被打得一塌糊涂的北站。到现在，仍可隐约听到遥远的炮声。

我们回到了徐州。

徐州，像汉口、重庆、广州和中国所有的其他城市一样，也在庆祝这次大捷。徐州的气氛比过去更有生机、更有信心了。军人和老百姓都昂首阔步,为自己能为这次胜利出一把力而感到自豪。

总动员委员会向它的组织、宣传人员发出如下的指示[①]:

"向民众解释这次战斗的意义。告诉他们,我们已粉碎了对徐州的进攻,为反攻奠定了基础。强调在军事行动的第二阶段我们加强自己的方法。告诉他们,其他战线的军队帮助取得了这次胜利,而这次胜利反过来对他们也有帮助。告诉他们,我们的抗战精神日益坚强,而在日本人民中间反战情绪则日益扩展。

"把战斗的情况告诉民众。取得胜利的主观原因是:从消极防守战术改变为积极进攻战术,从正面抵抗改变为围而歼之的战略,李宗仁将军指挥有方,各条战线的军队互相配合,军民合作。宣传由于团结一致的中国政府的正确领导,激发了军队的牺牲精神和人民的钢铁意志。告诉民众:我们的技术装备不断改进。在这次战斗中,我们的机械化部队给敌人以重创。

"把我们取得胜利的客观原因告诉民众。敌人处于财政困难之中。他们企图以较小的代价取得胜利,节省人力物力。敌人的运输线是不牢固的。我军炸掉了黄河大桥。我们游击队不断骚扰敌人的铁路线,切断了济(南)临(清)线。我们的策略是让敌人消耗其物资。这样的策略使敌人遭受了重大的损失。日本人民是厌战的。他们认识到,战争使他们受苦受难,而使少数人得益。把缴获的日本人的日记读给民众听。

"要告诉民众,台儿庄大捷只是第一步,为了这一步,我们做了许多工作,牺牲了许多人的生命。我们应该庆祝胜利,但不能以此为满足。这个胜利是九个月艰苦奋斗的结果。我们必须更加艰苦奋斗,

---

① 根据总动员委员会 4 月 8 日在徐州发布的《关于庆祝前线胜利的宣传提纲》浓缩而成。我保存着原件。

作出更大的牺牲,然后才能取得最后胜利。

"在这次战役中,我们认识到军民合作的重要性。为了继续保卫我们的战区,我们必须动员全战区的人民。告诉民众,妨碍军民充分团结的一切障碍必须扫除。"

全城散发了传单,号召民众尽自己的一份努力:

"同胞们!敌人的大炮轰击了我们的大门。我们已击退了敌人,但他们还会再来。时不待人。立即组织起来,到前线做救护工作;组织运输队,给前线运送补给品;组织起来,保护电话网、公路和铁路。有钱的出钱,有力的出力。最重要的是,穿起军装,组织自卫队。如果敌人来,就教训他们一顿。宁可战斗而死,决不束手待毙。团结起来,打击日寇。最后的胜利属于我们!"①

我搭乘军政部第五号救护列车返回汉口。这趟列车以前曾是宁沪线上最好的快车。战争初期,它改装成为救护车。它运行于许多战线,在六个月内遭受了三十多次轰炸。它的窗户被炸碎了,它的两侧箍着五颜六色的板条。台儿庄战役打响后,它千里迢迢来到这里,又遭到轰炸,两个乘务员殉职。全车固定编制为:一个军官车长、五名医护人员、一名药剂师、一名副官、一名军需官、三十名工作人员。自列车改组以来,这班人马一直在车上工作。有些人员光荣殉职。实际上,所有的人员都在不同的时候被弹片炸伤过。这个列车预定运载三百名伤员,但实际上装了九百人。六百人没有卧铺,只好躺在座位上、行李架上和二十二节车厢的地板上。

中国士兵的忍耐精神是令人难以置信的。重伤员默默地忍着痛,默默地死去,从不呻吟。一路上死了大约三十名伤员。轻伤员趴着,

---

① 总动员委员会的公告是:《致战区人民书》。

给自己的床铺垫上稻草，从来不对乘务员提出什么要求。我整夜坐着，同伤员们攀谈。他们打遍了全国，都相信中国有能力收拾日本人。他们诅咒日本的重武器，至于肉搏战，日本人可不行。他们全都知道战争第二阶段的战略战术。他们问道，为什么国际联盟没有给中国以有效的援助，为什么美国给日本运去许多废铁？"如果所有的国家都给我们提供装备，像俄国给我们提供飞机那样，"他们说，"我们就可以很快地赶走日本人。不管怎么说，反正最后胜利是我们的。但是，如果我们的武器像敌人的一样好，我们就能更快地取得胜利。"

除了运输紧急增援部队和弹药的列车外，其他所有的列车都给救护车让路。每过几小时，我们的车就停下来，给伤员换药。在大站，有人民团体、红十字会、外国教会医院的代表拿着茶水、食品、担架和新的绷带等待救护列车的进站。他们掌握火车的运行时间表，总是提前到站，有时要等好几个小时。在开封，他们在站台搭了大约二十个草棚包扎站。日本飞机炸坏了这些草棚，群众又修建起来。伤兵不断得到所需要的照顾。我们在开封停留时，九百名伤员的换药工作在三个小时以内就完成了。

在徐州，军医处主任罗积德（译音）对我说：在前线有八列这样的救护列车。在徐州、开封、郑州、信阳和汉口都设有包扎站和护理站。在徐州，有两部流动外科手术汽车，各有两个手术组，配备有必要的手术器械、X光透视器以及小型的汽油动力装置。所有这一切都是战争爆发以来在极其困难的条件下建立起来的。医疗组织英勇无畏地做了大量工作，但设备严重不足，难以应付数目众多的伤员。医疗人员和医药都缺乏。群众自愿组织起来，把伤员运送到火车站。在铁路沿线受伤的战士比较幸运。别的地方的伤员来得较晚，伤势严重。

"伤员从火线运到包扎站所需的时间越长，感染的可能性越大"，罗医生对我说。治疗不及时，往往使许多人丧生或者不得不截肢。他说："当伤兵运到后方时，火线上进行的草率包扎不是脱落就是松动了。肢体坏死，不得不切除，其实，原来的伤势不一定需要截肢。往往发生坏疽。"

已经取得的这些成绩，是在小村镇完成的，那里原先很少或者根本没有医疗组织，连本地人的看病都无法解决。这些医生工作的地点不是欧洲，而是在遭受战争破坏的落后的中国内地，这里通常是这个贫穷国家的"萧条地区"。人人都不满足于已取得的成绩。同我谈话的每个医护人员都认为他们做得还很不够。"我们必须做更多、更多的工作"，这就是他们的口号。他们讲述了许多极其令人寒心的肮脏、无知的故事，这倒不是为了原谅他们的无效率，而是为了说明他们必须克服多少困难。不仅同强大的敌人作战的前线战士确信必能取得最后胜利，不仅在前线开始产生结果，而且后方的人们也是如此。

我回到汉口时，那里也由于这次大捷而喜气洋洋。

在我离开汉口的这段时间，国民党举行了非常全国代表大会。大会重申政府继续抗战的决心。它的宣言说："在抗战中，我们还必须加倍努力来完成民族复兴的任务。"在抗战的过程中，中国不仅要扩大生产，而且要开发新的资源。通过这次战争，中国要变得比过去更加强大。"最后胜利的取得，将不仅保证我国的主权和领土完整，而且将使它获得自由，平等地立于国际大家庭之中。"蒋介石被选为党的总裁。

这次代表大会第一次正式承认中国民主政治的诞生。它规定组织国民参政会，这是一个代表各阶层民众的民意机构。诚然，参政会只是一个咨询机构，而非立法机关。不过，它的建立毕竟是在从一党独裁向各党派民主合作的道路上迈出了一步。代表大会确定了对外政策和国内政策的基本原则。在外交上，它决定"团结世界上一切友好之人民……和一切反对日本帝国主义侵略的力量"。

中国士兵不是拿枪的机器人，而是为祖国解放斗争的自觉战士。为此，代表大会决定"加强军队的政治训练"。它表示相信人民抵抗侵略者的能力。反映这一点的是，它决定"加强人民的战斗力……以便他们能够配合正规军作战"。敌后游击队活动的成功得到承认，并构成它的另一个决议的基础，即决定"在敌后地区广泛开展游击战"。前方将士作战的信心更大了。代表大会决定："抗战将士的家属可以享受特殊的优待。"① 官员们滥用职权的情况将予以纠正，政府将对"一切腐化的官吏严惩不贷"。

代表大会承认人民有权享受战时工业发展的成果。它决定"重建军事工业，同时适当注意改善人民的生活"。这远远没有实现孙中山的理想，孙中山在他的三民主义中特别强调土地改革和工业民主。然而这个决议毕竟是向前迈进的一步，是国民党比较进步分子的胜利。为了列入这些内容，党内曾有过斗争。党内的反动派和以汪精卫为首的失败主义者坚决认为，在抗战期间，不可能谈论改善人民的生活。"战争是牺牲，我们要战斗到最后一个人，"他们含着眼泪，夸夸其谈地说，"每一个中国人不仅应当放弃所有的经济利益，而且应当献出自己的生命。"代表大会不顾这些先生们的反对，通过了一项决议，强调国家应当照顾那些真正为国捐躯的人，而不是那些讲漂亮话的人。代表大会不顾汪精卫之流的悲观论调和精神上的破坏，没有认为中国的抗战是一种美丽、高尚的无用之举，而强调指出了抗战的建

---

① 关于代表大会的决议，我是转引自邹韬奋在汉口《抗战》杂志上发表的文章《国民党代表大会的成果》(1937 年 5 月《太平洋文摘》摘译)。对这次代表大会成果的估计是我结合当时我采访各政党、各群众团体领导人的谈话作出的。

设性，它会使中华民族得到新生，恢复尊严。

这样，中国的执政党就明确地正式承认了客观上需要建设性的抗战。它认可了战争爆发九个月来的革命性发展。它的纲领体现了人民群众在民族战争中所要求的和实行的许多改革。各阶层民众都欢呼代表大会的各项决议，认为它们大大加强了全民的抵抗力量。

国民党以外的各个政党的存在得到了认可。4月20日，中国国家社会党得到了承认。4月27日，中国青年党也得到承认。这样，一党独裁的原则就从中国政坛消失，让位于支持抗战、支持按照孙中山的三民主义重建中国的一切党派之间的自由合作。

为了加强国家的财力，五亿元的新的救国公债于4月22日发行了。①

台儿庄大捷激励了人民群众在国家生活的各个方面作出新的努力，使他们更具有了必定取得最后胜利的深刻信念。

汪精卫仍然希望把中国拉入反共产国际列强的营垒里。国民党内奄奄一息的亲德派、亲意派在其精神领袖汪精卫的庇护下，继续担任政府的许多要职，不过，他们完全得不到人民的支持。国民党的这次代表大会肯定了中国必须在外交上同世界上所有的友好国家和力量合作。但是，它没有把日本的法西斯盟邦和民主国家区分开来。它只能在互利的基础上得到这些民主国家的支援。这是汪精卫及其附庸进行活动的结果。他们否认中国的斗争是世界自由国家反对法西斯帝国主义斗争的一部分，从而给自己提供了反对在国内发展民主的理论根据，同时他们也希望通过这个强大的动力把中国拖入反共产国际集团。他们说："中国的战争本质上是民族性的，同别的地方的冲突没有关系。"他们希望从这个立场出发，进而破坏统一战线、疏远苏

---

① 第一次救国公债发行于1937年8月26日。

联,最后同日本"结盟"。

由于他们还没有公开暴露其汉奸的面貌,由于整个国民党还没有认识到抗战的更广泛的意义,所以汪精卫集团在党内仍然窃踞了许多重要职务。汪精卫作为"革命元老"和国民党的老资格政治家,甚至担任党的副总裁职务,其地位仅次于蒋介石。在南京失守后,这些失败主义者和汉奸们悲叹,中国太弱了,无法打仗,必须"议和"。而现在,他又开始窃窃私语:"我们取得了巨大的胜利,我们处于有利的谈判地位,让我们要求停战吧。"但是,甚至1月的动摇分子现在也谴责这一小撮"革命元老"的破坏活动。台儿庄大捷不仅是对日本军队的沉重打击,而且也使中国的投降派遭受决定性的挫折,日本把中国投降的希望正是寄托在他们身上。

台儿庄胜利大煞日本军队不可一世的气焰。早在上海战役时,外国观察家就出乎意外,认识到他们往往过高地估计了日本军队的力量。南京大屠杀使全世界知道了日本军队是无纪律可言的。台儿庄和临沂的胜利证明,不仅中国的正规军可以战胜日本军队,而且入伍不久的新兵、即使按照中国标准来衡量也是装备很差的省级军队也可以打败日本兵。这是因为中国士兵知道为什么而战。这对中国、对日本、对全世界都上了一堂课。①

台儿庄胜利后,中国军队继续向北追击日本人。他们作出了最大的努力,但由于缺乏有效的运输能力和组织,无法尽快地调动军队去最后歼灭敌人。这使日本人有了一个喘息的机会,在沂县稳住了阵

---

① 起初,日本人对台儿庄的失败一笑置之,说什么根本没有这回事。直到4月14日,他们仍顽固地坚持台儿庄仍在他们手里。同一天,当外国记者拿出了确凿的证据时,在上海的日本发言人才哑口无言,不得不承认:"也许中国人进了台儿庄。"紧接着,他又大出洋相说:"反正,徐州从来不是日军的目标!"

脚。日军把它失败的怒火倾泻到这个不幸的县城，数以百计的无辜百姓被杀，他们的房屋被烧。

尽管日本人很需要尽快收复自己的阵地，洗刷自己损兵折将的耻辱，但整整十二天时间里他们无力重新发动进攻。在此期间，他们用其他方法在中国的大后方来显示他们的"力量"。4月10日，日本派飞机去长沙，轰炸了湖南大学，许多男女学生星期日下午正在山麓下风景如画的校园内尽情玩耍，不幸死于非命。在广州，日机向正在庆祝中国胜利的一群市民中间扔了一颗炸弹。在敌后，中国人回击了日本人。4月11日，游击队活跃于天津周围。在上海附近的闵行，七千名游击队同日本驻军发生了激战，在市内都可以听到枪声。南京附近长江一带，由于游击队拔掉了日本人的一些哨所，日军大肆烧杀，进行野蛮的报复。①在绥远和内蒙古，马占山的骠悍的东北骑兵收复了和林、凉城和清水河三城。在北平以南四十英里处，游击队切断了平汉铁路，炸毁了琉璃河铁桥。游击队神出鬼没、昼夜不停的骚扰，弄得侵略军手忙脚乱。

到了4月19日，日本人准备再次攻打临沂。在鲁南这块不大的地区，他们竟集结了二十万兵力，包括第二、五、六、七、八、十、十三、十四、一〇一、一〇五师十个师。为了集中这么多的人马，他们实际上把一些占领区的兵力抽空了。中国人利用这个机会，在长江以南的浙江、黄河以北的河南和山西各地收复了许多城镇。徐州以北，双方在五十英里长的战线上酣战。飞机、大炮的轰击，使许多村

---

① 4月14日，在上海的外国人看到14卡车日本伤兵运到杨树浦。江阴的一个美国传教士查尔斯·沃思说，那里的日本人不敢出城，只有大批人拿着机枪才敢出去。日本人的野蛮屠杀已使江阴的人口从六万人减少到五千人。4月19日，两千五百名日军从日本抵达上海，以便镇压游击队，这个例子说明，战斗的人民已迫使日本人放弃了既定政策，即节约人力物力，除已在华的日军外，不再增派兵力。

镇成为废墟。来自边远省份云南的战士表现了高度的英雄气概。他们在一次反攻中突破了台儿庄东北的日军防线。流动纵队在临沂周围破坏了敌人的运输线。5月4日,"不可战胜的"日军的新攻势又被遏制住了。5月5日,游击队打了最漂亮的一仗。战争的发源地卢沟桥和日本人第一次出动轰炸机的宛平都被他们收复了。赵侗的游击队占领了北平以北二十二英里处的、位于平绥线上的昌平。此举使日军无法出入山西。别的游击队切断了天津以南九英里处的津浦路,使日本无法向徐州战场派增援部队。

5月10日,日本海军占领了华南福建沿海的几乎没有什么防御工事的厦门市。日本报纸把这作为一个伟大的胜利大事宣传,用以转移人们的视线,掩盖日军在徐州的缓慢进展。

最后,在五月份的第三周,日本的钳形攻势开始认真地合拢。徐州以南发动了新的攻势。日本的多谋善战、诡计多端的土肥原将军在徐州西北部渡过了黄河。徐州遭到了野蛮的轰炸,一天之内就有三千零四座房屋被夷为平地。在这次最激烈的战斗中,日军切断了陇海路,他们的机械化部队越过尘土滚滚的河南平原向前挺进。

5月19日,徐州陷落了。日本人分三路纵队横跨通向这个城市的道路,他们原指望用他们的强大军火围歼数十万中国军队,不料却是一座空城,中国军队早就走了,只剩下数百名伤员,他们用刺刀野蛮地一一刺死。[①] 中国军队从徐州撤退时只伤亡了一两千人。汤恩伯将军

---

① 《日本时报》5月20日报道说:"当我们军队打到徐州的城墙跟前时,只有一千名中国士兵进行抵抗,日本人民听到这个消息,肯定会大吃一惊。""徐州的城墙"纯属虚构。日本的报道描写了在城墙上的激战。在北平的日本发言人甚至拿出了一张图,说明城墙上下的厚度。实际上,徐州并没有城墙。古城墙早在二十年前就被夷为平地了。一位记者写道:"正像耶利哥的城墙一样,徐州的城墙在发言人一开口时就已经倒塌了。"新西兰作家威尔金森在徐州陷落时没有来得及逃走,她目睹了伤员被屠杀的情况,作了报道。

的第十三军于3月18日越过津浦路，撤到安徽省的东北部。幸而当时大雾，又有暴风雨，使日本人无法发现中国部队的行踪，免遭敌人的轰炸。孙连仲将军的第二集团军，由第三十一、三十、二十一、二十二师几个师组成，他们也在台儿庄打了胜仗，他们在掩护其他部队撤退后，突破敌人的封锁线，向西南方向安全转移。李宗仁、白崇禧将军带领广西军队的许多师也冲出了包围圈。不仅步兵平安地转移，而且机械化部队和重武器也都安全撤离。① 韩德勤等将领统率的四个师从徐州向东撤向海边。这是根据第五战区的长期抗战计划部署的。今天，他们仍然控制着敌后的苏北地区。他们同李明扬领导的强大的游击队密切合作。李明扬曾担任徐州总动员委员会主席。第五战区动员人民的工作结出了硕果。在这个地区，像在其他地方一样，日本人仅仅能控制公路。广大腹地仍然掌握在中国人的手里。

5月20日，正当日本报纸大肆渲染"中国军队被摧毁"的时候，中国的飞机第一次出现在日本城市的上空。它们不是去丢炸弹，而是去散发传单，向日本人民揭露日本军国主义者的种种假话。

被包围和被击溃的不是中国军队，而是土肥原的第十四师。日军大胆地冲到了陇海路上的兰封，但立即被从南方赶来的广州军队三面包围。第四面是黄河。中国的飞机不停地轰炸了土肥原军队企图渡过黄河的浮桥。日本在北平的发言人正式承认，土肥原的两万人正在拼命奋战，以免被消灭。他们在遭受了重大伤亡后，勉强逃脱。

在第二阶段军事行动结束时，中国人在山西收复的土地面积大于

---

① 5月23日，日本在上海的一位发言人部分地承认日本企图在徐州围歼中国军队的计划失败了。他说："日本人在徐州东南部包围了中国军队，但是中国的三、四个师成功地从日本封锁线的一个缺口溜走了。"这个"封锁线"竟有一个缺口，四个师及其装备可以从这里溜走。这纯属捏造，非常类似"徐州的城墙"那样的谎言。

他们在山东失去的土地面积。日军在山西大大减少了兵力,以增援徐州战场。日本在山西省控制交通线的军队,彼此隔绝,已不能再进行联系。他们的防线已缩小成为几个据点。他们的食品和弹药全靠飞机供应。中国军队有计划地逐个收拾日军守军。这些日本人几乎没有什么抵抗力。日军给驻守临汾的日本第二十师下达的命令,被日本飞机误投到中国防线。命令说:"今后每周用飞机送一次弹药,望节约使用。何时何地去袭击敌人,你们自行决定。在目前情况下不可能增援。"3月7日至5月10日,中国军队在山西收复了三十四个县。据他们讲,该省的四个半日本师伤亡两万七千七百八十人[①]。中国发言人高兴地说:"山西省实际上又是我们的了。"在山西活动的军队分别由阎锡山(山西省军队)、卫立煌(中央政府的军队)和朱德(八路军)统率。他们结成真正的统一战线,互相合作。共产党的军队接受阎锡山的统一指挥。阎锡山和卫立煌把他们的九个师借给朱德,由他指挥,去执行他的战略计划。

在战争第二阶段结束时,日本在中国有三十一个师,战争初期只有十五个师,日本原想用这十五个师征服中国。从战争爆发以来,日本总共有一百多万军队在中国登陆。其中死伤二十五万人。每日的情况表明,剩下的七十五万人是难以完成守卫占领区和在前线同中国军队打仗这两大任务的。这证明,中国把运动战和广泛的游击战同保卫固定的阵地结合起来这一战略是成功的。

日本想用政治手段征服中国的这条心已经死了。汉口的投降派已不敢明目张胆地活动。他们简直不敢声张了。在东京,近卫首相声称,日本军队将继续战斗,"直到蒋介石政权被推翻为止"。"直

---

① 据各地军队报告汇总。

到"两字是漫长的，值得怀疑的。除了撤出，它别无选择。日本的军事预算已高达40亿日元。日本外相广田在国会叫喊说："即使蒋介石政权不偿付，日本也要从中国获得赔偿。""即使"两字完全不必要，"获得"两字含混不清。战争已经打了九个月，日本从"被征服的"领土上榨取不到任何补偿，因为它们并不真正掌握在他们手里。

南京沦陷后，日本通过德国人提出"和平条件"。德国起初在战争中两面讨好，耍两面派。但在2月，希特勒已经从讨好中国，转而公开支持日本的冒险。徐州战役后，德国完全撕掉了面具。5月21日，德国的军事顾问根据柏林的命令从中国撤走，他们曾帮助蒋介石建立军队，同中国共产党打内战。现在，中国不仅在国内，而且在国际上都独立自主了。

在花了极大力量的徐州战役后，基础受到动摇的不是中国政府，而是日本政府。改组内阁的不是中国，而是日本。强制性动员全国力量从事战争的，不是中国，而是日本。在中国，民主自由日益发展。人民群众的主动性是中国取得新力量的灵魂。在日本，则采取了"政治管制"的新措施。

并没有出现什么"致命的打击"。日本离胜利更远了，还不如战争初期。

这就是徐州战役的结果。

第九章 人民之战

我们已经谈到了华北战争爆发的情况、上海和山西的英勇抗战、中国政府和人民日益高涨的把抗战进行到底的决心，以及中国在战争第二阶段证明其力量的许多新的事实。

"但是华北的情况怎样呢？"读者会问，"敌后广大地区的情况怎样呢？侵略者是否把华北变得对他们有利？当地的人民是否在抵抗他们的控制？他们是如何进行抵抗的？关于游击队的活动，我们当然是知道的。我们听到了游击队诞生的动人故事。但这是不是单薄了一些。当日本认真地巩固其对所占领土的控制时，这些游击队顶得住日本的军事、经济和政治上的压力吗？"

读者提出这样一些问题，是很自然的。这些问题极其重要。虽然战争爆发九个月来，日本碰到了许多困难，但它的军队毕竟前进了，占领了中国一些最富饶、生产力最发达的地区，它的工商人员也开始随着军队进来了。游击队呢？赵侗的游击队的故事说明了人民是多么憎恨侵略者。但是，这些游击队可能遭受失败，正像它在妙峰山遭到失败一样。它们之所以能够生存下去，大概是因为日本的主力军忙于别的事情。第一人民抗日联军在阜平的建立说明，游击战正在走向正规化和计划化。即使如此，它能够顶得住日本人吗？即使游击队不打扰老百姓，即使老百姓恨死了日本人，但他们会永远容忍自己的田地作为战场，自己的村庄成为废墟吗？不管现在的政权多么压迫他们，他们不是也必须收割庄稼，到市场上去卖自己的粮食吗？城镇的集市不是控制在日本人的手里吗？继续乱下去，农民就会饿死。农民是否会最终同意即使当亡国奴，也要建立秩序呢？中国人民毕竟已经遭受了许多世纪的压迫。没有日军那么厉害的势力都曾经威胁得他们屈服。日本的经济脆弱吗？只要它能够剥削它控制的领土，这一点不是能得到改变吗？为了开发它掠夺的资源，它不是很容易搞到外国的贷款吗？

1938年初，我们这些在汉口的外国记者还不知道如何回答这些问题。曾在美国留学的中国政府发言人也不知道该如何回答。如果有人问他们，中国是如何进行抗战的，他们会谈到中国军队的新战术、关于动员民众的命令、敌占区人民对压迫者的仇恨以及敌人的运输线不断遭到游击队的袭击。只要继续追问下去，就会发现他们对游击战和人民觉醒的力量实际上是没有信心的。他们认为自己是在打一场英勇的殊死战，多少带点儿赌博的性质，关键在于耗尽日本的力量。如何支撑中国，以避免在日本之前垮下来呢？他们考虑的是，得到更多的武器、更多的军队和更多的外国援助。"日本正逢其时"，在艾登辞职和希特勒承认"满洲国"以后，中国外交部的一个官员垂头丧气地对我说。

3月，美国海军情报处的海军陆战队官员卡尔逊上尉广泛视察华北的游击战后回到了汉口。卡尔逊上尉是一个很有毅力的人，尽忠职守。他在山西和河北西北部八路军和其他部队那里待了三个月。在此期间，他同游击队一起走了一千英里，深入敌后，走到距离北平只有一百五十英里的地方。他的所见所闻，使他作为一个军人和作为一个人，深受启发和感动。卡尔逊上尉是一个老军人，他也在尼加拉瓜打过游击队（他长期以来一直把他们称作"土匪"）。现在，他第一次看到武装起来的群众。他回到汉口，有许多感想，带来许多事实和图片。他不能把自己的见闻秘而不宣。他发现了一个新的世界，那里的人民在被"征服"以后起来进行反击。他认为，极其重要的是，所有从事报道和宣传中国抗战的人都应当了解他的发现。

下面是卡尔逊上尉讲的他自己的经历。①

"我是三个月以前去山西的，因为我听说那里的打法不同于正规的打法，我很想亲自去见识见识。同时，我还想去调查研究一下从事这种战争的经济、社会条件。"日本人在占领区的控制是否受到了中国人的有效的挑战？在这个过程中，人民群众在多大程度上被"赤化"了？卡尔逊似乎想求得这些问题的答案。

卡尔逊在蒋委员长的批准下，动身去华北了。他必须通过八路军活动的地区，受到该军领导人的欢迎。"我发现八路军的将领们都是忠于中央政府的。统一战线运转得很好，八路军、山西军和中央军充分合作，这使我感到意外。"

朱德对卡尔逊说，敌后中国政权有效地发挥着作用。这位上尉立即要求去看看。他被允许前往，但首先得签署一个文件，声明如果他发生什么意外，八路军概不负责。

"《时代》杂志说，日本人控制了以北平为中心的周围七百英里以内的所有领土，"他对我们说，"但是，我走到了距离北平一百五十英里以内的地方，仍然属于中国人的领土。我穿过了日本人

---

① 引自1938年3月7日他在汉口对欧美记者的谈话，当时他要求不要透露他的姓名。自那时以来，他已多次公开讲述自己的观感。

控制的同蒲、正太两条铁路线。我亲眼看到，同蒲、正太、平汉、平绥四条铁路线以内的所有地盘也都在中国人的手里。除此以外，游击队还控制了平汉路以东河北省中部的十七个县。在五台山，我看到了学校、医院、工厂和无线电台，有关政治的政策性问题都通过电台向汉口请示。"

"所到之处，"卡尔逊上尉说，"人们都各干各的事。身体健康的人都受军训，然后分别到正规军、游击队或人民自卫团工作。每个县都有动员委员会，由县长领导。正规军和游击队都穿制服，他们经常袭击敌人。不穿制服的人民自卫团在城镇巡逻，检查过往行人的证件。在田间耕作的农民也会突然盘查过往的陌生人，查看他们的证件。侦探或汉奸是无法进入这个地区的。"

在河北，这位上尉看到了群众和游击队是如何共同打击敌人的。一队日本人朝镇上走来。游击队截住他们，打了起来，群众赶快把所有的食品都搬走。等敌人进入镇子，已经空空如也，什么吃的也搞不到。在这个时候，游击队又包围了镇子。日本人不得不饿着肚子打回平山基地去，结果遭受了许多损失。卡尔逊说："这件事说明，当军民携手合作时，会产生什么结果。"

华北的游击战不仅仅是偶尔对日本驻军进行袭击，而且还从根据地对日本人发动有计划的进攻。根据地已拥有四十二个县、五百万人口。1月10日，卡尔逊参加了晋察冀边区政府成立大会，政府所在地是五台山。这个政府是按照统一战线的原则建立的，其成员包括国民党、共产党人士、八路军和其他军队的将领。其任务是"以军事力量打击敌人，并在经济上、政治上同他们进行竞争"。生产粮食的土地面积大大增加了，而为日本工业服务的棉花的种植则受到严格的限制。这个地区实施了一项以实现自给自足为目标的全面经济计划，普遍实行了减租减息减税。政府是按民主原则组建的。人民之所以起来打日本人，不仅是因为不愿做国奴，而且是因为他们现在的生活比过去任何时候都好。他们不仅是保卫战争以前拥有的东西，而且是保卫他们在抗战过程中得到的东西。即使日本当局答应让他们过上以前的生活，这也不能满足他们的要求了。在边区政府的领导下，他们的日子比过去好多了。这就是"政治上、经济上竞赛"的含义，这也是军事抵抗的基础。

在这个基础上，一支人民的军队建立了。这支军队是卡尔逊前所未见的。他起初对之感到惊异，后来佩服得五体投地，最后赞不绝口。"所有的服役都是志愿的，"他对我们说。"纪律是建立在自觉自愿的基础上，同时也由于共同认识到并接受抗战和每个军事行动的宗旨而感到有义务这么做。官兵之间没有什么鸿沟。他们不叫'军官和士兵'，而叫'干部和战士'。战士之所以打仗，是因为他们接受了充分的思想教育，知道是保卫大家的共同幸福。官兵之间充满信任。每次战役之前都举行会议，详细解释和讨论这次军事行动的目的和性质、每个人承担的任务以及可能出现的问题。仗打完以后，充分分析胜败的原因和它同抗战的总目标的关系。表现出色的战士被送到五台山的游击干部学院深造，那里已有四百三十名学员。"

给卡尔逊留下最深刻印象的是，这种体制取得了辉煌的战果。他对我们说，这些战士经过最严格的体能训练，认识到每个人作出最大努力的重要性，因而变得非常坚强，他们往往完成似乎是不可能的事情。有一天，他参加的那个部队行军四十三英里，爬过了八个山头。每人携带着三十五磅的装备。最令人惊讶的是他们打仗的办法，他们伤亡的人数只占敌人伤亡人数的十分之一。1月6日，卡尔逊目睹了中国战士摧毁三十辆日本卡车和缴获大批武器装备的情景。中国人用步枪和手榴弹对敌人发动突然袭击,打死打伤四十个日本人,而游击队仅死伤四人。游击队根据人民群众提供的情况准确掌握敌人的行踪,然后发动突然袭击,往往获得大胜,而中国方面则无任何伤亡。卡尔逊在五台山看到了缴获的日军的大量武器、装备和食品。"我们在那里的时候,每天吃的全是日军的口粮。"他说。

这不是宣传,而是一个训练有素的军事观察家的冷静报道。"在看了游击队的活动情况后,我可以肯定地说,由于日本侵略而被割裂的地区,对中国来说并未失去,"卡尔逊说,"晋察冀边区的新根据地证明自己有能力抵抗大规模的进攻。去年12月日本人曾派了八路纵队大举进攻,结果全都被迫撤退。这样的人民,日本人是征服不了的。日本人像一个人在大海中挣扎一样。"

此后不久,美联社记者汉森先生首次到河北中部的游击区采访。他在《亚细亚》杂志①上发表的文章中,谈到了他亲眼看到一队游击队,"每行四排,长达一英里"。河北的一些县由吕正操的军队防守,吕正操是边区政府执行委员会的成员。在这些县里,汉森参观了一些制造步枪、手榴弹、刺刀、大刀、迫击炮和弹药的兵工厂。修理厂修理着缴获来的汽车和卡车。无线电站同五台山和汉口保持着联系。一千五百个村子的布告栏里张贴着游击队出版的报纸。边区共出版了十七份这样的报纸。汉森还说,所有这一切都是在群众的支持下办起来的。游击队告诉人民,抗日战争同争取改善生活的斗争是一致的。"地租减少了四分之一,"他写道,"所有债务都推迟三年偿付。从战区逃到这个红色地区的所有难民都可以得到土地和粮食。这些土地是逃往北平的地主留下的。共产党保证这些土地仍归原主所

---

① 《同日军后方的游击队在一起》,发表于1938年8月《亚细亚》杂志上。

有,但在战争期间则有权使用这些不动产。"这些难民来到这个地区时,惊魂未定,垂头丧气,处于半饥饿状态。游击队从他们中间吸收了一些人,后来他们成为最勇敢的志愿战士。

汉森先生使用"红色分子"和"红色地区",实际上是不准确的。他在这篇文章以及以后的一些文章中都谈到,游击队的军事、政治领导机构是根据统一战线的原则建立起来的,既有北平的学生、东北义勇军、八路军,也有从人民群众中涌现出来的新的领导人,他们平等地互相合作。冀中地区的总司令吕正操以前是东北军的军官。各级官员是普选产生的。国民党和共产党都有自己的公开组织,两党在各个方面共同工作。宣传工作是由统一战线进行的。汉森估计边区人口约有五百万。汉森在两三个月以后写文章时,又说有七百万。他援引一个政工人员的话说,其中有两百万人在一次短期的宣传运动后,积极参加了宣传工作或自卫活动。群众运动"造就了自己的领导人"。预计到1938年底把所有的村庄都组织起来。

汉森先生[①]还报道了这样一个惊人的事实:游击队通常总是以极小的代价打败日本人,伤亡人数仅占敌人伤亡人数的十分之一。一位政工人员向他解释了其中的原因:这是由于游击队熟悉当地的情况并得到人民群众的支持。这使他们可以了解敌人的行踪,选择最有利的时机出击,并充分发挥突然袭击这种战术的威力。"我们的希望我们的损失不会超过敌人的十分之一。……博野之战,我们牺牲了十七人,但只杀死了六十多个日本人,由于这个失误,我们的一个干部受到总部的严厉批评。"他说。汉森先生起初是持怀疑态度的,但后来他相信了,因为他在吕正操的司令部看到了成堆被缴获的日本武器,

---

① 卡尔逊和汉森没有机会阅读对方的文章或交换意见,因为卡尔逊是从汉口去游击区的,而汉森则是从北平通过日本的防线去的,他们访问的游击区彼此相隔几百英里。

许多游击队员配备的都是日本的枪支。

这里援引的两位美国观察家都认为，华北的游击队运动是政治、经济、社会、教育进步的一个因素。在抗日的过程中建立了民主政权。在敌占区诞生了崭新的中国政府，它是彻底按照统一战线原则建立的，贯彻执行了孙中山在三民主义中所提出的民族解放、政治民主和改善人民生活的纲领。

在抗日的烽火中，边区人民不仅想方设法抗击日本人，而且建立了一个强大的军事根据地，把斗争扩大到其他地区。自从这个根据地建立以来，它就不断扩大。他们不仅建立了一个强大的军事根据地，而且得到了民主自治的权利，从而结束了世世代代官府滥用职权的现象。这种民主自治不仅是增强军事力量的源泉，而且减轻了农民的经济负担。过去，沉重的经济负担压得晋察冀地区的农民喘不过气来，陷入贫穷和被奴役的深渊。过去受压迫的男女现在挺直腰板走路，积极争取建立一个民主的新中国，使自己过上更加富裕的新生活。他们是在进行抗战的同时，争取这一切的。他们全力以赴地保卫国家、收复失地、维护和扩大团结一致的中国国民政府的权威。晋察冀边区今天已成为保卫华北几省的中华民族主权的战斗堡垒。明天，中国军队很可能以此为根据地，进而收复北平和天津，收复华北的失地，收复东北富饶的田野和森林。

但是，这一切是如何产生的？这种令人惊异的新民主是如何建立的？它的力量源泉在哪里？怎样保证它不在下一次扫荡中被消灭呢？

为了回答这些问题，需要扼要地回顾一下晋察冀边区的历史和组织情况。这个边区至少拥有七十个县，一千二百万人口。

当中日战争的第一枪在卢沟桥打响时，中国红军（最近改名为中国人民抗日国民革命军）驻扎在晋西的云阳。听到日本人又入侵的消息后，指战员们立即行动起来。他们马上改组军队，以便适应它将要面对的新形势。他们进行了长期的讨论，研究采取什么样的战略来对付帝国主义侵略者。8月底，红军改名为八路军，受第二战区司令长官阎锡山的指挥。它奉命立即东进。其主力开向晋东北，其先头部队挺进察哈尔和河北西北部。朱德总司令的临时司令部设在五台山。①

八路军的领导人知道，他们迟早是要迁移到别处的。他们也知道，五台山和晋东北的整个地区具有重要的军事价值。在战略上，它们控制着周围的平原。如果日本人夺取这个地区并保持下来，他们就可以比较容易地巩固他们对山西和河北的控制。反过来说，如果这些山区掌握在中国人的手里，它们就可以作为根据地，供游击队进行广泛的活动，并最终发动大规模攻势，把日本人赶出华北。

考虑到这些情况，政治部决定在这里建立一个巩固的抗日根据地。他们没有建造马其诺防线，不是因为他们不想建造，而是因为中国太穷了，没有东西去建造。他们没有部署大炮，因为他们没有这东西。"用我们的血肉筑成我们新的长城"，中国斗争歌手聂耳在《义勇军进行曲》中写道。他是对的。在革命斗争中，不可摧毁的堡垒是可以依靠人民的力量建造起来的。在有经验的老资格组织家聂荣臻的领导下，军队的政工人员开始建造这样的长城了。

第一步他们改组了县政府。当战争在9月打到晋东北时，许多县长都逃跑了。另一些县长，年纪太大，没有效率，不适应战地工作。他们都被新的、进步的人士取代了。但是，有一些县长，如五台山县县

---

① 从此以后，关于边区的大部分事实和数字，如果我不指明别的来源，都取自《新华日报》。该报驻五台山记者写了一篇长篇报道《晋察冀边区：抗日的模范根据地》，在该报连载一个月。这篇报道在全中国被广泛转载翻印，据我所知，还正在译成英文。我是完全相信这篇报道的，因为它被许多外国观察家的报道所证实，他们访问了边区的不同地段。其中有记者和传教士，偶尔还有商人，华北的英文报纸经常报道这些商人的经历。

长孙晓文,则是积极抗日的。他们保留原职,后来成为边区政府中的重要人物。当边区政府建立时,国民党人士孙晓文当选为主席。

可以留用的人员都被派到群众中做宣传鼓动工作。这是十分艰难的工作。晋东北人民可能是华北最落后、受压迫最厉害的。他们在不毛之地上勉强维持生计,不得不把他们收割的一点点儿粮食大部分交给封建地主和高利贷者。他们受尽压迫、没精打采、充满怀疑。当政工人员召集他们开会,鼓励他们吐苦水,提出自己的要求时,他们颤抖地站起来,在讲话以前先问道:"如果我们讲错话,是不是要受惩罚或罚款?"他们对穿制服的人总是敬畏地称作"先生"或"老爷"。无情压迫的气氛是如此令人窒息,它扼杀了以前来这个地方的任何可能的改革者的主动精神。政工人员在一个村庄发现一个地主的儿子,他1935年曾经积极地参加了北平学生的抗日大示威。他们想请他当宣传员。但是,在家待的两年已经毁了他,他像一潭死水一样消沉了。然而,正是要在这样的地方建立一个不可摧毁的根据地啊!要靠这些人来抵御日本人对这块战略要地的多次进攻。

工作,工作,再工作。组织者们逐村召开会议,发表演说,劝说、动员农民,鼓励他们站起来,说出自己的心里话。新的县长们也不是坐在自己豪华的办公室,而是走到群众中去,做宣传、组织工作。

一个汉奸被抓住了。他被各处游街示众,讲他干的坏事,然后举行公开审判。这样一来,农民就懂得了"奸细"一词的含义和汉奸的危险性。人民群众参加了审判。他们开始注意周围的情况,发现了许多拨敌人派来在他们中间挑拨离间的特务。

散兵游勇和逃兵大量拥入这个地区。组织人员把他们召集在一起,开导他们,问道:"如果你们继续游荡,靠抢东西维持生活,不去打敌人,你们将落得怎样的下场?"这些人都参加了这些会议,他们对军人的义务有了新的看法。这些士兵感到对不起人民。这些散兵游勇组成了新的部队。

新的县长被选举出来了。人民第一次有权决定管理他们事务的领导人。他们开始懂得了民主的含义，今后他们的公共事务要由他们自己来安排。他们思考着，担心着，最后极其认真地投了一票，认识到这种新权利的重要性。

人民群众害怕日本人来了会产生什么后果。必须向他们说明，日本人并不那么厉害，他们是可以被打败的。早在平型关，八路军就把武器发给农民，他们帮助军队打了个大胜仗。现在派出了部队去打敌人，向人民群众表明，这一点是可以做到的。一小批战士把日本人赶出繁峙，带回了许多战利品。一些勇敢的农民自愿参加了这次袭击，回来后向自己的同伴讲了前后经过。惧怕日本人的心理减少了。

在组织村民时，是按下列步骤进行的。首先，政工人员调查居民的生活情况。接着，他们鼓励农民采取集体行动，要求减租减息。所有的地租减少了四分之一。晋东北流行着一种不公正的高利贷制度，借贷利息一年翻一番，两年翻两番，以此类推，结果使得许多劳动人民终生成了债务的奴隶。即使他们每年还清了原来的债务，他们在奴隶的地位中仍然越陷越深。现在明文规定，年利不得超过百分之十。这简直是一场革命。执行这种新规定的办法也是革命化的。虽然减租减息的命令是由上级作出的，但这些命令的执行权不掌握在官员手中，而掌握在新诞生的农民组织手里。农会监督地主和高利贷者索取的地租和利息不得超出规定的标准，如果他们抗拒，农会将使他们就范。政府第一次成为他们自己的政府，他们要求过美好生活的权利得到政府的大力支持。当时还没有进行土地革命。地主的财产受到保护，高利贷者可以保留其金钱。但是他们的巨大财富第一次使他们不能垄断权力。他们不再能够滥用他们的经济地位。农民一度是他们的受害者，而现在正是农民起来监督他们奉公守法。

这样，八路军就用事实表明了它同人民站在一起，人民群众组织起来后甩掉了自己身上的负担，并深深体会到只有组织起来，才能做到这一点。只是在完成这些工作之后，八路军才要求人民群众组织起来，保卫国家。群众懂得，保卫国家，就是保卫自己的土地，在这里他们终于有了自己的权利，第一次可以作为人、作为公民过一种体面的生活。他们纷纷拥向八路军新成立的军事组织，并带去自己的武器，这些武器是他们最近在附近的许多战场上拣到的、谨慎地保存在自己家里的。每个村庄都组织了自卫团，由二十五岁到四十五岁的男性公民组成。十八岁至二十五岁的年轻人被训练为游击队。同自卫团不一样，游击队可以调离家乡。最能干、最热情的游击队员可以志愿参加正规军。这是一个很大的荣誉，许多人争着去当正规兵。

以前，县政府、村政府前的布告栏上总是张贴关于新税收的命令和失踪人员的通告，从来没有人去读它们。但是，现在布告栏前围了许多人，有的亲自读着，有的听人群中识字的人读着布告栏上的内容，那里有关于如何改善自己生活的建议、军队作战的新闻和动员会议的通知。晋东北人民第一次说"我们的政府"、"我们的军队"和"我们的地区"。

10月底发生了一个巨大的变化。八路军在晋东北仅待了一个月后，就奉命南下保卫太原。它离开了，在五台山只留下聂荣臻和一些政工人员，整个地区只有一支人数不多的军事力量，其中包括：一个步兵团和一个步兵营、一个辎重团和一个骑兵营。"这就是我们开展工作的资本，"当时在那里的一位中国报纸记者写道，"而我们的工作是巨大的，这就是在敌后创建一个永久性的大根据地。"

10月27日，在山西省中国最高指挥部的批准下，在五台山建立了晋察冀边区军区司令部，由聂荣臻任司令员。

12天以后，即11月8日，沿正太路南下的日军占领了山西省会。新的分战区和其他中国军队之间的一切联系都被割断了。这个战区现在完全处在敌后。日本人宣布，他们要"扫荡"全省所有的游击队根据地。他们整编了他们的部队来进行这个歼灭战役。

八路军在这个地区只驻扎了一个月稍多一点儿的时间。在这个不长的时间里他们完成了组织群众的巨大工作。人民把这支军队看作不可战胜的力量支柱。现在，军队走了，群众只有依靠自己的力量了。日本人进攻的威胁像暴风雨前的乌云一样笼罩在地平线上。

这对聂荣臻和他的政工人员是一个严峻的挑战。他们不得不在空前困难的条件下组成一个机体，来抵抗日本人正在准备的打击。这个地区的群众惊慌起来。"我们没有军队，"他们说，"赤手空拳怎么行呢？"战区司令部回答说："组织起来，自己保卫自己！"但是，谁来教给他们这样做呢？聂荣臻的政治部，工作人员少得可怜，而这项工作必须在数百个村庄进行。所以留下来的每一个八路军战士都成为宣传员和组织者。上自司令员，下至赶毛驴的运输战士，都到村里去开展工作。他们的任务不是待在那里，一头扎进工作中去，他们不能让群众离不开他们。当日本人来了时，他们必须拿起武器。他们必须激发群众自己的主动性，使他们自己组织起来保卫自己。八路军的指战员知道，如果他们能做到这一点，仗就可以打赢。当群众自己行动起来时，事情就好办了，他们有无穷的力量、主动精神和智慧，这是由上级建立的组织所不可能有的，因为由上面下命令建立的组织里，工作是由少数人做的，而真正的群众运动则把数十万群众的最大力量拧成一股绳。"只要相信人民群众，理解他们的需要，就没有办不成的事情。"八路军的战士说。他们知道，正是由于这个缘故，他们才能在十年"围剿"中活下来。

组织者工作的县里，整个行政机关都逃跑了，因此，不得不临时建立新的行政政府，它与边区司令部同时发展起来。留下来的两位老县长孙晓文和吴运魁担负了领导工作。

电报电话局的职工也逃跑了，通讯工作已经中断。

汉奸和懦夫到处散布这样的话："干嘛我们要被屠杀呢？如果我们投降日本人，我们可以像以前一样过日子。不错，我们现在过得是比往日好了，但是如果我们死去，那还有什么意义呢？"在五台山和定襄，有两个新成立的游击队就这样被瓦解了。这个倾向，也是组织者们不得不与之斗争的。

在这种情况下，边区司令部颁布了一条口号，决定了工作的性质。这个口号是："加强和扩大晋察冀边区"。扩大？现在的战士连保卫已有的地盘都不够。"是的，要扩大，"政工人员对持怀疑态度的人说，"游击队像一条鱼，它需要很大的地盘来自由地活动，需要群众的海洋来维持自己的生存。"组织者深入河北的敌后。一到那里，就传来令人鼓舞的成果。那里的人民，不像山西那样，没有最黑暗的封建压迫的包袱。同时，那里有农民起义的传统。十年以前，在大革命时期，那里的农民运动就声势浩大。现在那里已经自发地产生了许多游击队。

在八路军离开晋东北一个月后，日本人发动了进攻。在卢沟桥事变以前，他们用八千军队就控制了整个华北。现在，他们为了对付新的边区，派了两万军队。他们用骑兵、炮兵、飞机、坦克组成的强大纵队从八个方向包围边区。日本的强大攻势持续了两个月，最后以失败告终。敌人不得不撤退。当这次战役结束时，朱德在今年1月底作了这样的分析：

"打了许多仗。虽然敌人取得了一些胜利，但这些地区的大部分城市和乡村仍然掌握在我们手里。在这次战役中，日本人至少死了三千人。我们的游击队缴获了大批军用物资和许多战地无线电台。我们的损失较小。那些见过日本人、目睹他们暴行的地区的人民进行了最坚决的抵抗。……在所有的战斗中，我们勇敢的战士们在广大地区分散活动，坚持了斗争。他们成功地拖住了大批敌人，分散了他们的力量，使日本侵略军无法作为一个整体来作战。而在战斗中，我们则可以把许多游击队的活动联系起来。经过这次战役，这个地区的中国政府更加巩固了，群众对它的巨大信任进一步加强了。最后，这些战斗还证明，游击战不仅在山区，而且在平原地区也是可以打赢的。总之，一支军队只要懂得如何同人民合作，即使处于孤立无援的地位，也是消灭不了的。"

为什么能够做到这一点？《新华日报》的记者对边区做了很好的报道，从而说明了边区领导人和人民从日本的攻势中得出的结论："我们上了一课。我们知道敌人是绝对不会放过我们的。如果我们不做好准备，我们就会被消灭。"

12月26日，在日本的攻势处于高潮的时候，分战区司令部召开了一次会议。它认为，这个地区将来的存亡，首先取决于武装保卫者人数的增加；其次取决于已经组织起来的军队的训练和加强。1月初，在战事初次平静的时候，所有的游击队都到冀西的阜平接受了训练。9月左右，第一次出现了八路军的飞虎队。他们组织了许多游击队，对平汉路沿线的敌人进行骚扰。现在，这些部队都被召集到一起。独立的游击队也到阜平进行改组和加强自己。改组是在三个主要方面进行的。各个游击队被鼓励清除自己队伍中的土匪（上面已经讲到，斗争的进程已迫使赵侗的部队等自己完成了这件事,如果要继续存在下去的话)。战士进行了强化教育,使他们懂得作战的目的和采用什么方法才能最有效地进行战斗。纪律加强了。各地都建立了政治部。已经建立的政治部从八路军那里吸收了一些有经验的组织者,从而进一步得到加强。在边区的每个县都建立了军事部和锄奸部。当局还下令,地方政府和所有军事学位的账目都应当公开,随时接受战士和群众代表的审查。

会议是在这样的口号下进行的:不仅要巩固,而且要扩大边区。司令部认为,扩大边区,是很重要的。如果这个根据地扩大了,人民就会更加信任它。从军事上来说,一块大的地盘比弹丸之地更容易运用灵活机动的突袭战术来加以保卫。

边区司令部得到中央指挥部的授权,把敌后活动的抗日力量统一起来。

他们邀请河北的其他所有游击队组织前来阜平。第一个来的是吕正操,他以前是东北军的将领,今天在津浦路和平汉路之间的冀中地区组织了"人民自卫军"。吕正操控制了十七个县[①]。他是一位能干的爱国人士,但他遇到了很大的困难,这些困难不仅来自于日本人,而且产生于内部的政治问题。在冀中有许多土匪和汉奸。乡绅组织了"联防团",在各村都有支队(地主民团的残余)。他们的口号不是抗日,而是保卫自己的村庄不受外来的侵犯。在客观上,他们是不会

---

① 到1938年7月份,吕正操控制了二十五个完整的县(包括县城)和四个县的一部分。这二十五个县包括:安国、博野、蠡县、安平、深县、武经、饶阳、安新、高阳、文安、新镇、大城、霜县、河间、献县、任邱、容城、无极、晋县、肃宁、定兴、雄县、徐水等;不完全的县有:定县、永清、清苑和固安,它们的县城位于平汉线上。离平汉线一英里以外的村庄受边区政府管辖。见唐干先生写的《战时的河北》。唐先生与汉森一起访问了这些地区。这些事实都经汉森先生核对过。

庇护游击队的，而日本人来了，他们的分散武装也是无法进行有效抵抗的。因此，"联防团"是抗日的一个障碍。吕正操有效地打击了土匪，但在对付地主的自卫武力方面碰到了很大困难。边区司令部借给他一些政治组织人员。他们到冀中后，实行了他们曾在山西搞过的那些经济改革。像在山西一样，这些改革是发动农民自己实施的。冀中人民一致忠于抗日斗争和边区政府，乡绅的破坏性宣传和做法自然就不战而亡。乡绅们看到社会秩序进一步稳定和有效的抗日自卫力量日益发展，便同新的形势妥协。其中许多人积极支持了抗日军队。

第二个来的是赵侗及其一千五百人的"第一人民抗日联军"。这支部队艰巨曲折的发展史，上面已经讲过了。它的成长过程同这个地区涌现的新型人民军队是不同的。它纪律严明，坚决抗日。在政治上，它已清除了自己队伍中的土匪和冒险分子。但它还没有掌握斗争的军事、政治技术。迄今为止，它同日本人的交火并没有取得多大胜利，同时因为它对人民群众没有采取积极态度，它未能建立一个根据地。像吕正操的军队一样，他的军队在阜平接受训练后，就学会了克服这些缺点的办法。赵侗的部队加入了边区分战区的军队。它改编以后，奉命驻守北平以西的六个县：河北和察哈尔省的昌平、宛平（卢沟桥所在地）、房山、宣化、涿鹿和怀来。

游击队在阜平受训的某些特点已在别的章节中谈及。现在来谈谈游击队是如何取得给养的以及他们同驻地群众关系的某些比较具体的方面。

从阜平会议至1938年夏季这段时间，各地军队的给养是由县政府和群众组织提供的。当地政府提供粮食和一部分税款。当地妇女给部队缝制服装和鞋（在冀中的一个县，妇女救国会在六个月里制作了一万七千双布鞋）。强迫征调是不许可的。去年6月以后，这个制度改变了。随着中央权力的加强,部队的给养和供应由边区政府的一个专门部门来负责。这个部门收购当地生产的棉布,交给专业工厂去染色和做制服。政府按照一定的价格从群众中收购枪支弹药和可作军事用途的废铜烂铁。需要补给品的部队向有关部门提出清单,即可得到所需物品。

驻在村里的军队必须遵守下列规定:

(1)进村时,部队的干部或代表必须把进村的意图告诉村长,并报告准备由村里安顿的人员、马匹数目。只有谈妥这些事项后,部队才能进村。不过,除非有特殊理由,否则,村长不能拒绝安顿部队。

(2)游击队必须特别注意不要打扰住户的人民。他们应尽可能住在公共建筑物内,如庙宇和学校。村里应使这些建筑物适宜于居住。如果游击队非住民宅不行,则应固定若干家。非指定的民宅,他们无权进入。

(3)游击队不得强迫村民卖给他们食品或衣服,如果村民不愿意的话。

(4)马匹的饲料,必须按边区政府规定的价格购买。游击队不得擅自更改。

这些条例实际上也是人民的权利,而以前在军队的面前,人民是无权利可言的。

如果村里任务繁重,如收割季节,游击队必须给以帮助。

随时随地要向人民群众表明,抗日游击队的发展不仅不会加重他们的负担,而且会减轻或去掉他们已有的负担。

由于各地不断需要新的游击队指挥员和组织人员,于是在五台山建立了一个"军政人员学院",每三个月可以培养五百人。第一期主要培训大中专学生,其中许多人是从北平、天津逃亡出来的。也有一些来自游击队的战士到这里接受特殊培训。这个学校是按照军事原则组建起来的。学生分成一些学习小组，其中既有水平高的，也有水平较低的。他们按照一定的学习计划进修。较快掌握那些原则的人帮助那些在学习上有困难的人。他们每天上课四小时，然后分小组温习功课和进行讨论。最重要的课程有：《游击队的政治工作》、《中国国民革命问题》、《游击战术》和《军事学基础知识》。军事课同野外操练结合起来。他们的宗旨是理论和实践的完全统一。他们采取了一种新的教学法。先是由教员讲课，紧接着结合实际运用所学到的知识。在运用中有缺点，就给予批评，再重复一遍。"学习—实践，学习—实践，再学习—再实践，直到没有任何错误，完全理解为止。"教官对这个制度作了如此的阐述。第三个月的课程几乎完全用于实践。在这个期间，学员露宿野外，演习作战技术：摧毁敌人的交通线、快速前进和撤退、联合行动和夜袭。由学员负责参谋和指挥工作，并尽可能创造一种实战的条件。在政治组织方面也有许多野外作业。在学员的生活中，强调健康、纪律、自我批评和合作精神。三个月结业后，学员立即参加前方的游击队。

前线是以往一切工作的试金石。日本人企图消灭新的抗日根据地，他们的野心一刻也没有停止。边区经受住了这个考验。它不仅击退了敌人的进攻，而且不断发动反攻。它的防御办法，就是不断袭击敌人的薄弱环节。随着时间的推移和它自身组织的完善，当战局的发展需要在敌后拖住大批日军时，它也主动出击。

在日军的第一次"扫荡"期间，游击队沿正太铁路线发动了反攻。游击队和农民们在夜间摧毁了许多段铁路线。富鲁岭的铁路桥被炸毁了。著名的中德合营井陉煤矿的工人们在12月两次把日本人赶出他们的城镇，向全世界显示了煤矿游击队传统的艰苦卓绝精神和英雄气概，就像苏联远东的苏申斯克矿工曾经打击日本干涉者和西班牙奥斯图里亚斯工人打击法西斯干涉者一样。武装起来的农民多次遏制并摧毁在公路上行驶的日本摩托化部队。12月23日，一队日军企图消灭集结在平汉路和正太路交会点上的游击队，他们经过两天的激烈战斗，重新占领了洪子店①。但他们发现这个城镇空空如也，所有的门窗都被用砖砌死了。当日本人的先头部队在空荡荡的街道上蹒跚而行的时候，游击队从山上反攻下来，打了他们个措手不及。当敌人意识到进了圈套时，便在占领这个城镇两个小时后急忙撤退。他们离开前企图放火烧掉房子。但他们发现很难做到这一点，因为房子的木头部分都用砖和灰泥封了起来。只有一些草棚被烧掉了。据目击者说，几天以后，群众回去了，镇上的生活立即恢复正常。而游击队紧追敌人，把他们赶到石家庄的城门口。石家庄是一个交通枢纽、日本人在这个地区的主要基地。

2月初，当中日双方的大军在豫北平汉铁路沿线交战的时候，晋南的中国军队对敌人的右翼发动了反攻。游击队同八路军并肩战斗，夺取了铁路沿线的四个重要火车站，割断了日军先头部队同其基地之间的联系。2月9日，新乐、定县、清风店和望都被夺回来了，日本守军不是被歼，就是被俘。有二十英里铁路线被拆毁。冀南的重镇保定被包围了。由于这些活动，日本人沿着铁路干线的前进停顿了一段时间，侵略者不得不派重兵去对付游击队，以保住他们的运输线。游击队的这些活动使敌人大伤脑筋，消耗了他们的人力物力，开始危及敌人的主要作战行动。

为了对付这种威胁，日本人在保定和石家庄集结了一万两千人来

---

① 洪子店是平山县游击队的首府。当时平山县城被日本人占领。

迫使游击队退出车站。3月4日，他们对边区发动了新的总进攻，使用了机械化部队和飞机。他们分四路进攻，从易县进攻紫荆关，从满城进攻马关，从定县和曲阳两个方向进攻阜平。他们攻克了阜平，但未能长期占领。边区的游击队证明，在人民群众的支援下，采取恰当的战术，防守和进攻并用，即使在冀西平原地带，游击战也是能够打赢的。在迫使敌人退出阜平后，他们继续不断地骚扰敌人。

在3月3日克复代县后，游击队捉到一个有名的战俘——傀儡省政府委员王怀。这个汉奸经过审判，被判处死刑。

日本人想重新占领涞源，沿着易县—涞源公路建设一条由碉堡、大炮、飞机基地组成的堡垒带，从而把边区割裂为二。但这个计划失败了。

这个战役是经过周密的准备后才发动的。在这个战役的过程中，日本人建立了许多堡垒和食品补给基地，以使他们能够在占领地区站稳脚跟。六天之内打了四仗。日本人如期攻占了涞源。但是，游击队不断袭击敌人的侧翼，使之不得安宁。两周之内，他们损失了一千人。4月14日，涞源重新回到游击队的手中。

3月底4月初，临沂和台儿庄大战的时候，游击队发动了总进攻，以破坏敌人的运输线，拖住尽可能多的敌人，减少徐州前线的压力。他们迫使敌人退出了在察堡和浮头镇之间占有的防线，把他们赶出了涞源，他们是在3月底付出了很大代价才占领涞源的。与此同时，吕正操的部队向河间、高阳、安国、大城、献县的日军阵地发动进攻，这些日本人在这里保卫着冀中、冀南的平汉铁路。4月8日，吕正操部队收复了安国，从此它一直掌握在中国人手里。[1] 日军在那里驻扎的机

---

[1] 日本人声称在1939年3月发动的更大规模的"扫荡战"中重新攻占了安国。

械化部队撤退到了定县。4月9日攻下了高阳,4月11日夺回了大城和献县,24日收复了河间,从而胜利地完成了这次战役。在这次军事行动中缴获了数百支步枪、数十挺机枪和几门大炮。

在此期间,整编后的赵侗部队在北平以西的地区取得了一系列胜利。他们夺回了涞源。4月6日,他们在滹沱河突然袭击了四百人的日本纵队,当时这些敌人正行进在侧面有山,背后有河的不利地段。除两人被俘外,全部日军都被消灭。游击队缴获了四十车补给品、数百支步枪和三挺机枪,自己死伤七十人。一架日本飞机前来侦察,也被游击队打落了。4月10日,他们在孟图池摧毁了敌人的一个哨所。在平汉铁路的坨里,数百名伪军杀死了日本军官,参加了游击队。游击队迅速向北平挺进,又在妙峰山安营扎寨,早期他们曾在那里遭到失败。通向北平的道路现在都处在游击队的炮火下。北平的城门关闭了,实行了戒严。5月5日,游击队在卢沟桥插上了一面中国国旗。日本人惊慌万状,撤出了小的哨所,集中在较大的城镇里。整个地区的伪军等待着效法坨里伪军的榜样。许多伪军在游击队到来之前就起义,出来迎接。5月13日,游击队拿下了昌平。他们需要做的,只是派一些人登上城墙,把守卫电话亭的岗哨吓走,给伪军总部打个电话:"我们包围了全城。立即逮捕日本人,交出你们的武器。"三百支步枪拿来了,交出了十一名日本人和朝鲜人。有一个日本人是医生,他仍在游击队工作。其他日本人被送到了后方。一批伪宪兵参加了游击队。沿铁路的城镇良乡、涿州和涞水被攻克,并保持了一段时间。各种游击队开始在北平周围自由活动。八路军的一些正规部队也曾到达这个地区。他们在北平—天津公路上打击日本人,并打进华北伪政权的老巢冀东地区。

4月28日,当中国部队打到绥远的一个城镇时,驻守该地的伪满军队派代表出城迎接。"我们已经杀死了我们的军官",他们报告说,并请游击队进城。

外国通讯社从北京发出的消息说,日本人败给了游击队;伪县长举行全省会议,然而他们没有任何人敢到自己的县城去;日本人训练出来的军队大批投奔游击队的情况越来越多。这些消息证实了我们在汉口听到的情况:伪军开小差的事情层出不穷,他们成连、成团地倒戈,有时甚至上万人的队伍投向中国方面。

不难看出汉奸军队为什么不愿意打自己的同胞,其中许多人是被强迫当伪军的。他们之所以恨日本人,是很容易理解的。但是令人惊讶的是,据所有的报道说,他们没有解散回家,而是继续团结在一起,保持战斗力,立即成为游击队的有效力量。

怎么会产生这种情况呢?我询问了八路军驻汉口的代表博古,他对边区的情况是非常了解的。

"这是因为游击队采取了正确的政策,"他说,"当一个部队投诚过来时,他们不是解散它,而是把它的成员个别地吸收到游击队中。这可以加速个人的思想教育。但这种做法会使得其他伪军的司令不让他们的人投诚。为了使伪军没有任何顾虑,游击队让伪军整编制(中国军官和士兵)地去后方接受短期培训,然后把他们的整个部队派到前方。当然,他们必须遵守边区的规章制度,因为他们已成为边区军队的一部分。为了保证这一点以及同其他部队的联系和协调配合,八路军或五台山训练中心向各个投诚部队派了一个政委。

"如果企图一下子马上让这些人接受新思想或新组织形式,那对我们的事业是有害的,"他最后说,"人家投诚过来,其本身就是政治上向前迈进的一大步。抗日斗争将使他们受到进一步的教育。这个做法是正确的,这已被华北各省取得的成功所证实。正是由于采取了这样的办法，河北省迅速地变成了第二个山西，伪军不断瓦解，敌后受到严重的威胁。敌人两次扫荡的结果是，边区军队以前只在一块不大的地盘上活动，而现在已是兵临北平城下了。"

日本对徐州的进攻越来越猛，游击队也加倍地努力作战。他们用缴获的战地无线电彼此联系，协调行动。现在他们的给养和补给品不仅来自边区根据地，而且来自北平、天津等城市，他们的密使同那里的地下同情者建立了联系，其中包括共产党和国民党的秘密工作人员。在整个华北占领区，日本人的计划失败了，日军遭到了严重打击，由于游击队不断发动突然袭击和不停地进行破坏，日本人的补给品受到很大损失。

群众对敌人的破坏有多大、具有什么意义、各界民众在这方面是如何配合的，汉森先生对此做了很好的报道。他讲了这样的事：以前曾当过化学物理教授而今天在冀中司令部任职的一些人想出办法，让农民和游击队去破坏日本人的火车。缺乏炸药是游击队最头疼的事。即使他们在短期内控制了一段铁路，他们也无法炸掉桥梁、隧道等重要工程。所以这些教授们想出了一些新办法。他们告诉游击队，在铁轨拐弯的地方把道钉拔掉。当载重的火车行驶到这里时，轨道就松开了，火车冲上路堤而翻车。清理失事地点，需要好多天的时间。日本人对付的办法是：派空车走在载重车的前面，慢慢行驶，察看是否拔掉了道钉。游击队又想出了新招儿，他们拔掉了铁道钉，换上木头的，并漆上一层跟铁道钉一样的颜色，让敌人看不出来。当轻火车走过时，这些木道钉可以承受得了，不会出问题。当重火车驶过时，木道钉压断，于是又出事了。清理现场，又需要时日。汉森说，在三个月内北平以南平汉线上发生出轨事件三十起。

在保定附近，据汉森说，数百名农民每周两个夜间去破坏铁路。

一个晚上,他们可以拆掉十截轨道,砍掉二十八根电话线杆。为了恢复线路,日本人不得不换新的,据汉森估计,这使他们除了雇劳工的费用外,损失四千七百八十日元。每周两次这样的骚扰,一年下来就使日本人损失五十万日元。这就是破坏组的成果。在冀中吕正操司令部,汉森先生获悉,政工人员计划在村民中组织数百个这样的小组,这些村民白天是勤劳的农民,晚上是战斗的游击队员。夜袭后的早晨,现场是一片破坏的景象。日本帝国的开支账上又增加了一笔开销,而日本打这场仗本来是想尽可能少花钱的。

日本人试图用恐怖手段来制止破坏铁路的现象。像在东北一样,他们让每个村庄负责一段铁路,命令农民在夜间巡逻。这些农民反而帮助破坏组来扒路轨,然后跑到日军那里,说游击队把他们赶跑了。等到日军赶来时,已经太晚了。日本人明白这是农民在捣鬼。他们为此进行野蛮的报复,焚烧了许多村庄,枪杀了数百名农民。但是,路轨继续被扒掉,火车继续脱轨。每"绥靖"一个地区,就有十个新的麻烦中心出现。

中国人是在自己的国家,他们的人数成百万成千万,他们满怀信心地走在自己的国土上。在成百万的人群中,谁能说出某人是农民,某人是伪装的游击队员呢?日本人怎能知道,农村究竟是平安无事,还是正在计划明天袭击日本驻军呢?没有人会告诉他们,因为谁能知道一个小村子的几千人抽烟袋时在谈论着什么?日本人毕竟是少数,他们是外来人,是敌人。他们的一举一动都被群众看在眼里,报告给了游击队。这些没姓没名的、身材高大的河北农民,长的样子都差不多,日本人把他们当作牲口,在疯狂挣扎时用机关枪扫射他们。这些农民现在有了自己的政府、自己的军队,而且他们自己就是政府,就是军队。当最平静的时候,在似乎最不可能出事的地方,迅速的报复降落在分散的日军岗哨头上。日本人派遣执行其命令的伪官员往往暴卒。日本人企图用恐怖武力征服的乌合之众现在成了钢铁般的有组织的力量，同他们进行不屈不挠的斗争。在日本人看来，中国人似乎仍然是乌合之众，只不过变得更加神秘莫测和可怕而已。但人民群众自己知道并没有什么神秘之处。他们学会了为自己的利益而斗争，他们在终生居住的农舍里悄悄地进行讨论，白天把武器藏在自己熟悉的农田和树丛里，晚上执行司令部悄悄下达的命令，深夜进行闪电般的袭击。司令部的命令表达了千百万人的决心。日本人可以用火与刺刀烧毁房屋，刺死数以百计的男女老少。但他们摧毁不了华北人民和他们意识到自己力量的新觉悟。人民群众是在自己的家园。他们的人数以千百万计。现在的国家比过去更属于他们自己的了，他们为它而满怀信心地战斗。

3月初4月末这段时间，边区不断袭击敌人的铁路线，以此来支援保卫徐州的中国主力军。4月28日，游击队对保定进行了夜袭。5月3日袭击了南关。在这个时期还攻打了平汉路上的其他一些地点，杀死了许多日本人，缴获了大量弹药，还活捉了一些敌人。

上一章的结尾，谈到了截至徐州陷落为止的那个军事行动阶段的一些结果。现在还可以再谈一些情况。在整个占领区，日本人的统治摇摇欲坠。中国的军队部分地撤退了，但有许多部队留下来，同人民群众并肩作战。群众已经掌握了斗争的技术，纷纷加入新军队的行列。日本人只控制了从鄂尔多斯到出海口的黄河沿岸。但在他们的战线后面，山西仍然是中国人的，河北正很快地掌握在中国人之手。中国的武装力量正通过日本人早就控制了的察哈尔南部和冀东，向着热河，向着东北挺进。

7月，边区政府决定用进攻敌人和扩大边区领土的办法来纪念抗日战争爆发一周年。我们已经讲过，赵侗的部队对北平发动了"政治"攻势，占领了发电厂，使全城陷入黑暗之中，向驻在北平的外国外交官和记者，并通过他们向全世界表明日本人对华北的控制是多么脆弱。但这仅仅是游击队总进攻的一部分。在平汉路上，他们又到了卢沟桥，一度占领了良乡、易县、满城、徐水和保定的一部分。他们进攻了平汉路和正太路的交会点石家庄。在正太路上，他们占领了平山城。吕正操的军队冲到了天津近郊，占领了滕之固和易兴。

由于7月的进攻，边区政府的权威扩大到了整个河北，远及东北边界。它的游击队实际上进入了热河南部的"满洲国"领域。从天津或北京走两三个小时的路程，就可以进入游击区。日本人占领的城市好像一些孤立的小岛，处在中国人掌握的广大领土的汪洋大海之中。外国记者把这个消息传遍了全世界。

7月29日是南苑之战和冀东保安队在通州起义的一周年。1937年7月29日，日本人屠杀了天津的六百名警察。他们占领了北平。通州事件是一个严峻的警告，但他们正陶醉于胜利而没有认真注意这件事。他们占领了华北的两个大城市，就以为征服了华北及其所有的财富和资源。

1938年7月29日合众社记者从北平发出了这样的报道：

"这个城市仍然重兵把守。城门不时关闭，进出的行人要被搜查。今天是通州起义的一周年。广泛流传着这样的消息：在北平周围有许多游击队，更使人相信，进攻就在眼前。在北平的南城可以听到爆炸声。

"日本人向通州派了许多军队，那里的几个城门经常关闭。今天，各县准备祭奠在那次暴动中被杀死的人。但是，由于游击队的活动，大部分县长离开了岗位，因此很难一致举行这样的活动。"

日本人资助的傀儡报纸大吹大擂地宣传，这一年是华北平安兴旺的一年，日军热爱人民，占领区是人间的天堂。

日本人要求冀东人民由于去年的"捣乱"而赔偿一百二十万日元[①]。不过，正像他们在精神上很难有所收获一样，他们聚敛巨额钱财也是很困难的。日军的收税官同县长一起离开了岗位。这对日本横征暴敛的活动来说，的确是一个严重的事件。不过，纪念日毕竟是纪念日，确有重大的纪念活动，不妨再援引外国报界同一天发出的另一条消息：

"合众社北平7月29日电：北平以东三英里的一个小村，有一个最富有的村民，曾被强盗绑架两次并索要赎金，他请求日本驻军给以保护。二十七名日军立即赶赴现场，用迫击炮轰击该村，把三分之二的房屋夷为平地，但他们获悉，强盗早已逃之夭夭。这个富人后悔不该要求保护。"

现在，这个富人准备参加抗日统一战线，整个华北的富人和穷人都参加了。像他们一样，他再也不要求日本人的保护了。冀东人民受日本人的"保护"已经五年了。1938年8月，日本人发现必须保护他们自己了。"在通州以东北平通往天津的公路上，为了对付游击队，日本人动用了六辆坦克和一些野战炮。"路透社记者8月7日根据外国人目击的情况报道说。路透社的另一条消息解释了为什么在华北"平静祥和的天堂"还需要动用坦克和野战炮。"人们证实，7月日本人派了一千五百名伪军去西山镇压游击队，不料竟一去不复还，他们杀死日

[①] 1938年12月24日，《密勒士评论报》报道，北平伪政府不得不为"那次暴动的牺牲者"再赔偿六十九万二千零六十三日元。像希特勒的德国一样，这是日本的战争机器补充财政收入的一个办法。为了确保第一次赔偿的支付，他们扣押了著名的汉奸、前"冀东反共自治政府"的首脑殷汝耕。这又是一个例子，说明依靠日本人的汉奸最终是搬起石头砸自己的脚。

本军官,投奔游击队了。"合众社报道,八路军在冀东的遵化开办了一所新的抗日培训学校。由于游击队在天津港口塘沽周围活动,北宁铁路的时间表多次被打乱。德州以北许多英里的电话线被割断了。

路透社9月8日报道,由一位日军中将率领的一个师从日本来到中国,专门对付平津地区的游击队。日本人曾经以一个旅的兵力控制整个华北,后来吹牛说,用一个师就可以征服全中国。现在新派的这个师,据日本发言人说,"是由年轻力壮的第一流军人组成的",装备精良,本来是用于对付俄国人的,不得不派到中国来。但是,这支增援侵华日军的令人生畏的兵力不是开往中国前线。长江一带的中国军队不会感受到它的压力。它是来"被征服的"华北天堂的。"在此期间,"路透社写道,"日本人出钱雇用的保安队开小差的越来越多,大大增加了游击队的人数。秦皇岛和山海关之间的那段北宁路被切断了。山海关是长城的入海口,位于另一个天堂满洲国的边界,所以日本人很着急。据可靠的消息,在冀中和冀南,有一大批伪军向正定、保定的游击队投诚。他们是领了8月工资以后倒戈的。"聪明的伪军!倒霉的是日本天皇日益枯竭的国库。

日军的将领们认为,唯一可做的一件事是:认真地、一劳永逸地解决这个问题,消灭这些匪徒。这就需要增加新的师,使东京的预算赤字增多。而中国人民将遭受更大的苦难,据说,他们是日本天堂的受惠者,然而他们不仅不感恩戴德,反而恩将仇报。进攻哪里?五台山——边区政府的所在地、抗日学院的所在地。日本人士经常说这个学院有五千名学员,其实它一期的学员从来没有超过五百人,由此可见,日本人多么重视它。

10月、11月两个月,日本人不停地进攻五台山。对日本人来说,这可是艰苦的两个月。他们派机械化部队,但找不到道路。边区的农民把道路犁掉了，种上了庄稼，一点也看不出了。但是，瞧，有一条道路，地图上没有标出。这条路挺不错，专为日本人建造的。日本人利用它了。这条"公路"通到山口，突然没有了，原来是条死胡同。它狭窄得要命，无法前进，后转又很困难。正在这时，游击队从山上冲下，用机枪扫射起来。这仅仅是一个插曲。进攻五台山可不容易，很难对付。日本人决心摧毁游击队的这个根据地。他们动用了许多飞机，还使用了毒瓦斯。他们占领了五台山下的五台县城。但是，最后，像其他进攻一样，这次声势浩大的进攻也被粉碎了，因为游击队和人民群众精诚团结，密切合作；这些战士们在斗争中形成了新的生活，发挥了主动精神和聪明才智，千百万人的意志和希望融合在一起，形成了"人民的铁拳"——人民战争的战术。

到11月中旬，日本的进攻已被遏制。从许多方向朝五台山包围的五路大军，有两路被完全击溃。日本人伤亡逾万人。游击队缴获了二十辆坦克、七门山炮、两千支步枪、一万个食品罐头。中国人第一次大批俘虏敌人，不是个别人，而是整个编制。这主要是因为每个游击队员都学会了几句日本话，如："日本兄弟，放下武器吧"、"我们不会伤害你，而要送你回家"、"中国人和日本人不应互相残杀"。一年以前在平型关，日军残部打到最后一个人，怎么也不肯投降，因为他们认为，如果放下武器也是一死。八路军为了消灭这些零散的日军，比在实际战斗中死的人还多。现在他们用对付伪军很有效的那种政治攻势来对付日本人，也开始产生效果。

本章开头，我们提出了几个问题。日本人能控制他们战线后的广大地区吗？人民群众真的在抵抗吗？他们是如何抵抗的？他们能顶得住日本人为巩固其在"占领区"的权威而作的重大努力吗？读者可以自己判断，以上所讲的是否提供了详尽的答案。

但是还有一些问题。群众不是需要收割庄稼，到市场上去卖吗？游击区能顶得住日本人通过控制大城市施加的经济压力吗？农民得到了新的权利，减少了租金，这当然是非常好的，但这补偿得了他们被割断同市场的联系、连年战事必然带来的兵荒马乱、饥饿和破坏所造成的后果吗？

我们已经指出，边区政府一建立，就认识到，它不仅要在军事上打击侵略者，而且要在政治上、经济上同他们进行竞争。针对伪政权，它建立了以统一战线为基础的民主制。针对日本人的残酷剥削，它改善了人民的生活。针对日本人把中国人变为负担沉重的亡国奴，它打破了束缚人民群众主动精神的枷锁，充分发挥了每个人的能力和才华，把这些力量协调起来，就构成了它正在建立的战斗的民主制度的军事、政治、经济力量之基础。

这一切是如何进行的呢？他们采取了什么步骤，建立了什么机构？对这个抗战的产儿、统一战线的第一个成果、新中国生气勃勃的年青先导，我们必须有更多的了解。

下一章就要介绍这方面的情况。

第十章　战斗的民主制度

晋察冀边区由这三个省的七十多个县组成。它的面积大约相当于整个河北省。它的领土并不分散，有两大块，中间隔着一条日本人控制的狭窄的平汉铁路线走廊。西面一大块是山区，东有平汉路，北靠平绥路，西接同蒲路，南临正太路。另一大块位于平汉路以东，同西面的一大块平行。它的北部以北宁路的北平—山海关一段为界，东部以津浦路为界，南部以津浦路上日本人新建的从沧州至石家庄的一段铁路为界。八路军建立的边区始于西部，包括边区政府所在地五台山。东部是吕正操部队建立的扩大了的冀中游击区。

平汉路并不能使这两个地区隔绝。两地不仅有邮差和小股游击队来往，而且大批部队也经常穿越铁路线。它的车站虽然有日本人重兵把守，但经常遭到袭击。两个车站之间的铁路线，只有当日本人的军车通过时，才是属于他们的。其他时间，它给游击队的破坏小组提供了工作，给游击队的兵工厂提供了制造步枪和刺刀的优良铁轨。我们说，只有当日本人的火车通过时，铁路才属于他们。这个说法不准确，需要修正。应该说，只有当他们的火车安全通过时，铁路才属于他们。当他们的火车出轨或者遭到地雷爆炸，残骸堆集在河北平原时,那么,他们的火车和铁路就都属于游击队的了。游击队绝不会离得太远,会很快奔回现场。外国观察家曾对我们说,1938年秋季,在三个月之内就发生了三十起事故。在边区周围的其他铁路上也有类似情况。

在边区的七十个县中,五十三个县是完整的,这就是说,游击队控制了整个县,包括县城。它们有受五台山管辖的县政府。在这五十三个县中,十二个位于崇山峻岭的晋东北地区,两个在察哈尔,十五个位于冀西,二十四个在冀中的平原地区。边区新增加了冀东,那里一度是日本人控制的"反共自治政府"的势力范围。1938年秋初,游击队在这里已拥有五个"完整县"和十个不完整县。① 边区战区司令部的权力,东边现在能达到山东的游击队,北边能达到东北的游击队。

边区人口有一千二百万。其主要农作物为小米、小麦、高粱,最近又有了棉花。矿产有金子和煤炭。边区最富饶的地区冀中和察哈尔出产桃、梨和栗子。有一批牛、羊。大量出口的畜产品有毛、皮(主要是羔羊皮)和蛋。大城市的工厂生产纸张和棉布。此外,也有一些机器制造厂和小兵工厂。

---

① 所有的材料都是指这一时期。但没有理由认为,边区的扩展已经停止。在上述地理范围内,游击队控制的县如下:

晋东北:五台、定襄、繁峙、代县、忻县、阳曲、孟县、阴山、应县、浑源、灵丘、广灵、大同、阳高、天镇(有三个不完整县)。

察哈尔南部:阳原、蔚县、"宣化"、"涿鹿"、"怀来"(有引号的县不完整,组成"联合县政府")。

冀西:井陉、获鹿、平山、灵寿、行唐、曲阳、唐县、阜平、"正定"、新乐、"定县"、"望都"、易县、满城、房山、徐水、"良乡"、昌平、"宛平"、涞水、"涿州"(有引号者为不完整县)。

冀中:蠡县、深泽、安平、饶阳、安国、深县、博野、任邱、河间、高阳、衡水、肃宁、文安、清苑、霸县、安新、大城。深县县长唐干加了以下数县:定兴、束鹿、无极、固安、安次。

在被敌人占领或分割以前，这些地方分别属于各自的省政府管辖。在抗战期间，大部分地方行政当局，或者被日本人赶走，或者把政权移交给军方，或者干脆解散。有一段时间，唯一的统治机关是10月在五台山建立的边区战区司令部。在以后的几个月，随着边区发展壮大为永久性的政治、军事抗日根据地，各县县政府先后根据战争的需要进行了改组。凡是县长坚守岗位，继续斗争的，他们的职权得到认可。凡是县长已被赶走，或擅自逃走的，则任命新的县长。新县长都是年轻、进步的人士，受到群众的信赖，他们有能力唤醒群众，组织群众。

在阜平，实现了各个游击队的统一。现在，则必须统一行政领导机关。在军队战斗的同时，这些行政机关将采取政治、经济措施，巩固敌后地区，使之成为"中华民国"领土和行政系统的一部分。它们通过整个西线总指挥阎锡山将军，向中央政府呈交了一份申请书，要求批准建立一个临时行政机构；一等到同中国其他地区的联系恢复，这一机构即解散。这一申请被批准。1938年1月10日，边区政府正式成立，正式名称叫"晋察冀边区临时执行委员会"。参加成立典礼的，有四十二个县政府、国民党、共产党，各个游击队，蒙古族、回族、藏族等的代表共一百五十四人，红教、绿教喇嘛有九个代表。忠于职守的两个老县长孙晓文和吴运魁被选为政府的主席和副主席。该区国民党组织负责人刘天启担任教育委员。执行委员会的其他委员有：八路军的聂荣臻，代表共产党；吕正操，冀中游击队领导人；张苏、孙纪元、李介庸和罗应显。成立大会的通电说："边区执行委员会是全民族所建立的一种政权。它包括各党、各派、各个阶级和少数民族。它的宗旨是进行抗日战争，实现民主政治。它是中华民国的地方政府，根据中央政府的命令而组成的。"

新政府首先抓的一件事，就是开展一个运动，使边区司令部建立的民主制度进一步扩大、深化和系统化。战时民主制度的首要任务是教育民众、动员民众，以完成自治和自卫两项工作。为此通过了新的法律，规定今后所有的官员必须由民众投票选举产生，如果他们不能胜任工作，则予以罢免。所有账目必须公开，接受群众监督。为了教育人民学会运用他们得到的这些新权利，政府派人走乡串镇去进行宣传和组织工作。在各地建立了工人、农民、商人、妇女、青年、文化工作者、乡绅等各行各业的救国会①。所有这些组织都是由群众自己建立的。边区政府不是通过发布命令组织民众，而是派人下去进行发动工作。只有当村里的协会牢牢建立的时候，他们才举行代表大会，成立县级协会。只有当所有这些协会都有效地运转的时候，他们才选举总委员会来协调全区的工作。每一个全区性的组织都是建立在数十万人的牢固基础上。每一个地方机构都不是摆样子的，而是扎扎实实干事的，是边区政府权力的群众基础的一个组成部分。如果一个县暂时被敌人占领或被切断了同上级机构的联系，这个群众基础仍然存在。它是不可摧毁的，因为整个居民都参加进来，因为民众坚决相信，敌人的统治是不会持久的，尽管战斗仍在别的地方进行。1938年1月，当边区政府在五台山建立的时候，日本人在北平拼凑了中华民国临时政府。但是三个月以后，这个"政府"任命的官员只有十分之一的人敢到他们的县区露面，而边区政府的权力则扩展到许多方面，甚至延伸到伪政府首都的城墙之内。

在经济政策方面，边区政府的目的是自给自足。自给自足的意思

---

① 在各种总协会之下，有许多专业组织。例如，在工人救国会之下，有矿工救国会、纺织工人救国会、木工救国会，等等。

是：不仅不受日本人控制的市场的制约，而且不怕封锁。① 它一面进行战争，一面实行经济改革，改善人民生活，并保证向游击队源源不断地供应食品和装备。正如同军事、政治制度一样，边区的每一件事都建立在组织群众发挥主动性的基础上，处处充分考虑他们的利益。日本工业所需的棉花的种植面积大大减少了，这不是由政府下命令进行的，而是通过农民救国会进行宣传工作来完成的，此时它在全区已拥有六十万会员。由于农民大部分很贫穷，政府允许他们自行处理今年收割的棉花，然后在棉田改种粮食作物。边区总不能挨饿呀。

为了进一步提高产量和改善缺地农民的条件，闲地荒地都被开垦了。在边区，这样的土地是很多的，许多地或因地权争执，或因迷信认为"风水不好"而闲置起来。在边区政府建立以前，穷人和无地农民连一块无主的土地也不敢耕种。如果他们在这些土地上种了庄稼，某个恶霸肯定会来夺走，甚至惩罚他们，他们的权利当然是得不到承认的。现在，边区政府颁布了一条法律，规定公家的和私人的土地连续两年没有耕种，就被认为是荒地。五亩以下的荒地可以由邻近农民耕种。五亩以上者，由救国会组织无地农民耕种。这些农民按照合作的原则进行耕作。在荒地上种了庄稼的农民，只要向政府登记，便可得到所有权。抗日战士及其家属可优先享用荒地。如闲置土地属于地

---

① 11月，日本人正式实行封锁。潘奈尔先生在1938年12月出版的《东方事务》杂志上写道，占领区流通的一切货物必须有伪政权的许可证。运输这些货物的人必须保证不运往游击区，如果违反保证，当事人及其村长必受严惩。凡是可用于制造弹药的材料、机电产品，进行破坏活动的工具或者印刷物资（值得注意），都不得离开占领区。商会在同一个时间内发放的面粉不得多于五袋、盐只限一袋、火柴（危险的武器！）只限一箱，等等。这个规定也适用于铁路运输。潘奈尔说，这实际上"等于产销脱钩。这两个方面都可以实行封锁。正如伪政权可以管制商品，不让它们进入中国人控制的地区一样，游击队也可以管制自己地区的产品不流入铁路沿线。这个问题引起商界人士（外国出口商）的严重不安"。潘奈尔是英文《平津时报》的主编，在华北居住已达二十年之久。他在日本人占领区有很好的联系渠道。《东方事务》杂志是死硬保守派刊物，充当日本人的宣传工具，刊登许多日本广告。

主所有，只要他立即进行耕种，仍可保留所有权。

在边区的许多地方，降雨量不足，靠灌溉浇地。边区政府贷款给农民来改善和扩大灌溉系统，禁止垄断水利，调整收费标准。在战斗和敌人占领期间，种子和农具遭到破坏者，由政府提供资金重新购置，只需农民救国会一言担保即可。

由于采取了上述措施，1938年夏季第一次收割的谷物比战争爆发以前的上个年度增产七成。秋收更佳。日本人9月发动总进攻，就是为了破坏和争夺秋收。军民的共同努力，粉碎了日本人的这个计划，妥善地储备了冬季的粮食。

小工业的恢复，也取得显著成绩，冀中尤其出色。政府禁止抽走资金，鼓励对地方工业投资。几个月之内，许多地方便建立了大批纺织厂和缝纫厂，专门制作制服。卡尔逊和汉森参观了一些小兵工厂和机器制造厂。唐干在报道冀中的文章里曾讲到肥皂厂、造纸厂和榨油厂，植物油还被试用来照明和作为柴油卡车的燃料。手工业受到鼓励，蓬勃发展起来。内地日用品大部分是由手工业提供的。

政府大力鼓励区内的货物交易。同日占区的贸易关系受到严格的管制。进出口的业务大部分是由"裕民公司"进行的。边区政府建立的这个公司在每个县都有分公司，它不同私商进行物价竞争。严禁食品出口，私自贩运者，除全部没收外，并课以十倍于货价的罚款。当地自卫团负责管制商运，并对进出城镇的行人的身份证进行检查。任何日本货物都不能入境。但具有军事价值的物品，如金属、手电筒、无线电电池、化学物品和药品，则受到鼓励，可以自由输入。其他物品，特别是那些与区内制品进行竞争的货物，在入境时要课以重税。边区贸易政策的目标是实现出超，以便从沦陷区吸收法币。

边区政府进行抗战的财政基础，仰仗累进土地税、进出口税、发行救国公债和边区纸币。边区政府一建立，就废除了以前历届政府征收的苛捐杂税。现在，它进行广泛的宣传，说明立即缴纳土地税，是巩固边区的最好办法，只有这样才能加强敌后的抗日根据地。农民救国会组织了各村缴纳土地税的竞赛。政府没有组织一整套收税人马，也能提前把土地税普遍征收上来。

在边区范围内开展了一场运动，售出数百万元的公债。第二战区司令长官阎锡山独家购买十万元，树立了一个好榜样。乡绅、富农和商贾也纷纷认购。农民以谷物作价，购买公债。无地农民和手艺人以超时工作的收入购买债券。老太太们拿出了自己的耳环、戒指购买。他们都支持自己的政府，相信会继续抗战，直到取得最后胜利，公债会如期在1942年偿还。救国会组织人力在每个市场、每个农村推销公债。在敌占区，在北平、天津，也秘密销售公债。

边区银行值得自豪的是，它同日本人建立的"华北联合准备银行"进行了一场货币战，取得了胜利。后者发行了巨额纸币，伪政府下令，从1938年6月10日起这种纸币是华北唯一的合法货币，其目的是回笼中国法币，以便日本人用来到世界市场上换取外汇，并同时破坏中国的财政结构。沦陷区的人民从一开始就抵制这个阴谋，拒绝在日常交易中使用这种新币。日本人的这个伟大的"财政改革"甚至到1939年还没有完成呢。

日本人在向群众强制推行"联合准备钞票"失败后，便开始加印中国各个银行的合法纸币，因为有些制版在中国军队撤退时没有带走。除此以外，他们还膺造中国法币。为了对付这种新钞票，边区政府发布命令，禁止日本人发行的新钞票流通，还教给人民如何识别它们。① 边区的法币是不准输出的,走私者以汉奸论处。与此同时,边区银行印发了自己的平版印刷的钞票,以法币作为准备金,每发行一元便有同样数目的法币作为后盾。② 边区钞票可以随时在边区银行各地分行那里兑换,从而使群众相信边区货币的稳定性,所以边币在边区普遍流通。更值得注意的是,敌占区人民把边币和法币同等对待,而不喜欢伪钞。即使在日本人的铁蹄下,边币也可以随时兑换。接受边币的爱国商人可以同游击队的地下人员进行联系,他们保证予以兑换。不仅日本人对边区发动的经济攻势失败了,而且边区的特工人员还不断揭露"联合准备银行"从占领区吸收法币的阴谋。日本人最大的丢脸之处是,在伪币进展艰难的地方,边币却畅行无阻。

以上所说的政治、经济措施并不仅仅停留在纸面上。据一些最冷静的外国目击者说,这些措施在晋察冀边区的广大地域内已经得到实际贯彻。边区政府的意志体现在每一个农村,贯彻的程度大大超过以前任何一届政府。然而边区政府并没有多少官员,也没有庞大复杂的官僚行政机构。它完全靠超负荷工作的军政人员不间断的努力,他们深入乡村,告诉人民群众如何解决自己迫切的问题。它拥有群众,他们认识到组织人员带来的真理。边区政府的命令不是简单地要求群众做这做那,而是告诉他们如何做,"如果你要拯救自己,改善自己的

---

① 例如,河北省银行的钞票,日本人拿到了它的铸型。边区只允许含有六位数字的这种钞票流通,因为在日本人占之前,这个银行只合法地发行了九十万张面值为一元一张的钞票。七位数字的钞票是在日本人统治下印刷的。
② 潘奈尔先生从天津报道说:"很难找到一种满意的支付手段在内地购买货物。这倒不是因为从天津这样一些主要城市中心携出货币时受到限制,而是因为中国各地区的生产者不收联合准备银行的钞票,而中央政府的钞票则大量储存,使整个形势变得十分危险。"(1938年12月份《东方事务》杂志)这证明了敌占区中国人的爱国精神和他们对自己政府必将取得最后胜利的信念。应当补充的是,除了重庆以外,任何地方都不能用中国的法币兑换外汇,而且兑换的数量有限制。中国政府的这个措施是为了预防日本人大量抛出他们弄到的法币。天津和北平的中国人无法去重庆,然而他们也储存法币,而不储存伪币和日元。

生活,你就得按照这种方法去干。"边区政府的法律不是由上面任命的官僚机构强加于人民,而是由人民自己通过自己的群众组织来执行的。而人民群众无处不在。

我们举农民救国会①的例子来说吧,它拥有几十万会员。它的工作包括:主持选举运动;保证减租减息法律的贯彻执行;派代表审查地方政府的账目;有时进行宣传工作,罢免贪污腐化和不称职的干部;推动和监督在棉田改种粮食作物的工作;组织由两三百个贫农组成的特别合作组来耕种荒地,每个区至少有十个这样的合作组;还组织志愿队帮助军属耕种土地。农民救国会建立了几百个信贷合作社,把资金、种子、农具借给会员,帮助他们渡过难关。它在每个村推销公债。它负责收割和储藏庄稼,防止粮食外销,以避免违反边区政府的规定。在边区内部贸易方面,农救会负责安排各个地区之间的产品交易,从而使农民无须到敌占区寻找市场。另外,如果需要到敌占区买什么东西,或者向那里传递什么信息,政府可以要求农民组织给以帮助,因为它们的会员了解全国的情况,哪里都可以去。保家卫国的新兵大部分来自它们的成员。农救会每天不断破坏敌人的交通线。当游击队作战时,他们可以同附近的农救会地方委员会联系,后者会号召一批志愿人员,去做运输工作,抬担架,袭击敌人的侧翼,分散其注意力。

当平山被日本人攻陷时,附近的农救会召开群众大会,要求游击队重新夺回该城,并立即提供四千名武装起来的农民参加战斗。"没有农民运动,就没有边区。游击队是农民运动的产物。"《新华日报》的记者写道。无怪乎政府大力鼓励农救会的建立。边区政府管辖

---

① 根据阎锡山颁布的命令,"参加耕作的人都可以参加农民救国会",包括贫农、中农和富农,但不包括地主。地主有自己的救国会。

地区内的任何官员,如果镇压农救会运动,那将是最大的罪行。

青年救国会是边区推动事业进步的一支力量。它的二十四万名热情的男女青年是边区的催化剂,是各个领域的组织者、教育者、领导人和指挥员的蓄水池。汉森讲到了边区青年人的"难以想象的热情"。"这个地区是由一批积极热情的青年管理着,他们非常出色地完成了复兴和改组工作。"一份亲日的出版物援引一位教会观察家①的话说。在五台山的抗日学院或国民革命中学接受训练后,这些人民儿女中的最能干的人返回家乡,领导父老兄弟和乡亲们展开了建立新的生活方式的斗争。

"抗日青年先锋队"是十五岁到二十五岁男女青年的群众性团体。它组织生产队,领导播种和收割运动;组织讲演小组,向人民宣传抗日斗争和边区政府的政治、经济改革的意义;负责儿童教育。乡村小学的教师大多数是抗日先锋队队员,其中许多人是来自北平和天津的学生。先锋队的青年接受军事训练,常常参加游击队的军事行动。女青年则参加战斗以外的各种活动,还负责护理伤员、照管幼儿、领导和组织农村妇女。除了青年救国会和抗日青年先锋队外,各个行业(农民、工人等)的救国会都有自己的青年组织。

工人救国会是边区的另一根支柱。虽然产业工人的数目不多,但其作用是非常之大的。他们管理生产小型武器和弹药的兵工厂和生产制服的工厂。他们建立了边区非常出色的电话网(据汉森说,有两千英里长的线路),管理着许多战地无线电台,游击队依靠它们彼此保持联系。他们在破坏敌人的铁路和公路方面非常有办法。他们制造手榴弹、简易的炸弹和地雷,这些武器在游击战中发挥了重要作用。如

---

① 潘奈尔在《东方事务》杂志上发表的文章。

果没有机械师和技术员作为支柱,游击队的军事效力恐怕连现在的几分之一都达不到。工人组织不断致力于发展生产,它的许多成员是从敌占区来边区工作的。工人组织起着总工会的作用,维护劳动者的权益。从它的行列中不仅产生了全力以赴地生产杀敌武器的劳动英雄,而且涌现了一批卓越的组织者和军事领导人。正太线上的铁路游击队闻名全区和全中国。矿工游击队同样名声赫赫,史沫特莱在《中国在反击》这篇通讯中对他们的事迹做了感人的报道。

上一章,我们谈到了中德合营的井陉煤矿工人的英勇斗争。《新华日报》记者对他们的英雄业绩做了报道。在谈到华北的游击队运动时,是不能略去他们的故事的。

日本人占领这个富饶的无烟煤矿之后,企图使矿工为他们军用列车供应煤炭。这个矿有五千名矿工,可能是世界上收入最低、受压迫最深的工人。他们每天在矿井下面工作十二个小时,战前收入的工资少得可怜,所以除了在矿上工作外,还需在田间劳作,才能勉强维持他们及其家庭的生计。在1925—1927年的大革命时期,他们曾经组织起来,为改善生活而斗争,然而以后十年的残酷迫害似乎使他们屈膝。边区政府的工人救国会决心制止日本人对矿工的剥削。它派了两名工人游击队员去组织井陉煤矿工人起来同日本人斗争。

一位姓姚的组织者发现了四名勇敢的工人,给他们发了手枪。他起初没有进矿,而是在矿外活动。为了向矿工们表明日本人并不如想象中的那么可怕,强有力的游击队就在附近,这批人对矿上的日本岗哨进行了夜袭。他们杀了一名汉奸,在其房间的墙上贴了一张条子,写着"锄奸会"的字样。他们在附近的正太路上拔掉道钉,使一列军车脱轨翻车。与此同时,另一名姓苏的组织者在矿内活动。他在矿工中进行宣传鼓动工作,秘密组织了一支人数不多的武装力量。姚、苏两人的工作好像两只巨大的手，把矿上五千名工人捏在一起，组成了一支战斗队。

一天夜里，日本人突然袭击了矿工召开的一次秘密会议，抓住五人，击毙了三人。但是，游击队运动在继续发展。工人们同伪警建立了友好的关系，把其中的一些人拉了过来。姚、苏两人从游击区弄来一些用日文印刷的宣传材料。有些日本士兵拿到传单，阅读它们。当这个情况被发现后，日本人更换了驻军。

后来，矿工游击队开始袭击日军。白天，他们是矿工，晚上就成了游击队。每天早上发现日本的岗哨被打死。每天早上矿工的秘密武器库增加新的枪支。不到两个月，他们就收藏了七挺重机枪、一挺轻机枪、一百支步枪、两万六千发子弹和一千枚手榴弹。这些都是夜间袭击日本人缴获的或者由伪军秘密提供的。在深夜，矿工们抢走日本人的军用无线电。他们不断把矿上机床制造厂的车床搬走。在煤矿的山上，他们建立了一个新的兵工厂。许多年轻矿工离开煤矿到山上工作。他们在那里一边工作，一边受训，现在甚至能制造新的步枪了。于是建立了井陉煤矿游击支队。

当日本人进攻这个新的基地时，矿工们用猛烈的机枪扫射打退了敌人，敌人留下许多尸体。一天，矿工城的日本军队走了几里路，到城外进行射击比赛。矿工们突然下山奔向打靶场。当一些人同慌乱的敌军作战的时候，另一些人把大批步枪和弹药弄进了山，储藏起来。

与此同时，游击队不断对伪军进行宣传，使他们反叛日军。他们携带枪支向游击队投诚。日本人再也不用伪军在矿上站岗了。

游击队不断破坏矿上的工作，他们每晚从山上下来，唤醒矿工，一起打击日本人。2月的一个夜间，工人们离开他们的茅屋，偷偷溜进矿井，那里的每一条道他们都十分熟悉。在接到信号后，他们一下子关了电灯,切断电话线,把电梯降到矿井底层。矿井内驻扎了一些日本军队。工人们在一片黑暗中,一面射击,一面向日本人奔去。日本人乱作一团,狂喊着,东奔西跑。与此同时,矿工们不断收集枪支、电话线、工具、钢轨和其他有用的东西。地面上的同志对付日本岗哨。整个行动胜利完成,把战利品运到山上。次日早晨,矿井中幸存的日本人仍然赤手空拳地藏在煤车下面,不断发抖。许多参加夜袭的工人照常上白班,他们发现了这些狼狈不堪的日本大兵。

日本人不知道是谁袭击了他们,究竟是山上下来的游击队呢,还是那些上班时似乎百依百顺的工人。他们加强了驻军,枪杀了许多工人,禁止三人以上聚会,夜间突然搜查工人住房,看看他们是不是睡在床上。但工人们以更加严密的组织来对付敌人。他们欺骗日本人,继续发动夜袭,每次找一个新的地点。白天,日本人到处耀武扬威。晚上,他们则龟缩在有着坚固工事的堡垒里。谁是矿上的真正主人,是明摆着的。慢慢地,整个结构运转失灵,工作不得不停顿下来。①日本人再也得不到煤炭了。游击队补充了一些新的钢铁战斗队,并在井陉山上建立了一个强大的根据地。这不过仅仅是边区工人救国会抗日斗争中的一个插曲而已。

还有妇女救国会。在晋东北黑暗的封建统治下,妇女的命运比男人更惨。她们裹着小脚,到三十岁就无法走路,只能跪着劳动了。她们溺死女婴,因为女孩一文不值。就是在这种情况下,来了边区政府的穿着制服的、腰杆笔直的女青年组织者。起初,山西妇女害怕她们。女人们关上门,胆战心惊地彼此相告:"可怕的女兵来了。"这些女组织者不怕失败,又换个方式进行工作,她们穿上了农家妇女的

---

① 潘奈尔证实了这一点。

服装。她们跟农村妇女交朋友，帮助她们干活，不声不响地、熟练地帮她们收割庄稼、洗衣服、看孩子。她们同年轻的姑娘交谈，劝她们不要再缠脚。她们鼓励挨打受气的年轻妻子不要怕丈夫，告诉她们，根据新法律，丈夫待她们不好，可以离婚。她们发现，在许多情况下，年轻夫妻之间的不和是由于同公婆住在一起而造成的。新媳妇必须受婆婆的不堪忍受的封建礼教的约束。按照中国的风俗习惯，婆婆的权力是至高无上的。女组织者劝说年轻妇女离开家长另过，打破这种压迫。"你们像男人一样也在工作，"她们对晋东北的妇女说，"组织起来，争取平等，保卫你们新得到的自由。"

于是建立了妇女救国会。今天，妇救会完成多种任务。她们组织缝纫队，为新社会的保卫者做布鞋。仅一个县就为军队提供了一万七千双布鞋。她们组成各种小组，护理伤员，为过往军队提供茶水，为军人缝补、浣洗衣服。1938年春天，当男人们忙于播种，没有时间在村里站岗放哨时，妇女们站出来完成这些任务。如果一个陌生人进村，在家门口做针线活儿的老太太会站起来说："让我看看你的路条，检查一下是否带着违禁品。"

妇女们学习读书写字。她们演戏出节目。这些以前没有任何权利的女人也开始行使选举权，参与村里的行政管理。在唐县，有二十个女子当选为村长。在阜平县，有十多人担任这个职务。这些获得解放的妇女觉悟很高，认真对待她们的新任务。她们宁可走几英里雪路，也不耽误派她们去参加的一个会议。多少世纪以来第一次，晋东北妇女可以抬起头了。作为平等的公民，她们同男人一起摆脱了封建压迫。她们现在既有权利，也有义务，她们自豪地、忠实地履行着自己的义务。

商人救国会鼓励其成员做边区内部的买卖，把手工业品和工业品带到农村，把粮食贩运到城市。区内的商品流通越好，它对敌占区的依赖就越少。边区的商人和绅士们忠实地支持边区政府，他们踊跃认购了数十万元的救国公债。

文化工作者救国会包括教师、艺术家和新闻记者。关于教师的工作，以后我们还要谈及。艺术家画的招贴画和漫画，在边区每个村子的墙上都可以看到。前线的将士必须经常听到后方的消息，使他们感到，虽然他们作战远离根据地，但他们仍然没有失去同家乡的联系，从而了解他们的斗争同全国其他地方的军事行动的关系。由于有了战地无线电，这一点是可以做到的。

战斗的游击队有自己的报纸，如《火线报》和《战斗报》。在后方，报纸是政府和人民群众之间的桥梁。每周出版一次的《边政导报》刊登政府的决议、命令和对群众的号召。《抗敌报》是边区历史最悠久、最受欢迎的报纸，发行两千五百份。最近又出版了《新华北日报》，它的规模更大一些。

每家报纸都从各种救国会和各地游击队中吸收一些通讯员。这些通讯员对本地情况了如指掌，而不是走马观花，因而能很好地报道当地人民的工作，并对地方当局提出批评性意见。他们是人民的喉舌。边区领导人把当地通讯员的报道和政府的报告加以比较，就可以发现哪些地方只讲空话，不干实事；哪些地方的组织不健全，没有充分考虑人民的利益。《抗敌报》的通讯员就是用这个办法帮助纠正了冀西政府的一些缺点。

日本人禁止印刷物资运出占领区，因为它们"对敌人有军事用途"。尽管如此，《抗敌报》还是设法弄到了一些印刷机、足够的铅字以及够用几个月的新闻纸。这家周三刊的报纸现在又在冀中出版一种半月刊。其工作人员都是来自北平和天津的记者。新闻工作者和印刷工人的工资在边区是最高的，每月二十元，政府官员才十八元，从而表明报刊的工作受到重视。民众急切地等待着每一期《抗敌报》和《边政导报》，所以邮差总是以最快的速度把它们送到边区最偏远的地方。平山距离五台山一百英里，中间有人迹罕至的崇山峻岭，然而只需三天时间，就可以收到《边政导报》。敌占区的爱国读者总是想方设法弄到边区的报纸，仔细阅读，并翻印传播，在那里大量偷运。

教育工作在边区政府教育部的指导下，由文化工作者救国会和青年救国会负责进行。教育部是由边区国民党负责人刘天启领导的。在边区有两万所初级小学、一些高级小学、五台山的一所抗日培训学院和一所国民革命中学。数千所农村学校的教师都是男女青年，他们把对孩子们的教育工作看作抗战工作的一部分，而不是仅仅为了糊口。过去那种在昏暗的乡村小学教室里强迫学生照本宣科、和尚念经似的背诵古文的现象现在已经没有了。拿戒尺统治学生的迂腐学究也不见了，不过，许多老的小学教师重新培训后，继续工作。上学是免费的，所以最穷的人也可以念书。由于这个缘故，边区政府建立以来，小学生人数翻了一番有余。

课程很简单，只有读、写、算、《国难讲话》和《国防常识》。课本都是油印的，附有文化工作者救国会的画家绘制的插图。初级读本的内容已不是"我是一个男孩子，你是一个女孩子"之类的句子，而是一些短篇小说，如《日本人为什么打中国》、《好人上前线》、《慰劳我们的受伤勇士们》。上算术课时，孩子们不是数抽象的数字，而是运用这样的实例，如"东北四省加上华北五省，就是敌人侵略的我们九个省"。大部分课程是在露天进行的，并结合游戏。当学生上自卫课时，他们就拿着小红缨枪，在村子周围站岗放哨。军队经常住在学校。孩子们同战士交朋友，给他们打水送毛巾，实地学习如何做到"军民合作"。爱国主义的课不是抽象地讲，而是向小学生们讲述抗日英雄尤其是边区的抗日英雄的故事。给他们出的作文题，都是结合具体问题的，如：《我们的战士是如何收复平山的》、《我们为什么必须增加生产》。在播种和收割的季节，小学生在老师的率领下参加田间劳动。他们像长辈一样，在抗战建国的工作中尽自己的一份力量。小学生发现一个陌生人，会要求他出示通行证。

在边区，不但大人教孩子，而且孩子也教大人。小学的学生给文盲农民开识字班。中午，人们可以看到几十名男女小学生走向田间，农民们做完上午的农活，正在那里休息。孩子们腋下夹着小黑板，口袋装着粉笔。他们每人带领五个到十五个大人，先讲几句话，然后领着农民集体唱歌，每天教他们认识几个字。农民和这些小先生都很认真地对待这件事，他们亲密无间，谈笑风生。农民们以自豪的神气看着这些在他们眼皮底下长大的男女孩子。这种"小先生制度"大大增加了边区居民的识字人数。

在整个边区，农、工、妇、青的救国会为自己的会员组织了各种学习班。数十万男女老少都在学习。人们认识到，提高文化水平的人有责任帮助别人。在五台山，成立了一个师资培训学校。

边区的医疗组织比战前有了改善。有几个专为伤员服务的大医院。当局想尽一切办法来缓解医药短缺的困难，甚至冒着风险去北平、天津购买所需要的东西。对受伤的游击队战士，悉心护理，关怀备至，群众团体经常派代表团慰问。妇女来看护他们，教师来给正在康复的伤员上课，青年团体来为他们演戏。直到完全复原，他们才出院。五台山医院提出的口号是："耐心静养，争取完全康复，以便重新上前线杀敌。"著名的加拿大外科医生白求恩就在这个医院同一些中国医生一道工作。① 他是输血技术方面的一个世界性权威,来华以前曾拯救了西班牙战场上许多自由战士的生命。他不仅把自己的全部力量贡献给了负伤的游击战士,而且献出了自己的许多血。在这方面,他只不过是效法了边区政府整个医疗战线树立的那种自我牺牲精神的榜样而已。边区的军人知道,如果他们负伤,他们是不会被抛弃的。他们知道,他们将受到全体人民的关怀,直到他们恢复健康。旧时军阀军队的士兵之所以逃避打仗和掠夺老百姓,并不是因为他们生来就是懦夫或土匪,而是因为他们是地球上无依无靠的浪荡汉,受到所有人的敌视。军官掠夺他们,他们掠夺老百姓。如果他们不自己照料自己,没有人会照顾他们的。如果他们受伤,没人会管他们,只能等着死。但边区的游击队员是人民的子弟兵。他们为人民而战,为保护他们同全体人民一道共同创造的幸福生活而战。他们不必为自己的家庭操心,如果他们牺牲了,他们的家庭不会没人管。他们保护人民。他们知道,如果他们自己需要照顾的时候,人民是会照料他们及其家属的。

在结束对边区机构的介绍之前,还要讲一讲群众的军事组织,因为它是游击队的后备力量和辅助力量。

直接的后备力量是每个县建立的基干自卫队。这些自卫队是由最强壮、最能干的农民、工人和学生组成的。他们脱产接受体育锻炼和军事训练。他们的职能是发挥地方军的作用,负责保卫本地,除参加本县的战斗外,还到外县去作战。

第二种后备力量是人民自卫军。这是一种群众性军事组织,吸收

---

① 白求恩医生和艾文护士来自美国、加拿大和平民主联盟的医疗团。国际和平运动会于1939年初资助五台山医院成为"国际和平医院"。国际和平运动会中国委员会通过保卫中国同盟给予了支持。

二十五岁至四十五岁的男性公民参加。对他们的培训是在不妨碍正常工作的情况下进行的。他们不穿军服。他们的任务主要是帮助军队做一些辅助性工作，但必须接受使用武器的训练，当家乡受到袭击时，要参加战斗。"青年抗日先锋队"吸收十五岁至二十五岁的男青年参加，他们也接受军事训练。但他们比自卫军更活跃，从他们的队伍里给村里培养了一些最积极的政治、军事组织者。

在这些辅助力量中，最重要的是"秘密游击队"。他们穿便服，秘密携带武器，三五人一组进行活动。他们潜入敌占区，从事秘密活动，逮捕和处决汉奸，瓦解伪政权官员，向人民显示抗战的力量。当游击队被迫从某地撤退时，就留下小股力量组织民众反抗。当游击队要收复某地时，"秘密游击队"就积极活动，骚扰敌人的后方。

参加辅助队和后备队这些抗日组织纯属自愿，但大部分居民都参加了。如果任何组织都不参加，则会受到城镇舆论的谴责。在我们介绍农、工、青各种救国会时，已经谈到了它们可以向游击队提供什么样的支援。各种救国会吸收的会员同其名称是一致的。

国民党和共产党在边区都有自己的地方组织，它们在各个方面密切合作。

由于边区中国政权巩固，去年夏季中央政府决定给完全位于敌后的河北省任命一位新主席。担任这个职务的是老资格将领鹿钟麟，他从汉口出发，偷越日本防线，最终到了目的地。

在去河北途中，鹿将军及与他同行的国民党河北省党部新官员到了晋东南八路军驻地。8月20日，在这里举行了一个盛大的欢迎会。会上发表的演说表明了统一战线的力量和现状。[①]

[①] 这些演说是根据1938年11月在闻喜的一位目击者的报道摘要而成。

"同志们，"八路军副总司令彭德怀在露天举行的军民欢迎会上说，"让我们欢迎河北省主席、第八游击战区总司令和国民党河北省党部书记长鹿钟麟。让我们同时欢迎河北国民党委员会的委员们和政治部新主任孙培新（译音）。在1925—1927年国共两党共同北伐的时候，鹿将军是国民革命军的指挥官，让我们现在继续发挥当时的那种精神吧。

"多年来，由于日本人的压力，国民党不能在河北公开活动。共产党更早地被迫转入地下工作。现在我们两党团结起来，共同抗日。只有我们共同抛头颅、洒热血，才能建设一个强盛民主的中国。

"日本人知道我们的统一战线日益壮大，成为实现其阴谋的主要障碍，因此，竭力离间我们两党。我们决不能让他们得逞。今天，我们要明确地区分敌友。凡是抗日的，不管他属于何党何派，都是我们的朋友；凡是叫嚷投降，企图破坏我们团结的，就是我们的敌人。

"有一些鼠目寸光的人，他们不懂得统一战线。他们认为，国民党的进展有害于共产党，或者反过来说，共产党的扩大会损害国民党。但是，实际上，每个党都可以对抗战做出贡献，胜则同胜，败则皆亡。我衷心希望河北省的国民党扩大它的组织，接纳成千上万的新党员，增强我们共同的战斗力。

"让我们记住十五年前举行的国民党第一次代表大会的决议。我们现在可以重新合作来贯彻这个已经被忽略了十来年的决议。只要我们诚心诚意地完成这个任务，就足以打赢这场战争。

"在河北，我们必须共同努力，完成民主建设，动员人民群众，真正推行战时教育，改善人民生活。'抗日'是我们的中心口号，一切工作都必须服从于它。我们两党应当互相合作，彼此帮助，交流经验，提出建设性的批评。

"在敌后建立华北防线，建设根据地，收复失地！我们欢迎鹿将军、国民党省党部委员们、第八游击战区新司令部和新的河北保安司令部。我们的欢迎不能只停留在口头上，而要体现在行动中。让我们坚持抗战，加强全华北的抗日统一战线吧！"

鹿钟麟将军致答词时说：

"许多人仍然误解统一战线。他们害怕同共产党共事。但是，我们作为国民党的官员，现在要去在共产党领导下从敌人手中夺回的大片领土上任职了。我们看到，贵党得到人民的完全支持。这证明你们的方法对头。我们过去的怀疑是没有根据的。

"日本军国主义者侵略了中国。显然，人人必须出力，赶走日本人。这样才能取得最后胜利。今天，我们团结起来了。各党各派携手合作。共同抗日。这不是空洞的口号，而是事实。

"敌人不仅用飞机、坦克和大炮打我们。他们最怕的，是我们的团结，因此，他们千方百计离间我们。但他们是徒劳的。我们是既吓不倒，也骗不了。我们的团结一天比一天加强。"

河北省国民党官员韩梅新（译音）代表他的党组织讲话说：

"自从我们来到这里，亲眼看到国共两党的同志们和谐共事，为国献身。作为国民党的一员，我谨向共产党的革命同志们致以敬礼。

"如果中国灭亡，任何党都无以存身。打败日本人，是我们的共同责任。我们是盟友。在战争中，加强盟友，就是加强自己。谁要是忘记了这一点，他就是有意地或无意地帮助敌人破坏抗日统一战线，使抗战失败。

"我同意彭德怀司令的意见，我们必须本着国民党第一次代表大会的精神合作。我们的责任不仅是要打败日本帝国主义，而且要共同建立一个强盛民主的新中国。我们知道，这场战争是不可能在短期内取得胜利的。在复兴国家的斗争中要取得胜利,则需要更长的时间。因此,我认为,我们两党的合作应当是长期的合作。

"我们都看到,国共两党在华北实现了真正的合作。让我们真心诚意地互相合作,纠正彼此的缺点,竭尽全力为争取胜利而斗争吧。"

不久,鹿钟麟将军就抵达他的任所。在此期间,边区政府的权力继续扩大。我们已经看到,游击队斗志昂扬。现在,让我们来看看,尽管日本人的新闻检查很严格,在他们占领的天津市,一位英国报纸主编对形势是如何看的。

"我认为,"潘奈尔先生在9月写道,"无论从哪方面来看,日本人的处境都比军事行动开始以前恶化。……他们想以武力解决华北问题的计划全面破产了。这是明摆着的,一清二楚。这不啻是对他们的一记耳光。

"亲日政权陷入深深失望之中。他们的威信扫地,老百姓根本不理睬他们。现在人们谈论的是共产党、游击队和河北省主席鹿钟麟,他的法令实际上畅行全省,从黄河直到冀东的长城口。"

冀东长城口通向东北。1938年秋季,游击队穿过长城口,同对日作战七年的东北义勇军建立了联系。11月,一个新的边区战区在河北、热河、辽宁交界的地方建立了。不久,八路军支队领导的大批游击队出现在沈阳附近。日本人赶忙派了两个师的兵力出城对付游击队。

今年1月初,中央政府正式承认收复的失地,并同东北的失地重新建立了联系。它委任石友三将军为察哈尔省主席,并恢复了热河、辽宁、吉林、黑龙江四省省政府建制,它们从1932年起就不存在了。

以上所述,就是晋察冀边区成立十五个月来它的战斗的民主制度对中华民族解放事业所作的贡献。

第十一章　新四军

当中国红军从中国南方向遥远的西北进行万里"长征"时，它在福建、江西和安徽留下了一些部队。这些部队人数太少，不足以继续控制以前苏区任何重要的地盘。它们的任务是建立新的运动中心，并保持人民的革命传统。这些坚强的战士分成许多小股游击队，以几省边界一带人迹罕至的山区为根据地，使中华苏维埃的旗帜继续飘扬在中国东南和中部各省许多分散的据点上。

卢沟桥事变使中日两国公开宣战。在反对入侵敌人的斗争中，共产党被正式承认为国民党的盟友。一向主张联合一切武装力量共同抗日的中国红军置身于全国军事力量总司令的指挥之下，改编为中央政府第八路国民革命军。在中国东南部和湖北北部的红色游击队得到命令，他们也要编入统一的中国军事系统中。于是，他们从各自的据点下来，集结在各处进行改编和训练。

把分成小组，战斗在长江两岸山区的一万五千名游击队员集中起来，是很困难的。许多地方，人迹罕至。重新建立统一战线的消息和政府的命令传到那里，是需要时日的。在某些情况下，当他们下山接受改编时，反而遭到省军事当局的袭击并被收缴了武器，因为他们不相信内战已经结束了。有些游击队长期同外界隔绝,不理解党的新路线。一直到了1月,这些游击队才最后完全集中起来。① 根据"中华民国"全国军事委员会的命令,他们改编为新四军。

叶挺将军被任命为新四军军长,他是1925—1927年国民革命中著名的"铁军"的卓越将领之一。虽然他参加的起义最后导致红军的建立,但他并不是共产党员。在中日战争爆发以前的十年中,他过着隐居生活。而担任副军长的项英是工人出身,早在1923年平汉铁路大罢工时就参加了党的活动。他曾当过苏维埃政府副主席。当红军开始向西北长征时,他是留在华南的最重要的共产党领导人。

1938年1月,我在汉口采访了叶挺将军。具有讽刺意味的是,他的司令部设在以前日本人的住所里,地上铺着日本式稻草垫,炭火盆抵挡不了长江冬季寒气的侵袭。这位身材魁梧的广东人,脸庞丰润,生气勃勃,以勇敢过人而闻名。他在房间踱来踱去,讲述了这支新的军事力量的性质及其重要性。

"我们的人都是老战士,过惯了艰苦的生活。面对武器装备处于优势的敌人,已经习以为常了。过去这些年,他们常常挨饿,有时不得不吃草充饥。但是,不管在什么情况下,他们都同人民群众保持密切联系。这就是他们能够生存下来的秘密。

"新四军是作为一支在长江两岸进行游击战的流动部队而建立的。战士们正集中在这里进行训练和调整,然后开赴前线。作为一支军事力量,新四军同八路军没有任何联系。这两支军队都接受全国军

---

① 改编为新四军的武装力量包括:来自闽西的、由张鼎丞领导的两千人;来自赣南的、由前江西苏维埃主席陈毅领导的一千五百人;来自湘东的、由贺龙的部属傅乔陶(译音)领导的一万两千人;来自浙闽边界的、由刘英领导的两千人;来自鄂北的、由高俊亭领导的四千三百至五千人,高俊亭曾任皖鄂湘苏维埃政府主席。所有的游击队都保持了一小块苏维埃地区。(以上材料来自于对叶挺的采访)

事委员会的直接领导。当然，我们的许多指挥员和战士由于是共产党员而同八路军有联系。"

早春季节，偶尔可以看到这支新军的小股部队行进在汉口街头。这些战士久经风吹雨打，赤脚露膝。他们行动敏捷，像全世界的山林英雄一样迈着大步。他们穿着灰色土布军服，没带任何符号。他们边走，边喊口号或唱歌。

5月初，当日军围攻亳州的时候，新四军奉命在皖东的长江两岸作战。它被限制在这个地区。这是顾祝同将军管辖的第三战区，即皖东南的一小部分。长江以北的地区多山，适宜于进行游击战，而长江以南的皖南是一个大平原，水道纵横，湖泊杂陈，实在不是游击战士的用武之地。这里没有天然屏障可以隐身。平坦的地形使日军的汽艇和机械化陆上运输工具实际上可以到处畅行无阻。日军的飞机可以发现并摧毁游击队任何明显的集结，可以侦察到他们的根据地，进行不停的骚扰。新四军百分之七十的兵力就是集中在这样一个危险的地区。它的主要基地、训练学校和医院全都建立在这里。过去一年间，它在这里每天至少同敌人交战一次。这种经常不断的战斗往往使它打到距上海、南京这些大城市不远的地方。

八路军拥有数十万兵力，主要是在它从日军手中收复的地盘活动。新四军则不同，它的活动被限制在一定的地盘内，要受在它来之前早已建立的军政当局的管辖。在华北的许多地区，八路军和自己组织起来的游击队是单独作战的。新四军则是东战区诸种军事力量中的一种。它必须接受战区司令部的命令，仰赖它的财政和给养。在兵源的补充方面，它没有华北游击队那种自由。在争取群众支持方面，它不能像边区政府那样，实行民主政治改革，或下命令减租减息，减轻人民负担。新四军只能通过自己的言传和身教，向人民表明日军是可以打败的，它教给人民提高生产和增加收成，并为他们免费医疗。当租金和利息过高而地主和高利贷者又拒绝减少时，新四军鼓励农民救国会进行抗租抗税斗争①，理由是战争的负担本应由各个阶层平均承担，但富人并没有承担自己应有的份额。

访问过新四军的中国人和外国人都说，新四军通过这些活动，赢得了人民群众全心全意的支持。但这里的民主改革、群众组织、战时教育和群众参加抗日等工作，都处于较低的水平，赶不上晋察冀边区，后者在真正贯彻"团结一致、共同抗日"的口号方面堪称模范。

由于东战区限制民主抗日群众组织的发展，结果这里土匪猖獗，长期得不到解决。而这个问题，北方早已成功地解决了。在主要战场西移后，长江下游一带留下了大批半匪半兵的"游击团伙"。他们往往受雇于日本人，虽然偶尔也打一下日军，但必然是危害人民群众。新四军认为，要取得人民的信任，必须立即着手解决这个问题。它采取行动的头几个月，对土匪和日军同时发动了一些进攻。像北方的八路军一样，它也开始采取政治手段，分化瓦解土匪，争取其下层投向人民。但是新四军在这方面几乎没有取得什么成果，主要原因是群众组织没有普遍建立起来；另一个原因是，长江下游一带的土匪团伙并不像北方那样是一大批散兵游勇，而是由大城市敲诈勒索的流氓领导的人数不多、组织严密的匪群。新四军在它活动的区域内迅速地镇压了或赶走了这些匪群。但在东战区的其他地区，土匪仍然猖獗。

在新四军内部，也碰到了许多困难。"我们最大的成功之处，"我首次采访叶将军一年后又见到他时，他对我说，"是我们把许多小股游击队融合成一支统一的军队。我们的战士多年来小股活动，分

---

① 杰克·贝登在《上海晚邮报》发表的一组关于新四军的文章曾提到这样一个例子。

散作战，什么事都是大家说了算。人人都互相熟悉，计划是一块儿讨论的，实际上没有什么正式的纪律。改编为新四军后，游击队员们必须识别不同的军衔，服从他们不认识的人的命令。他们的日常生活受到严格的军事纪律的约束，这是他们以前不习惯的。大部分战士是农民，大规模组织的概念对他们而言是陌生的。在老战士中，有许多人反对这种'侵犯民主'的现象。

"为了解决这个问题，我们全军从上到下开展了一场政治宣传和教育运动。政工人员向每个战士解释，从内战时期那种小规模游击战术过渡到组成大规模抗日流动部队，在我国革命中是一个进步。每个战士的革命职责是使自己适应这种新的组织形式。这种方法是非常成功的。我们的纪律不是机械式的，不是独断专行的，而是建立在我们战士的民族觉悟和阶级觉悟之上的、自觉自愿遵守的。"

"不过，"他说，"还不能说我们已经完全克服了过去打游击时的那种习气。我们仍然存在问题。"

当我要求他更详细地谈谈这些问题以及准备如何解决时，叶挺望着我笑了。

"你看过《夏伯阳》这部影片吗？"他说，"我们就是那么做的。"

新四军连以上的所有单位都设有政委或政治部。他们的这个制度同北方八路军和游击队是一样的。政委是他所在部队的组织者和教育者。他的责任是，保证这个部队成为有觉悟的、战斗的机体。他不仅有权监督战士，也有权监督司令员。作战方案都是在他参加之下作出的。他既有很大的权力，也有重大的责任。一旦定出作战方案，军事指挥员就下命令。政委对它的执行负有责任，必须带头贯彻。

著名的美国战地记者杰克·贝登对新四军一次典型的进攻做了这样的描写：

"连长大声发出命令。政治指导员拔出毛瑟枪喊道:'跟我来。'于是他全速冲在前头,战士们紧随其后……"

政委为什么要参加军事决策?项英本人不是军人,而是一个工人和工会组织者。他对贝登做了解释:

"革命者在其工作中学习的策略战略类似于军事行动中采用的战术战略。因此,一个出色的政治战略家也可以成为一个出色的军事战略家。而技术专家只是在一定的范围内工作,不可能成为一个真正的战略家。而搞政治的人可以很快地学会军事战略,不过,他必须向专家请教如何使用步兵和炮兵。

"我们是革命的军队,我们的领导人感到责任重大,急切地想尽到自己的责任,因此,他们全力以赴地完成任务。这就是为什么军事学校的毕业生不如我们能干。他们是按照作战方案行事的,成败关键在于作战方案,而不在于他们自己。"

据叶挺说,政府其他军队的军官百分之九十出身于富裕的、有知识的家庭,而新四军的军官和政委百分之七十是工农出身。这就是为什么新四军的官兵可以毫无困难地过同样生活的主要原因。新四军的军饷每月为一点五元至五元。官兵每日的伙食标准都是一角钱。每月可领五元军饷的,除最高级别的干部外,还有一部分在新四军宣传部门工作的日军战俘。

新四军从政府得到的财政补贴是非常有限的。"如果我们得到同别的军队同等的待遇,"叶挺说,"我们就会获得两倍于或三倍于目前的津贴。只是由于我们的军队来自劳动人民,我们才能勉强过日。政府的拨款仅够伙食费和部分装备费。政治工作、战地医院和后方医院、教育等方面的预算由我们自筹。"新四军同当地行政当局没有直接联系,所以不能从其税收中得到一分钱。它的一些特殊用款必须依靠本军士兵和中外同情者的自愿捐献。这方面的捐款数目是有限的。

新四军不征兵，来这里的都是志愿兵。有些申请者被拒绝了，其原因有三：他们来自别的军队；他们来自中央政府未授权新四军接受兵源的地区；新四军认为他们当兵不是出自抗日的真诚愿望，而是别有图谋。新兵进行彻底的身体检查后，才能入伍。如果有人被发现身体不合格，则根据他们的健康情况另行分配适当工作。

新四军教育每个战士了解抗日的目的，决不可忘记为人民而战的宗旨。

贝登把新四军战士守则译成了英文。他根据自己的亲眼观察，他们的确是身体力行的。在三条基本守则中，第一条是：抗战到底，绝不投降，绝不妥协。第二条是：服从命令。第三条是：新四军的所有战士必须像爱护自己一样爱护人民，尊重他们的利益和风俗习惯。

六项规定要求战士必须保管好自己的武器，爱护住户的家具和瓷器，守秩序，有礼貌，勤快，干净。

新四军的十项守则，像八路军的守则一样，是从红军继承过来的。它规范了个人行为和人与人之间的关系。这十项守则如下：

（1）离开老乡家时，把用作铺板的门放回原地，收拾好各种东西，把垫铺的草捆好，送还原主。

（2）把地打扫干净。

（3）说话和气，不要大喊大叫。

（4）买东西，照价付钱，不讨价还价。

（5）借老乡的东西，要归还。

（6）损坏东西，要赔偿。

（7）大小便，必须去厕所。

（8）洗澡时，回避女人。

（9）部队内外，随时随地进行宣传。

（10）不杀俘虏。

最后一点被认为十分重要，违反者要枪决。所有战士都学会几句日语口号，以便向敌人喊话，要他们投降。这些口号的内容是：中国人民和日本人民是兄弟；日本军国主义者是我们的共同敌人；不伤害俘虏。新四军有许多日军俘虏。他们受到良好的待遇；他们的月薪和福利比许多中国军人还要多。其中一些人用日文写宣传品和信件，劝说他们的同胞不要打中国人。

我们简单地介绍了组建新四军的前后经过、它的任务、困难和训练情况。现在我们谈谈它是如何打仗的以及作为一支活跃的抗日游击力量成立九个月来所取得的成果。

新四军完成训练后，分成四个师，分别命名为：团结师、前进师、勇敢师和抵抗师，于1938年4月27日离开皖西颍水根据地，开赴前线。5月10日，他们抵达南陵。5月16日，他们分成小股力量，沿南京—芜湖铁路潜越敌人防线，首次同日军交战。这一仗打得很顺利。长江一带的日本驻军已经减少，许多兵力被调去增援徐州周围进行的大战役。日军只占领了较大的城镇，让骑兵和摩托化部队巡逻其间的公路和铁路线。当新四军渗入南京附近时，日军毫无觉察。只是当新四军的便衣人员潜入这个沦陷的首都，往墙上贴标语口号时，他们才意识到，他们对这个地区的占领受到新的严重的威胁。

从5月16日起，新四军活动频繁，同敌人天天发生小规模战斗，不断向群众进行政治工作。南京和芜湖一带遭到了难以描述的破坏，日军无恶不作，生灵涂炭；土匪横行乡里，像恶狼一般抢劫百姓。老乡们只求安稳过日子，一见穿军服的人，不管他们来自何方，都认为只会使他们遭殃。新四军花了很多时日，才使老百姓相信它的确与众不同，它真的是来为他们而战，并教会他们起来自卫。它不是用美丽的空话，而是用实际行动使他们信服的。当它的部队到村里时，它不是吵吵嚷嚷，挥舞着武器要食品、要住房、要劳役。它避免了军民之间经常发生的摩擦：中国士兵打仗打得筋疲力尽，进村时饥肠辘辘，而老百姓则对他们关上大门，因为群众的粮食也没多少了，不是士兵挨饿，就是他们自己饿死。新四军进村却不一样。它先派一个不带武器的代表去同群众代表商谈，说明它要的东西是会付钱的，而且果然言而有信。当群众给指挥官送来猪、鸡等慰劳品时，竟被谢绝，这是他们料想不到的。军队吃的东西，是出钱买的。而且部队首长还请农民吃饭，请他们给部队的行为提提意见。现在，老百姓是主人，新四军是对他们负责的，而且要尽到自己的责任。

新四军起初是零星地同日军交火，后来转而有计划地袭击敌人的运输线和摧毁敌人的装备。从5月到10月，它给自己确定的特殊任务是：阻挠敌人对徐州的大举进攻。在我写这篇报道时，我面前摆着一本油印的小册子，封面上是一幅游击队员的黑白画。这是新四军司令部发表的关于这几个月的正式报告。在第一页有一张统计表，介绍了新四军从1938年5月16日至9月27日的军事活动情况。这些数字是根据各个部队的报告统计出来的。

这个统计表，有三点值得注意。第一点是，新四军不断地、无情地骚扰了敌人。叶挺对我说，新四军实际上每天都在打仗。统计数字证实了他的话。在统计的一百三十天中，同敌人交火一百零八次。①

第二点是，由于战斗局限在运输线一带的小冲突，所以双方伤亡不大。新四军采取了伏击和突袭的战术，它的伤亡比日军更少。据统

---

① 在年底以前，这个数字增加到一百七十次。

计，四个月中，日军死八百九十二人，伤五百八十三人。游击队的伤亡仅为日军伤亡的十分之一略多。

鉴于外国军事观察家认为华北游击战的伤亡比例就是如此，那就更没有理由怀疑采取同样战术的新四军取得相同的战果了。

第三点，也是最重要的一点，是关于敌人物资损失的数字。这些数字令人信服地表明，对一支现代化、机械化的军事力量采用游击战术，不仅可以造成它的人员伤亡，而且可以摧毁敌人的贵重装备，使它无法利用其优越的机械化力量，使这支打正规战屡屡获胜的军队无法在其占领的领土上进行有效的统治。从1938年5月至9月，新四军破坏了敌人的两列军用火车、一百二十辆卡车和运兵车以及六门发射装置。它炸坏了六十四座桥梁，扒掉了五英里多长的铁轨，破坏了五十英里的公路。它缴获了一千二百八十一支步枪、四万七千发子弹、大批钞票、许多卡车的军用物资，俘虏了五百九十名日军和伪军。到12月，贝登报道说，新四军司令部军官称，单是长江以北就破坏了一百五十辆卡车，而我在1月采访叶挺时，他说缴获了三千支步枪。

各个部队的战果是辉煌的。例如，"团结师"7月11日至16日在南京附近破坏了九座公路桥梁。7月30日，他们在高资击溃了一队日军雇用的警察，并缴获了他们的武器；炸毁了宁沪铁路的一段，导致镇江和丹阳之间的交通中断了三天。8月12日，该师直接袭击日军的堡垒时，曾经进入句容这个离南京不远的镇子。8月24日，他们到了南京以南三英里的金陵门。直到敌人派了二十辆坦克来迎战，他们才撤退。次日，他们炸坏了一段公路，当日军派少数工程兵来修路时，他们再次袭击，予以歼灭。这个师后来不间断地打这里攻那里。新四军在5月到10月打了一百零八次小战役，"团结师"占了四十八次。

8月，"前进师"使敌人的一列军车出轨，炸沉了一些汽艇，迫使两千名日军退回基地，未能完成其惩罚任务。在日军活动的地区，他们在铁路视线所及的范围内砍倒了所有的庄稼，烧毁了所有的房屋，以消除游击队袭击铁路线的一切可能性。在采取这些"感化"措施时，他们枪杀了数以千计的农民，强奸了他们的妻子。"前进师"帮助这些被激怒了的老百姓组织起来，以便反击敌人。访问过新四军的外国人说，农民们对他们讲了这样一些情况："以前两三个日本兵就可以来村里要女人。现在他们不敢来了，除非大批人马带着机关枪来。即便如此，我们也要好好收拾他们一顿。现在他们来的次数少多了。当小股日军来时，农民自卫队动用全部力量，包围他们。当日军来的人很多时，农民游击队便分成小组活动，分散敌人的注意力，使村里的群众有时间安全转移，运走所有的食品和个人的财物。"

"抵抗师"的一部分在长江北岸活动。9月15日，它在安庆—合肥公路上炸毁了许多日本坦克。第二天，它又截住了一大队运输补给品的卡车，毁坏了其中的四十辆。由于新四军破坏了安庆—合肥、合肥—黄梅的公路运输线，进攻汉口的日军不得不把其右翼的攻势推迟好几个星期。新四军后勤部门的一位高级军官[①] 最近访问香港时，对新四军在长江下游一带九个月的活动作了这样的总结：

"首先，有了一支强大的、组织严密的军队，随时准备打击日军防务薄弱的环节，从而迫使侵略者不得不在交通沿线和战略要地部署大量兵力，否则，这些兵力本来会沿浙赣铁路西进的。其次，随着我军活动的扩大，当地村镇居民被加以训练，组成自卫队，采取调查户口等措施，使敌特汉奸无法来这些地区进行侦察。此外，由于当地人民全力支持抗日斗争，日军尽管占领了一些地方，却越来越难以在那

---

① 沈军医是医疗部主任。

里组织伪政权，理由很简单：如果乡绅和财主上听敌人的，他们就会失去对当地的领导权。由此可见，虽然这个地区被日军占领，但在政治上，它并不巩固。第三，新四军还担负起领导群众发展文教卫生事业的任务。各师的政治部保证提高人民的文化水平。建立学校、扫除文盲的工作蓬勃开展起来，大大超过往年。新四军医疗系统不仅为伤病员建立医院，还促进群众保健事业的发展。

"如果群众愚昧无知，消极被动，在这样的地区，游击队是无法有效地开展活动的。提高广大群众的文化水平，就是加强战斗力，这样最后胜利才有依靠。最后，我们的战士勇敢无畏地坚持斗争，不顾长期的生活贫困和艰难险阻，不断打击侵略者，取得胜利，这深深赢得了附近地区友军的钦佩。我们缔造了一支模范的军队，使其他军队可以得到鼓舞，从而有助于提高他们的战斗力。这种'竞赛'和对比的价值是难以估量的。"

新四军确实是一支统一战线的军队。它的富有战斗精神的队伍主要是由以前红军游击队员组成的。它的辅助事业在很大程度上保证了军队的效力，使之能够改造它所活动的整个地区，它们成为新中国的重要组成部分。在这些辅助事业中，有四项是特别值得一提的。第一是军队建立的小工业群，这是上海工人和技术人员努力的结果，他们不辞辛苦，跋涉到内地，而不愿待在上海向民族敌人出卖自己的技术。第二是军队的培训学校，他们培养了许多指挥员、政委、军工人员和其他军事工作者。在这些学校执教的不仅有新四军自己的将领，而且有来自全国各地的进步教育工作者。第三是新四军的政治工作队，它们向群众传播了文化。它们是由男女青年组成的，其中大部分是来自大城市的学生。第四是医疗服务。在困难重重的条件下，一批富有献身精神的医生创建了被认为是中国最好的军事医疗服务系统。

关于新四军创建工业基础的故事，其本身就是生气勃勃的中国的一部史诗。它几乎完全是白手起家。在许多情况下，机器和原料都不得不临时想办法。为了生产棉布，只有短纤维粗棉，这种棉花通常是不用于纺织业的。金属要靠收集废铜烂铁，或者从敌人手中缴获。但是，新四军的合作工厂照样进行生产，它们归劳动者所共有。这些工厂除了生产许多种商品外，还向军队供应弹药、手榴弹、地雷，向医院供应医用棉花、毯子、绷带和一些手术器械。这些小工厂能够生产这些东西，实在值得新四军自豪，而且它们每天还可以制造一支漂亮的步枪。营养不良的士兵和难民普遍患有疥癣，治疗这种病使用的硫磺膏急需凡士林，医生们便建立了一个"化学工厂"，从扁豆籽中制造代用品。合作印刷厂印制着宣传品、教科书、部队的《抗敌报》和《火线报》、群众团体的《救国报》。创建这些工厂的工人真是了不起的劳动英雄。他们到工厂上班，就像上前线打仗一样，深知必须扩大生产，发挥更大的主动性和创造性，以便打击敌人的优势武器。他们的工厂是部队弹药和医药的主要来源之一，也是部队政治、教育活动的主要对象之一。在人民争取解放的斗争中，他们是新四军前方战士的真正战友。

叶挺对我说，新四军司令部所属的战地军政学院约有一千名学员[①]。他们将被培养成部队的指挥员和政工人员。学员中既有在战斗中表现出色、需要提高理论水平的老战士，也有从长江以南各省招募来的新战士，其中半数以上是来自上海的产业工人。培养担负军事领导工作的学员，百分之七十的时间学习战术和进行运动战的实际演习，其余时间用来学习政治。将来从事政治工作的学员，时间分配比

---

① 贝登提供的准确数字是840人。

例恰好相反。他们用较大精力来深入了解中国革命的目的、统一战线的理论和实践以及国际政治形势。① 但他们也用百分之三十的时间进行强化军事训练。学院是按照军事原则组织起来的。它分成九个连；五个连培养军事干部，两个连培养政工干部，一个连培养军事工程干部，还有一个连由妇女和少年（被人叫作"小鬼"）组成，培养护士、卫生员和宣传员。

像八路军一样，新四军的教育工作只有一小部分是在学校正规进行的。在新四军，人人都在学习。文盲学习认字写字。那些已经掌握基本文化知识的人则继续深造。不管识字不识字，都得听政治课和学习游击战术。人人都学几句日语，以便对敌人进行宣传工作。他们不仅在根据地学习，在前方也学习。在战斗的空隙时间宣读最新消息。他们不间断地在露天学习和讨论。

新四军政治工作队由三百名男女青年和三十名少年组成。他们演戏、唱歌，活跃战士的生活。他们为后方和开赴前线的军队书写富有战斗性的标语口号和墙报。他们对医院的伤员进行宣传教育，表演节目，并以歌咏、快板、独幕剧等形式把抗日斗争的信息传达给群众。当这些宣传工作引起群众的兴趣时，他们便进而帮助大家组织农、工、商、妇、青等各界群众团体。这些话剧和歌曲谈到如何进行斗争和组织群众，谈到抗日战士（通常是军队的英雄）的勇敢事迹，谈到如何识别汉奸，谈到军民如何互相帮助。政治工作队的艺术的确称得上是艺术。它深入客观实际，了解当时的迫切问题，同人民心连心。

---

① 贝登写道："新四军通过标语口号、报纸社论、墙报和歌曲等方式。在自己的队伍中开展强有力的统一战线教育运动。……教育自己的成员懂得，没有政治上的统一，中国是不可能取得胜利的；必须动员全国进行全面抗战；光共产党自己的力量是打不赢战争的；最后，'我们不仅希望自己进步，而且希望所有抗日军队都进步'。参加新四军，不分党派信仰。国民党员和正直的资产阶级人士都参加了它的行列。"

它开阔了人们的眼界，使之积极行动起来。工作队的剧作家、演员、画家、作家、歌唱家都喜欢自己的工作，创造性地充分利用了他们的有限设备，因为他们深深懂得，他们的活动是生活和斗争的一部分。

最后是医疗服务。新四军这方面的工作比中国任何其他军队都做得好。医疗服务的核心是来自南京中央医院的八位既有学问又有经验的医生和一些熟练的护士。就在这个人数不多的核心的基础上，再加上这八位医生带来的六百元钱，便渐渐形成了一个医疗系统，包括司令部的一所后方医疗院、一个医疗培训学校、几所师级医院（共有几百张床位）、一些化验室（可以验血、验尿、进行显微镜检查）、一个营养食堂，以及同情者捐助的X光检查器和一些手术器械。这是长期无私奉献、精打细算、使有限的经费发挥最大效益所取得的成果。这些医院设在风吹雨打的破庙里，一块木板支起来就是病床，化验室位于茅屋中。没有瓶子，他们就把竹子掏空了用。他们动员锡匠，用原始的工具制造蒸馏器、保育箱、消毒器。

新四军是人民的军队。它同人民一起战斗，它为人民而战。它的医疗系统不仅供军队使用，而且为整个地区人民服务。

目前正在新四军采访的史沫特莱女士写道：

"只有一个医院专收伤兵。因为病人太多，其他医院不得不收治。军队在这里一开办医院，群众就把伤、病人员从几十里以外的地方抬到这里来。军队战士多年营养不良，留下了很大的后遗症。我发现，在医院里主要是这样一些病：疟疾、肺病、痢疾、天花、胃溃疡、腿部溃疡、上呼吸道感染、疥癣（百分之九十的战士有疥癣）、沙眼、钩虫病。"

医疗工作是在极端贫穷、缺少必要设备的条件下进行的。军医沈大夫讲了这样的情况：

"我们的医院设立在废弃的老庙里。一到冬天,病人衣服单薄,铺盖也不足以御寒,医生的工作可真难做啊。我们只能无可奈何地看着病人苦熬,由于挨冻而延长康复的时间。"[①]

这种贫困现象在新四军是普遍存在的。三个战士才有一条毯子。一个班才有一件大衣,谁值岗谁穿。食品也很贫乏。在如此困难的条件下,新四军不仅进行战斗,而且改造了它所在的地区,使之具有新的信心,实行减租减息,开办生产合作社,以便最终缓解物资的匮乏,同时积极开展政治、社会活动,发展教育和保健事业。

军民之间建立了不可分割的联系。他们同甘共苦,并肩战斗,开始民主建国的工作。他们本着统一战线的原则,在长江沿岸建起了一个不可摧毁的抗战堡垒。只要人民群众自己起来战斗,到处都可以建起这样的堡垒。

"你是否可以介绍一下新四军目前的状况和宁沪杭地区游击战的前景?"我向叶挺提出了这样的要求。

"我们已经完成了改编工作,正在纠正自身的缺点,"他说,"如果你把我们的情况同这个地区其他军队的情况加以比较,你就会发现截然不同。他们的枪支配备充足,但兵源困难。我们教育我们地区的人民,使他们相信他们有值得保卫的东西,而他们也能够成功地保卫住。人人都想参军。但我们的武器不够,拨给我们的数量太少了,即使保持目前的规模,都不够用,无法越过无锡,朝着上海进一步挺进。不过,我们已经成为敌人前进道路上的严重障碍。

"我们仍然有许多弱点,必须加以克服。不过,我们已经取得的成果表明,如果这个地区所有的军队都按照我们的原则来进行工作

---

① 香港保卫中国同盟收受对新四军医疗工作的捐助。

和组织的话，他们取得的成绩会比目前大得多。例如，这个地区有一支经费最充足的军队，武器和装备也很好，可是，只有两千人。别的一些部队，情况也是这样。它们未能同人民建立密切的联系。不幸的是，这是东部游击区一个普遍的现象。必须指出的是，也有一些情况迥异的部队。有一位姓刘的政治犯，他在南京度了八年铁窗生涯，在战争爆发时才获释，他成功地把三四万农民组织起来了。可惜他们只有千把条枪，一部分是在上海、南京战役后从战场上拣到的，另一部分是从敌人手中缴获的。他们以及另一支在长江北岸海门附近活动的部队赢得了人民的信任和合作，工作做得不错。

"宁沪杭三角地带游击战的效果远远不够理想。但是很显然，即使目前这个样子，日本人妄想靠他们手中的那点儿驻军来平定这个地区，也是不可能的。我们预料，日军控制南京—长沙铁路全线后，他们会发动一场坚决的扫荡战。这对我们和东战区的其他游击力量来说，将是重大的考验。"

日军打汉口、打广州，到处不断寻找速战速决的机会，结果被弄得精疲力竭，他们要等好几个月才能在铁路沿线重新发动进攻。1939年3月，他们终于攻占了南昌，切断了内地和沿海之间中国最后一条铁路线。叶挺谈到的"扫荡战"迫在眉睫。在此期间，新四军不断一边战斗，一边努力在敌后创建一个坚强的群众抗日核心。它提供了一个有效斗争的例子，东部战区所有的部队都可以从中汲取教益。它正在群众自愿组织起来的坚实基础上，在长江下游建立一个中国将来进行反攻的根据地。

第十二章　举国抗战

我们用了相当多的篇幅来介绍边区和新四军，因为它们不仅仅树立了一个范例，而且表明了中国人民抗战的意志。它们是中国伟大的游击运动的先锋和最有效的部分，它们的重要性并不限于今天。它们在敌后已经建立并在扩大未来民主中国的模式。

但是抗日的并不仅仅是未来中国的自觉的先锋队。中国人民之战和全国统一战线保证目前这次斗争的胜利必将属于中国，其意义和力量在于：没有任何中国，军队投降敌人。任何地方的老百姓都没有默默接受侵略者的统治。分散活动的中国流动部队，或者同其他部队保持松散的联系，或者接受中央司令部的命令，不断骚扰日军的后方。在所有的敌占区，中国农民传统的秘密帮派、村镇的自卫组织或者新建立的武装力量都坚持抗日斗争，因为在日军的统治下是无法过正常生活的。

为什么日本人的进攻到处引起爱好和平居民如此强烈的仇恨和拼命的抵抗呢？只要读读田伯烈（Timperley）的《战争意味着什么》和范士柏（Amleto Vespa）的《日本的间谍》这两本书，就会很容易理解这一点。这两部书生动地描述了侵略中国的日军到处烧杀奸淫的可怕兽行。滥杀和奸淫成为日军的普遍现象，这倒不是因为所有的日本士兵都是禽兽，而是他们接受帝国主义教育的必然结果，他们相信帝国主义对整个民族的奸淫是正义的，正如同纳粹分子残酷的大屠杀是德国法西斯制度的必然结果一样。

日本人的掠夺也不是偶然的。日本公然宣称，它入侵中国的目的是为其头重脚轻的畸形经济寻找原料和销售市场。但它的经济十分脆弱，以致无法通过"正常的"帝国主义手段来占领这个国家，对它进行投资和加以发展。它必须从中国身上立即榨取利润来为其军事冒险提供资金。所以在它占领的城市中，日军不断掳掠废铁和一切可以变为现金的中国人的私人财产。在农村，它搜刮了农民最后一点点儿粮食。上行下效，日本军官和士兵则抢劫民财，中饱私囊。在日本军队中，抢劫不算罪过，而是他们打仗的目的。

这是确凿无疑的事实，观察中日之战的每一个客观的人士都证实了这一点。日本对中国的军事远征是成吉思汗式的掠夺性袭击，不过是用现代化的武器进行的而已。它不仅危及中国的主权和领土完整，而且也危及每一个中国人的人身安全和个人财产，不管他是老式中国人，还是新派中国人，不管他是农民、工人、知识分子、商人，还是军人。

有两个条件使中国人民有可能抵御日本人的可怕侵略。第一，日军的战线太长，他们手中现有的那点儿兵力不可能防守远离交通线的地方。第二，全中国人民在一定程度上组织和武装起来了。像"红缨枪"之类的老式农民自卫组织仍然存在华中各地，仅湖南一省就有队员一百五十万人之多。多年的内战使枪支散布于全中国农村。数以百万计的农民，通过断断续续地在省级军队中服役，通过农村民团和土匪之间的不断冲突、农民和地主武装之间的阶级斗争，学会了使用武器。

自从战争爆发以来，全国各地的民兵组织把这些枪支和人员集中起来，实行了强化训练。主力军撤退时留在敌后的或为组织群众而专门留下的小股正规军人进一步加强了这支力量，使之成为各省游击队的中坚支柱。典型的游击队，甚至"红缨枪"游击队中，最重要的组成部分是政治宣传员。几乎每个部队都有自己的慷慨激昂的演说家或漫画家，其实，只不过是老式说书人而已，用古老的说唱形式歌颂游击队的事迹。随着时光的流逝，比较现代化的政工人员设法找到经过早期的残酷斗争而幸存下来的游击队。也有一些游击队自己同有组织的中心建立了联系。

让我们概述一下全国的主要游击队组织、他们的实力和历史。为了方便起见，我们先从东北开始，穿过内蒙古，沿着黄河东南部到华中。我们也要谈到长江一带、上海附近和广州周围敌占区的游击队活动。

东 北

中国在东北的有组织的抵抗从1931年持续到1933年，直到马占山、苏炳文、李杜、王德林等将军领导的军队最后不得不退到苏联境内为止。在以后的两年中，无数独立的游击队对侵略者进行了零星的战斗。这些游击队是各式各样的，有的是由地主和东北军老将领统率的；有的主要是由工人组成，受共产党的影响很大；还有一些游击队，大部分是"红缨枪""红胡子"帮会成员、武装的农民、东北传统的骑马边匪。日本人发动了许多次"剿匪战役"，但是，正如后来在中国其他地区一样，只不过杀害了一些无辜百姓而已。为了巩固其对农村的统治,他们采取了集体屠杀和无比残酷的行政措施,如在一个地区烧掉所有的村庄,强迫居民集中到一个村庄,由一支驻军看守。

然而游击队继续发展壮大。为了同自由中国的发展相适应,他们也在政治上采取统一战线的做法,实行统一指挥。在1934年至1936年,共产党领导的"人民革命军"、由前东北军组成的"抗日联军"、地主谢文通(译音)领导其佃农抗日的"自卫军"、"铁血军"和"救国军"全都合并于李杜将军领导的"抗日联军"。他的职务于1937年得到南京中央政府的确认。这支联军拥有的正规军和游击队共达十五万之多,其中有中国人、蒙古人、东北人、朝鲜人、侨居东北抗日的白俄,甚至还有从日军投奔过来的人。最近,它分成十二个军,其中的一个军,即第二军,主要由朝鲜人组成。它的弹药给养,一部分是从日军手中缴获的,另一部分是由友好的"满洲国"军队秘密提供的。这些抗日军队依靠人民的同情和自己七年抗击数十万日军的经验,采取机动灵活的战术。它们都设有政治部,许多从城市逃亡出来的知识分子做了大量极有价值的组织工作和宣传工作。

抗日联军的基本政策很简单,就是:收复失地、帮助中国军队抗日、没收日本人和伪政权人员的财产资助抗日活动。根据卢沟桥事变后一次联席会议的决定,这十二个军分别在四个战区作战。在这四个战区内,日军占领了大部分领土。第一战区由第一军军长杨靖宇管辖,包括辽宁省东部。第二战区包括哈尔滨以东的吉林省地区,由第四军军长李延禄管辖。吉林南部是第三战区,由第五军军长周保宗管辖。第三军军长赵尚志负责黑龙江省北部的第四战区。①

赵侗在北京周围的游击活动,我们已经介绍过了。他以前领导的

---

① 孙云清领导的另一支巨大军事力量在热河省活动。据日本人士说,这支军队有四万人。

一支东北游击队目前在辽宁东部活动。它没有参加抗日联军，但同它保持合作。今天，它由赵侗的妻子领导。由于它采取的孤立政策，这支部队的人数和影响大大减少。

日本作者伊藤在东京的《世界导报》上写道：

"根据官方的战报，在东北事变以后的三年内，日军和义勇军作战共一千八百五十次。如果我们把报纸上报道的材料收集起来，从1935年至1938年战斗的次数一定会超过以前三年的战斗总数。"

东北义勇军是中国人民抗日的先锋队。在妥协的年代里，他们高举斗争的火炬，鼓舞了一代英雄的青年。在所有的中国军队中，东北义勇军最先实行统一战线，并巩固了这种做法。中国抗战的流行歌曲就是《义勇军进行曲》。

日本人试图对东北实行铁的统治。他们让整个村庄的居民以自己的生命担保没有义勇军的活动。农村地区建筑了许多公路、铁路和堡垒。日本驻军达四十万人。"剿匪战役"一刻也没有停止过。然而，甚至亲日的出版物也不得不承认，居民们是坚决爱国的，日本的权力中心不断遭到大无畏的中国人的严重打击。

米切尔在1938年8月《东方事务》杂志上写道："东北人把中国其他地方叫做'关内'。关内战争对东北的每个人产生了深刻的影响。……当懂得汉语的外国人在乡下旅行时，农民、商人、劳动人民、各个阶层的人士一见面，就询问关内战况。……当地人民明白，必须把自己称作'满洲国'的臣民。然而，在绝大多数情况下，我们发现他们是完全支持中国中央政府的。奇怪得很，我们在中国内地听到的那种团结精神同样传播到了东北中华儿女的身上。"

米切尔还谈到，日军承认1937年在东北的"剿匪"行动中死伤一千三百人。任何了解日本军事数学（请参阅范士柏的《日本的间

》）的人都明白，这实际上意味着日军的死伤人数将比这个数字多许多倍。

　　还有一位作者在12月《东方事务》杂志上写道："在沈阳，日军的冬季补给品、军服等被人放火烧掉，这无疑会影响满洲国实行的羊毛禁运政策。……"

　　东北人民群众也在为抗战尽自己的一份力量。

　　到1938年底，发生了一件充满戏剧色彩的历史性事件。

　　晋察冀边区的游击队和八路军的正规部队越过长城，进入热河和辽宁，同那里的义勇军建立了联系。这是中国军队首次开进东北失地。在白雪皑皑的山上和平原，响起了兴高采烈的欢呼声，坚强不屈的战士们欢笑着奔向对方。11月14日，冀热辽边区战区成立了。①

　　根据1939年初重庆中央政府发表的一项命令，热河、辽宁、吉林、黑龙江东北四省的省政府正式恢复建制。它们在日本入侵后曾一度中止活动。虽然大家认为这不过是一纸空文，但两股游击队铁流在边界（现在这个边界已不复存在）的会合毕竟为此奠定了基础。

内蒙古

　　田中奏章是日本帝国主义的《我的奋斗》。在这个臭名远扬的秘密文件中，日本一直把东北和内蒙古视为必须首先夺取的一块基地，

---

① 关于东北义勇军最近情况的这些简短介绍，取材于下列来源：《过去七年东北义勇军情况》，1938年9月18日《星岛日报》；《9·18与抗日联军》，李杜军长写于1938年9月18日；《东北联军的斗争》，《太平洋文摘》译自日本的一篇报道；《东北各省人民的抗日活动》，王一华文，发表于汉口《反攻》杂志；《东北、华北来信》，发表于《东方事务》杂志若干期，该刊是一家英国刊物，编辑方针具有强烈的反华亲日倾向。

然后才能进一步在亚洲大陆实现其野心。事实上，日本用武力占领东北几省后，便立即把它的触角伸向内蒙古的草原，正如同希特勒德国的魔爪慢慢伸向富饶的乌克兰一样。1931年东北事变后，1933年就轮到热河。接着，日本人就于1935年吞并了察哈尔南部六县而成立了所谓"自治的"蒙古走廊。1936年，日本人的"蚕食"遭到当头一棒，傅作义将军在百灵庙大败日蒙"自治"政府的军队，使全中国为之振奋。

当中国管辖的内蒙古终于开始进行抵抗的时候，外蒙古成立的蒙古人民共和国成为日本前进道路上的一块绊脚石，阻挠着它建立一个蒙古帝国的美梦。蒙古人民共和国承认中国的宗主权，但它的边界已经受到同苏联签订的互助条约的保护，不受侵犯。当日军于1935年进犯它的领土时，新成立的蒙古军队在贝尔湖教训了他们一顿，对此，他们是不会很快就忘记的。

这样一来，在卢沟桥事变以后，日本人就只能去征服内蒙古了。早在战争初期，日军就打到了平绥铁路的终点站包头。但是，直到现在为止，他们再也没有什么进展。马占山的骑兵游击队不断袭击日军的交通线，消灭驻军，收复一座座城镇。这位机智灵活、骁勇善战的将军在东北就曾使日本人大伤脑筋。

在百灵庙大捷的傅作义将军于1937年10月离开内蒙古开赴山西去保卫太原。他英勇保卫太原的精神，甚至日本人也不得不佩服。现在，他回来了。他的军队包围了日军的单薄的防线。来自边区以及陕北、陇东、宁夏南部以前苏区的八路军和与它有联系的游击队提供了自己的经验。参加这次战役的，不仅有中国战士，而且有大批蒙古军队，其中许多人接受过日军的训练。在日军包头阵地以西几英里处，驻扎着马鸿逵将军的半土耳其式的骑兵。

在介绍徐州战役的时候，我们曾指出，马占山的骑兵在敌后对日军的不断袭击，拖住了大批日军，延缓了他们进攻的速度。自那时以来，这种袭击从未间断过。这些勇敢的骑兵闯入包头和归化，夺取了日军的补给品和大炮，使日本在内蒙古的先头部队长期以来无法进一步前进，只能维持其岌岌可危的地位。如果日本人能用现有的兵力继续往前打，他们该多么高兴。下面两个事实可以说明这一点。西南不远的地方就是陕北及其中心城市延安。延安是中国共产党的"首都"，是抗日军政大学的所在地，它是一切进步事物的象征，是日本军国主义者最仇恨的。通过宁夏往西去，就可以攻打来自苏联的军用物资的主要运输干线。然而，一年多过去了，日本人死死守着铁路线，没有前进一步。

在我们离开内蒙古草原以前，有一件重要的事实必须指出。经常向中国方面投诚的，不仅有"满洲国"的伪军，而且有日本人训练出来的蒙古军队。这种投诚在1938年11月达到高潮：张家口附近的一万名蒙古骑兵杀破日本军队，骑着马向西投奔马占山。日本人"用中国人打中国人"的战略不仅没有成功，而且也未能用蒙古人打中国人。蒙古人在过去中国军阀统治时代，无疑遭受民族压迫，吃了不少苦头，因此，一度听信了日本人的花言巧语。但现在已不是这样了。现实生活教育了内蒙古的部族、公主、喇嘛、平民百姓，使他们明白，只有全心全意地参加中国的抗日斗争，他们的民族才能免于成为日本强权政治中的马前卒，每个人才能免于成为日本军人的奴隶。与此同时，在陕甘宁特区和晋察冀边区的代表机构中，一批蒙古族人体会到未来是个什么样子：他们将作为中华民族民主联合体的平等成员占有自己应有的地位。他们还看到，正是在共同抗日的斗争中，这个未来的美景开始逐步形成。

山 西

　　山西省位于绥远以南、日军侵略内蒙古的西线。我们在以上章节中已经谈到在战争的头十八个月山西省进行的广泛斗争。山西的高原有着丰富的矿藏，是控制华北平原的咽喉，早为日本人所垂涎，然而却可望而不可即。正是在这里，中央军、省军和八路军共同采用八路军的游击战术，打得日军晕头转向，显示出它不善于山地作战，对付不了游击战。所有这一切发生在这样一个省份：那里的地租一年达百分之七十五，利息达百分之百，典型的金融机构是当铺，主要的财源是鸦片；军队吃得坏、装备差，是一群乌合之众，即使在内地省级军队中亦属下乘。这次战争爆发后，山西农民仍然一见中国军队来了，纷纷逃走，正像他们听到日军进村就赶快逃跑一样。而今天，军民关系则发生了变化。

　　太原陷落后，在山西统治了二十年的阎锡山将军认识到，只有广泛开展游击战，才能阻止日军巩固其地位。他批准在临汾开办了一所军政大学，由来自全国各地的进步人士讲授抗战的政治理论，八路军的将领们则担任游击战术教官。学生们、政工人员和军官纷纷到这所学校进修。与此同时，向所有的县长发出了通告，要求那些没有能力积极领导民众抗日的县长立即辞职。还公布条例，规定了山西民众应当享有的权利和义务。这本是早就应该做的事。这些条例一方面号召民众同军队合作，另一方面明确禁止无偿征调、强行拉壮丁和强制驻扎民房。

　　临汾失守后，在山西省活动的军队并没有向黄河对岸撤退，而是沿山西省西部边界迂回到敌后，在日军侧翼建立阵地。山西最初分为七个游击区，后来增加到九个。我们已经介绍了晋东北、五台山政府所在地的情况。我们也已经了解留在晋南的中国军队英勇抗击日军的多次进攻，阻挡了敌人在潼关渡黄河。在晋西北，贺龙领导的八路军第一二〇师在友军的配合下，挡住了敌人西犯陕西的行动。

在1939年1月至4月间，日军多次企图进攻西安，都遭到粉碎性打击，未能得逞。今天，"被征服的"山西不是日军的堡垒，而是中国人的堡垒。在太原失陷一年半后，日军只控制了山西省十分之一的领土，而且局限在铁路沿线的狭长地带。

太行山区

前面我们已经谈到大学教授杨秀峰和他的学生游击队在晋豫边区太行山的活动情况。在过去一年半时间里，他们已经发展为拥有几万人的队伍，同八路军和万福麟领导的东北军建立了密切合作的关系。万福麟的部队以前驻扎在冀南。太行山的战略地位十分重要，它控制着豫北平汉铁路线整个地段和道清铁路线一带的丰富煤矿，中英合办的重要企业一度设在那里。游击队的任务是骚扰敌人的交通线和他们对这个矿区的开发。这一任务完成得很好。对铁路的破坏是由工人游击队中的熟练铁路工人进行的。煤矿工人不仅拒绝为敌人服务，而且效法井陉煤矿工人的做法，在矿井的巷道里同敌人捉迷藏。太行山对晋豫边区的重要性犹如五台山对晋察冀边区。游击队从这个不可逾越的天然屏障向河南平原进行突然袭击，等敌人强大的惩罚队一来，它又退回山里。在这里储存武器和补给品，万无一失。政治上，太行山也是一个中心。从各个方面来说，它都是中国军队未来总反攻的基地之一。

豫 北

　　河南到处都是游击队。这个干旱多尘的省份是中国的中心。中国的文明是从这里经过世世代代的努力发展起来的。这里也是古代中国和亚洲通商孔道的交会点，从北方的冻土带到草木茂盛的南方，从撒马尔罕的圆丘到碧波荡漾的太平洋，都必经这里。省里相当一部分人口是回民。这里还有一些犹太人，他们是本世纪初作为西欧的生意人来这里做买卖的。

　　在军事上，河南是中国的大战场。多少世纪以来，敌对的两军在河南平原摆开阵势，进行历史性大决战。居民饱尝内战之苦。他们历来有强大的自卫组织，光"红缨枪"就有一百五十万人。内战留下的另一个遗产是，有六十万支枪流散民间。

　　来自豫北的一个传教士向我讲述了日军占领后那里的情况："居民们遭到屠杀掠夺以及日军的各种暴行。但是，当日军没收他们的粮食种子去喂日军炮兵的澳大利亚大马时，老百姓再也不能忍受了，因为这些种子决定着他们明年的口粮啊。'他们奸淫妇女，拿种子喂牲口'，农村到处流传着这样的话，农民们不得不起来造反了，日军每天都遭到袭击。在公路上，日军的运输车辆遭到伏击而被摧毁。每当发生这样的事，日本人就烧毁整个村庄，杀死所有的居民。但这也无济于事。还有政治密使到造反的农民中做工作。现在，游击运动遍及全省。"

　　多少世纪以来，河南匪患连年不息。本世纪内战频仍，使土匪人数大增。日本人来后，把这些土匪收罗起来，组成部队，对其头目授以军衔。日本人以为，他们终于找到了他们求之不得的、可以为他们效忠的中国军队。他们高兴地说这是"中国的佛朗哥"。然而，他们的美梦破灭了，华北的一位英国作家对此作了如下的描写：

"有许多事实表明，这些部队并不可靠。现政权（指北平伪政府）创建的一些准军事组织中，有一支部队提供了一个例子。公共安全部直接领导的反共第一军军长李复和8月初在北平视察部队返回时，在豫北的绥德镇被杀。袭击他的是参加他的军队的游击队。这种事情是很难防范的。……

"日本人原先对他寄予很大希望。他在北平访问时，日本人正式承认了他的地位，他得意洋洋地进入豫北。在当地他以'东方的佛朗哥'闻名。据说，一位意大利军官到河南，观看了李复和部队的演习，印象很深，给了他以上的绰号。"[①]

在河南，像在别处一样，汉奸逐渐消灭，而中国人民的抵抗则不断发展和加强。在日占区，"被日本人承认"就意味着死亡。在今天的中国，当佛朗哥的荣耀是长不了的，不管他是昂首阔步在占领区，还是阴谋策划于重庆；不管他处于河南，还是飞向河内；不管他的名字是李复和，还是汪精卫。

在黄河北岸我们介绍的最后一个游击区是重新建立起来的鲁西行政区。这里的游击队开始时同豫北差不多，但是，不久就大大加强，因为津浦铁路工会的工人战斗队和来自边区的大批政治组织者加入了它的行列。虽然日本人在名义上控制了全省，可是，省政府在沈鸿烈的领导下仍然存在。

据可靠消息，目前在黄河以北从事敌后活动的中国军队和有组织的游击队超过六十万人。较大的正规军是八路军，有十万人；阎锡山和傅作义的军队在晋西和绥远有七万左右；卫立煌领导的由德国人训

[①] 潘奈尔《华北通讯》，载于1938年10月、11月《东方事务》杂志。

练出来的五万中央军活动在晋南；还有河南和东北军的几个师在太行山。在战争爆发以后发展起来的几支新军队中，最大的是边区的十万游击队。这些数字不包括小股游击队和地方自卫武装，而只是指由中央指挥和控制的部队，不过，他们也可以分散成小股部队，以便进行游击战。

这些军事力量粉碎了日伪政府企图在占领区确立其统治的阴谋。他们把日军的控制限制在铁路沿线极不牢固的阵地上。为了保持这些据点，日军在华北投入了十一个师、三十万兵力[①]，每年耗费帝国巨额钱财，但却除了抢劫一点儿东西外，什么也捞不回来。在军事上，日本不能动用这些兵力来对中国或者苏联发动新进攻，反而大大削弱了日军的整体进攻力量。

豫　东

豫东黄河以南陇海铁路沿线的游击队是在徐州失守以后开始发展起来的。在日军到来之前，这个地区已经做了大量组织群众的工作。在它的中心城市归德陷落后，这个地区的民兵于5月23日改编为人民自卫军。同一日，在夏邑县长张某的领导下，他们袭击了日军，使两辆坦克报废。6月1日，虞城的蔡县长收复了被两百名日军占领的县城。这些胜利以及其他一些胜利大大鼓舞了士气，促进在敌后建立新部队的工作。

当时正值夏初，庄稼在地里长得很高，掩护了游击队的活动，使

---

① 十一个师的估计是由叶剑英司令作出的，他是中国军队培训正规军官学习游击战术的学校的校长。

敌人的飞机发现不了。他们到处发动突然袭击。日军深感兵力不足，不得不采取老办法，在他们只有少量军队把守的村镇城墙上安放橡皮"哨兵"和橡皮"大炮"。这些玩意儿起初挺蒙人的，后来一个游击队员吃惊地发现一只狗拖了一门似乎很重的大炮，走近一看，原来是假的。另一个游击队员壮着胆子，用针戳了"哨兵"一下，便撒气了。这些鬼把戏的消息一下子就传开了，再加上日本兵绑架妇女引起群众强烈的愤慨，豫东人民纷纷起来造反。到9月底，有二十个县被收复了。"人民自卫军"发展到十万人，建立了司令部，并得到省政府的承认。这支军队的主要成员是地方民团，并有正规军人担任教官。

1938年冬季，像在其他地方一样，中央总司令部开始在河南派遣大批正规军到敌后活动。在河南的这块平原地带，一望无际，什么都看得清清楚楚，坦克可以畅行无阻。最初派军队到这里渗透以及后来的活动受到极大的妨碍。不过，在河南，游击战也不断发展。到1939年4月，游击队和正规军加在一起，已有足够的兵力收复省会开封的火车站，甚至一度打到开封城里。①

安　徽

更加靠东的皖豫边区，地形完全不同。这里是个山区，主要是大别山脉。汉口会战中的最大战役是在这里打的。包括新四军在内的游击队在这里找到了理想的用武之地。在1938年9月的大战中以及在以后的岁月里，他们不断地给敌人以打击，炸毁山上的公路，在那里是很

---

① 这个胜利是孙东宣将军（译音）的军队取得的。这支山东部队奉命在敌后活动，在台儿庄战役时，曾大胆地袭击过济南，并获得成功。

难进行修复工作的,不间断地袭击敌人的岗哨和交通线。他们科学地拦截伏击敌人的运输车队。他们成功地打乱了敌人的计划。下列事实可以说明这一点:去年冬初,最北部的新四军一下子夺得了一百二十辆卡车。

皖北之所以成为敌后有效的抗日地区,不光是得地理之便。这方面的功劳应大部分归之于组织群众的运动。这项工作在日本人占领之前已经开始,敌人来了以后,进一步加快了速度。

这项工作是由李宗仁将军的群众动员委员会开始的。李宗仁当时是第五战区司令长官,同时兼任安徽省主席。在介绍台儿庄大捷的那一章里,我们已经谈到这些委员会在保持徐州人民和鲁南前线的士气方面进行了有效的工作。在安徽也形成了这种自信和自力更生的气氛。

全省的中学毕业生都予以登记注册,从中抽调了两千人加以培训,然后担任村长、小学校长和民兵指挥官三种职务,像广西实行的那种制度一样。另有一千人编入群众动员小组,每个小组吸收十五岁到二十岁的男女青年参加,人人分工明确,各司其职。在动员委员会发布的总指示的范围内,这项工作的具体部署由各单位以多数票民主决定。一旦作出决定,则以军事纪律保证其严格贯彻执行。小组成员月薪十二元,以此保证其饮食和其他一切开销。

合肥陷落后,这些小组遭受严重挫折,一些小组成员被敌人的骑兵抓住杀害了。但工作并没有停止,他们很快地适应了新的形势。一些青年继续进行宣传和组织工作。另一些人则自动地拿起武器,成为新的游击队的核心。

在凤阳附近活动的一个小组在该城沦陷后的几个星期内就组织了一支三千名"红缨枪"的队伍。在合肥附近活动的另一个小组的成员把自己的月薪从十二元减少到三点五元,用节省下来的钱购买了武器，一有时机，就拿起枪杀敌。和县是美国巴纳号舰被击沉后的幸存者最初避难的地方，在那里，以前在南京中央大学念书的一个学生跟他的同乡们一起组织了一支部队，用四十条旧式火枪击退了首次出现在该地的一批日军侦察兵。在六安，一位二十五岁的从陕北公学毕业的青年组织了一支"男青年联合服务队"，从日军手中收复了该城，发展成一支很大的游击队，从长江到大别山，转战该省各地。一个师范学校的女学生组织的"女子服务队"跟随这个男青年服务队到敌后，去村里做宣传工作。

像其他以人民群众为主进行斗争的地方一样，在安徽省，统一战线也是很强大的。旧式正规军、新四军和许多游击队组织合作得很好。

中国青年非常佩服的三个人的名字同安徽的抗日斗争联系在一起。

章乃器先生是上海爱国的银行家，他是战前由于进行抗日活动而被逮捕的救国会"七君子"之一。他现在是安徽省的财政专员，负责筹措游击战经费。

胡兰畦女士是一位进步的青年作家，她在留学德国时，曾被捕入狱，熟悉纳粹监狱的内幕。她现在领导着一批上海女工。她们像丁玲在西北领导的一批人一样，把宣传、戏剧和流动学校结合在一起。安娜·路易斯·斯特朗在她的《人类的五分之一》这部著作中，讲到这支队伍如何宣传军民合作。我在汉口见到胡兰畦时，她给我留下了极其鲜明生动的印象。她身材不高，长得很丰满，虎虎有生气，头戴钢盔，身穿军服。她满怀感情地向我描绘了她们初期工作的情况。当那些姑娘们第一次远远望见长江彼岸的抗日游击队员时，由于没有渡船，过不了江，她们便隔着广阔的江面，使劲地给他们唱歌。现在，她们同游击队员战斗在一起，什么江河也分不开他们了。

最后是方超尘（译音）老人。他是中国青年崇拜的英雄。他虽然已经七十二岁高龄，却领导着一支很大的游击队。他在清朝时代曾得过功名，辛亥革命时曾在皖北指挥过一支起义的军队。日本侵华前，他早已退休了。凤阳和定远的人民没有人不知道他的，对他佩服得五体投地，所以他一声号召，人们便纷纷集合在他的旗帜下。他对他们说："我们会使用武器，我们熟悉这里的山川河流。为什么我们在自己的家乡当亡国奴呢？"当四千多人参加他的队伍后，方先生领导他们对重要的铁路枢纽蚌埠发动了一次反攻。这支游击队还在其他地方多次同日军交火，重创敌人，有一次它自己也遭受重大损失。

在汉口沦陷以前，方先生的家属住在该城的一个难民营里。政府打算特别照顾一下他们，但这位老将军甚至连给军属的一点儿微薄的补助都不要。他的战士吃的和装备都很差，受伤以后，得不到治疗。他看到，必须让政府给游击队的抵抗活动提供更多的经费，便特地去汉口提出要求。当政府给他的家属补助时，他说："我希望你们把这些钱用来给我们的游击队队员提供基本的生活必需品和军需补给品。"

这就是凤阳和定远的游击队的白发斑斑的老领导人、安徽伟大的老人的精神。

江 苏

江苏这个沿海省份包括上海和南京，它一直延伸到徐州。除了许多铁路沿线的城市外，全省仍然掌握在中国人的手里。苏北的整个地区为陇海路的东段所横贯，直到海边的海城。这一地区自徐州失守后，由六万正规军防守。苏南是顾祝同将军领导的第三战区司令部所在地。在这一带活动的许多游击队，包括新四军，对沦陷的首都和中国最大的港口城市构成经常的威胁。

韩德勤将军是保卫徐州的主力向西撤退后留下来的师长之一,现在担任江苏省主席。省府设在阜宁。李明扬将军是徐州群众动员委员会的组织者,他也留下来与人民群众一起在正规军离开后坚持斗争。

苏北一小股正规军的活动不亚于苏南的新四军,他们不断骚扰日军。但直到今年年初,双方都没有发生大的战斗,因为敌人忙于别处的战事。新四军仍然面临敌人的"扫荡战",苏北的中国军队已经经历过了这样的一次战役,那次战役发生在1939年2月和3月期间。日军占领了海州,在这个地区横扫了一阵子,宣布自己获得胜利,便把主力转移到别处。中国军队立即打回来,收复了失去的一切地盘,经这么一折腾,这个地区今天的形势蛮不错。4月14日,日本人宣布说,苏北的游击队得到八路军的增援。八路军的部队活动于山东,这是千真万确的。至于它是否进入江苏,那还是个疑问。不过,日本同盟社的消息倒是证明了一件事。当日本人发现一支军队善于运用人民战争的游击战术时,便把它称为八路军。江苏的游击队显然是符合这个条件的。

上海地区

新四军控制着长江以南从南京到常州一带的地区。常州以东到上海一带是戴笠将军[①]的"忠勇救国军"控制的。这支部队在上海郊区和黄浦江对岸的浦东一带进行游击活动。它是由青红帮组成的。青红帮是中国最大的秘密帮会,以前在上海市政界颇为有名。战争爆发

---

① 名义上的司令官。

后，青红帮坚决抗日。虽然他们没有组织群众性的武装力量，但他们的飞枪队摧毁了许多警惕性不高的日本据点。他们的人还单独地进入上海市，暗杀伪政府官员、间谍和汉奸。在这方面，他们是非常高明的，他们自己的人很少被抓住。尽管如此，他们也牺牲了一百多人。今天在上海，如果有人到"大道"政府任职或者参与敌人的阴谋，必然招致杀身之祸。在这个敌人占领的城市中，汉奸受到惩罚的速度比中央政府拥有绝对控制权的地区还要快。

1938年8月13日，上海战争爆发一周年之际，"忠勇救国军"竟潜入日军虹桥机场，升起了一面中国国旗，使全市为之大惊。在上海西郊和浦东，激烈的游击战经常不断。为了对付游击队，日军出动数千人的兵力，还有飞机、坦克、大炮的支持，但上海市民可以看到的唯一结果是，卡车源源不断地把日军伤兵运进市内。每次战役后，日军都声称彻底消灭了狡猾的敌人。但几周以后，又必须发动新的扫荡，如此周而复始。

在抗战的过程中，爱国武装力量和汉奸的部队发生过小规模的"内战"，浦东就是这样一些发生"内战"的地方之一。浦东的一支汉奸武装力量的司令在一段时间内曾经被称为"中国的佛朗哥"，如同河南的李复和一样，然而这只不过是日本人的愿望而已，并非已成为事实。

想当浦东头目的徐洪发过去曾经是一个土匪。战争爆发的时候，他由于武装抢劫被判处十二年徒刑。大赦获释后，他参加了上海附近的一支游击队，后来当了一支由以前的歹徒恶棍组成的部队的头目。当他拥有一千人时，他便同日本人狼狈为奸，以一个独立的军阀自居，谋求权位和财富。当他获得伪"自卫团"总团长的名义后，便向这一地区的所有游击队发出最后通牒，要求他们服从他的指挥。

当他的最后通牒被拒绝后，他便领着日军去打游击队的司令部，为日本的轰炸机指示轰炸目标。在日军机械化部队的支援下，他发动了围剿他以前的同伴的战役。结果是彻底失败了。这个"佛朗哥"的伪军各自逃生，他本人受了重伤。今天，浦东的大部分仍然掌握在中国人的手里，正规的行政机关照常办公，游击队挡住了敌人的进攻。

华　南

广州沦陷以后，游击队就立即在华南活动起来。在日军登陆以前，民团就拥有三十万人和许多枪支，从它们的队伍中发展游击队是不困难的。负责领导这些游击队的，有经验丰富的指挥官，如蔡廷锴，他领导十九路军于1932年进行了英勇的上海保卫战。各行各业的爱国志士，从老军阀李福麟的部下到新四军的密使，都致力于发展华南的游击抗日活动。

东江县很快就收复了。入侵的日军曾从大亚湾登陆，通过这里向广州进攻。1923年在这里曾组织了第一批农会，并建立了第一批中华苏维埃。对那些革命的峥嵘岁月，人民群众记忆犹新。日军同新建立的游击队多次交火以后认为，保持这条通向大海的交通线太困难了。所以他们撤到广州，在那里，他们可以通过西江（珠江）直接得到增援和补给品。从那时以后，他们满足于在海军的支援下沿着江岸向西谨慎地稳步扩展。强大的中国正规军和游击队使他们甚至不可能巩固对广九铁路全线的控制。广东的游击队之所以没有发展到北方和长江下游一带抗日根据地那样大的规模，是因为日军并不打算占领整个省。他们集中在以广州为中心的工事较强的小范围内。他们的舰队控制了水路，没有必要再依靠陆上交通线，因为后者容易遭到游击队的袭击。因此，对广东的反攻必须由正规军和空军进行，他们在袭击敌人的舰只和水上运输方面已经取得了很大的胜利。

　　对敌占区游击队活动的简单介绍到此结束。但我们列举的事实已经足以说明，日军想把他们的意志强加于中国人民，面临着多么巨大的、难以克服的困难，甚至在他们早已认为取得军事优势的地方也寸步难行啊！

第十三章 汉口之战

徐州陷落后,日军就控制了一条从杭州湾到内蒙古的几乎连续不断的交通线。长江以北中国所有的铁路线,日本军队都有了据点。在三个方向上,从开封往西沿陇海铁路,从安徽省合肥市沿着公路到信阳再上平汉铁路,从南京沿长江而上,都可以直达汉口。发动另一场大战役的条件已经具备。

从战略上来讲,徐州陷落后日军的态势大大不如南京失守之日。中国军队从上海撤退后溃不成军,日军向中国首都的挺进真可以说是追击溃逃之敌。不仅日本及其盟国,而且英国,甚至中国政府里有影响的亲法西斯分子都认为,结束战争,此其时矣。陶德曼的调停努力虽然未获成功,却引起国民党一些领导人的重视。政府高级发言人特意表示"欣赏德国为安排公正的和平而作出的努力"。而今天,在徐州失陷以后,气氛则完全不同了。中国军队完整无损,打了一场漂亮的防卫战。日军虽然在通向汉口的所有要道上都有了立足点,但他们同这个城市仍然相距不是几十英里,而是几百英里之远,其间有中国的许多坚固工事。何况现在除了采取军事行动之外,别无他法。政治花招这一代价较小的手段,遇到了越来越大的困难。投降派虽然在继续活动,但他们的努力是徒劳的,甚至那些曾经对此抱有最大希望的人现在也不再存此幻想了。

日本人未能靠南京一战结束战争,恼羞成怒,最野蛮地大规模屠杀市民,成为现代史上可耻的一页。他们在南京的所作所为,在徐州又重演了。在徐州陷落十天后,高傲的大和民族由于未能靠大败中国军队的办法使"中国屈膝"(西园寺语),便试图通过对手无寸铁的广州市民滥施轰炸的办法"瓦解中国民众"。

广州素有抵抗外来侵略的传统。一百年前,林则徐总督在这里焚烧了印度的鸦片,使中国第一次同英国发生武装冲突。孙中山也是从广州开始革命活动的,最终推翻了腐败的满清帝制,创建了"中华民国"。广州是中国国民党的诞生地;在这里,它同共产党建立了第一次反帝统一战线。现在结成的第二次统一战线将使中国人民能够坚持抗战并取得最后胜利。广东省是中国进步的发祥地,但它常常落入封建反动派之手。但是,在它的子孙中,广州国民革命的传统继续流传,永不熄灭。

每一个撞击中国大门的帝国主义总是企图扑灭广州人的这种精神。1938年5月,日本军国主义者用具体的行动表达了他们的目的。他们向中国运输军火的主要干线粤汉铁路投下了数以千计的炸弹,然而毕竟未能中断对前线的供应。他们的飞行员瞄准目标的能力很差,连一座大的桥梁也没有炸坏。(他们对路轨和路基造成的破坏,在几个小时内就被英雄的铁路工人修复了,这些工人们在中国运输战线上每天都在艰巨的条件下不断取得胜利)因此,日本人决定对广东人民狂轰滥炸,使他们产生恐怖心理,为了自己的安全而要求"自治",从而中断向北方运输军火。但是这个如意算盘是不可能实现的,日本人自己也清楚这一点。他们在绝望之余,便疯狂地、不分青红皂白地向无辜的广州市民倾泻炸弹。他们故意挑选中国最拥挤的城市作为他们年轻的飞行员新手的训练场地,来这里取得经验。

1938年5月28日,日机在广州炸死了六百市民,炸伤九百多人。许多炸弹瞄准的目标似乎是粤汉铁路终点的黄沙站①。在站台内,有一列客车被炸毁了。但是大部分炸弹落在几百码远的铁路员工宿舍区。几百座小房子被炸毁了。几英亩大的地面上铺了一层碎砖、破瓦,泥土和血肉搅混在一起,惨不忍睹。救援人员和学了一点儿急救知识的中学生赶赴现场。他们穿着蓝色制服,打着红十字会的旗帜,开始撤运死者和伤员。这时,日本飞机又来了,低空扫射这些男女青年和他们的救护车。四十人被打死,五十人受伤。这些青年没有停止工作。抬担架的人继续往前走,试图把伤员抬到安全的地方。有些人成功了。另一些人同他们抬的伤员死在一起了。同一天,日机轰炸了雄伟的中山纪念堂。有一颗炸弹穿过屋顶,落在讲台上。大厅里没有人。日本人轰炸了一个象征——中国国民革命的象征。

5月29日,日本人两次轰炸广州,死二百五十人,伤四百五十人,其中许多是儿童,没有一个军人。

5月30日,日机炸死一百人,炸伤两百人。

5月31日,日本人以为中国飞机南下去保卫广州了,便派了五十四架飞机去空袭汉口。他们意外地碰到了麻烦。中国的五十架歼击机起来迎战。从市内可以看到这场激烈的空战。十五架敌机被击落。其余的敌机狼狈逃回基地,连炸弹也没有来得及投。广州人民庆祝了汉

---

① 遭受多次轰炸的黄沙站并没有什么重要的军事意义。它只是一个终点站,并不是枢纽站。从香港运往汉口的军用物资并不经过这里,而是沿着东北几英里的把粤汉铁路和广九铁路连接起来的一条环线运往前方的。种种事实表明,日军之所以瞄准黄沙,是因为它位于市区的中心。但他们很少击中。黄沙站最后被炸毁,不是由于日本的炸弹,而是毁于中国工兵之手,他们从广州撤退时,炸毁了附近的一个军火库。

口空战大捷。他们知道，中国空军的力量还很薄弱，如果为了保卫别的城市而分散力量，正好中了敌人的奸计；必须把所有的飞机集中在以汉口为中心的作战区域使用。日本人企图以中央政府"置广州于不顾"为理由引起群众对中央的不满，结果遭到彻底失败。

针对国际上的愤怒抗议，东京发言人说，对广州将继续轰炸。合众社以为，日本对广州的空袭可能是大规模登陆的前奏，便把我从汉口调到广州。

我于6月3日到达该市。次日，我目睹了新的狂轰滥炸，这可能是广州所经历的最野蛮的空袭。

6月4日死伤两千多人。广州全市各个地方都遭到了轰炸，这还是第一次。在过去一周的空袭中，广州人认为江畔和商业区大概不会成为轰炸的目标。可是现在，日本人轰炸了江畔和商业区。6月4日被炸死的两千人都死于他们挑选的安全之地。广州人不知道杜黑①的理论，他们不知道广大的平民百姓、学校、医院、电源、水源等都是轰炸的目标。

我曾在南京、汉口和中国其他许多地方经历过日军的空袭。日机飞来，扔下炸弹就走了。他们的基地离得很远，不能多盘旋。广州就不同了。飞机从海岸起飞，二十分钟就可到达。他们扔下炸弹，还可以回去装上炸弹再来。在此期间，其他飞机可以继续施虐。6月4日，日本的飞行中队连续五个小时空袭这个城市。

6月6日，五十架日机袭击广州，四个小时内死伤达一千五百人，

---

① [译者注] 杜黑（Giulio Douhet，1869.5.30—1930.2.15），意大利军事将领、战略空军之父。1912—1915年任意大利第一支空军部队司令。第一次世界大战时，他认识到空军发展的潜力。著《制空权论》（1921），提出战略轰炸足以瓦解以至消灭敌人战斗力这一重要作战理论，受到一些国家军事家的重视。

使连续十天的空袭达到高潮,这是其他城市没有经历过的。广州的街上堆满了尸体。有些人是震死吓死的,他们脸色苍白,身上并无伤痕,只是发青的嘴唇不断淌着紫色的血。在靠近炸弹爆炸的地方,男女老幼被炸得血肉模糊,他们被堆起来,用筐子抬走。有些受伤的人被压在沉重的水泥板下,呻吟着。奇形怪状的断壁残垣上水管子还在流水,就好像死伤的人的血管还在淌血一样。沙面英法租界的周围有一条小溪环绕,武装的印度警察和白俄警察把守着大门,不让难民进去,这些饥饿困乏的大批人群只好日日夜夜待在小溪的岸边。继白天的大屠杀之后,连续五个晚上,日机也来骚扰,不让这个城市睡个安稳觉。在黢黑的夜间,这些空中强盗什么也击不中,他们只能不停地盘旋,连续几个小时在人们头顶上发出撕裂神经的呼啸声。这就是"瓦解广州人民"的计划的一部分。

但是,广州人民并没有被瓦解。在每一次空袭中,志愿的红十字会和消防队人员冒着炸弹的危险,英勇无畏地工作着。所有必要的服务都照常运转。报纸按时出版。在两次警报的空隙时间中,茶馆挤满了人,电影院没完没了地放映着清一色的美国电影。在广州遭到第一次空袭后,香港的影片出租公司拒绝对广州电影院出租片子,以免他们的这种贵重商品遭受损失。6月6日,画家陈依范举行了美国书画和西班牙共和国宣传画展览会,那天许多参观者被炸死在展厅的大门口。正当市长根据日程安排去为展览开幕的时候,日本飞机来了。市长如约到会。数百人参观了展览会。从广州人民的行为举止中,预示着在以后的几个月广州的群众组织将有大发展。

6月中旬,空袭停止了。中外的注意力都转向前线,武汉大会战即将开始。在转换广州的话题前,最好看一看广东省政府发表的关于日本空袭该省的伤亡人数:

"广州老百姓死亡约一千五百人,伤约五千五百人。"

还公布了下列数字:

"从1937年8月31日至1938年6月7日,日军空袭广东省一千四百次。在广州市,空袭警报响了八百次。参加空袭的日机共五千九百八十六架次,共投弹一万零二百九十二颗。全省炸毁房屋五千零二十七间,死亡四千五百九十五人,伤八千五百五十五人。"

6月3日,东京内阁改组后,平型关、台儿庄的败将坂垣将军出任陆相(军事大臣)。坂垣是臭名远扬的好战派,他和土肥原一样,自1931年日本实施大陆政策以来就参加了日本对大陆的冒险。[①] 他的入阁意味着:第一,立即大力推进对汉口的进攻;第二,日本财阀的代表作为狂热的"国社党"的同僚也安稳地入阁,这些财阀将最积极地支持进行这场战役,深信这将使他们可以控制华中的这个经济中心,与此同时加速战争的结束和开始日军占领地区的"和平重建"(其实是"无干扰的掠夺")工作。[②]

汉口战役开始时,日军重新从开封出发沿陇海路向西推进。但是,6月10日,开封至郑州之间的黄河堤岸决口,日军推进的平原地带变成一片沼泽。日军的一部分机械化装备被洪水吞没。整个陇海战役不得不停顿。日本的宣传喉舌吵吵嚷嚷了好久,悲叹决堤放水是"不人道的暴行"。的确是这样,洪水使他们改变了整个作战计划。

---

① 自那时以来,坂垣在政治上、军事上迅速变得保守起来,同财界人士几乎没有什么区别。在1939年1月至5月,他多次发表演说,主张巩固占领区,对在主要战线进一步推进,持谨慎态度。

② 6月13日,坂垣将军和近卫首相就"充分利用日本在中国的胜利"进行讨论,认为这是当时最紧迫的问题。6月18日,日本大财阀的代表池田财相宣布开展全国节约运动,以便为新的战役提供资金。他们希望"厉行节约"的当然是日本人民。日本人民已经苦不堪言,商品严重短缺,恶性通货膨胀带来物价飞涨。6月21日,日本公布了预算数字,总额超过六十亿日元,其中军费占四十八亿五千万日元。自战争爆发以来,日本侵华所支出的费用已超过八十亿日元。

改变作战方案的工作很快就完成了。几天之内,主要战场就从黄河南岸转移到了长江流域。在那里,激战持续了四个月之久。

6月13日,安徽省会安庆被日本登陆部队占领,这是自南京失守、芜湖在12月陷落以来长江流域第一个陷入敌手的大城市。安庆的防御力量薄弱,只有一些训练和装备都很差的军队驻扎那里。安庆距汉口以东两百英里。

次周末,当北方的洪水明显地使战事无法进行时,日军调集了二十艘运输舰、大批海军和装载着一百五十架飞机的几艘航空母舰,从上海溯江北上,对汉口大举进攻。按照日本的计划,长江战役将由各个兵种配合进行,除海军外,十个陆军师沿这条大水道的北岸推进,登陆部队将部署在南岸的一些战略要地。这些部队构成日军进攻汉口的左翼,中路则从合肥到信阳沿着平汉路越过安徽省,右翼由于黄河洪水暂时动弹不得。左翼非常强大,有海军的支援,水上交通线确有保证,又很少天然障碍。中路则不然,它通过大别山才能到达汉口。因此,左翼成了日军进攻的主力军。

中国军队部署在汉口以北大别山山麓和长江两岸。南岸的军队由陈诚将军统率。他当政治部主任时,我们曾在汉口见过他。南岸军队中,包括薛岳的广东军队和张发奎的军队。薛岳将军的军队在南岸的战斗中表现出色。张发奎曾经担任1927年革命中名闻遐迩的"铁军"的指挥官。长江北岸的军队由李宗仁将军统率。他从徐州撤退时受了轻伤,刚刚康复。这些军队基本上都是在津浦路作过战的那些军队——广西的精锐部队、汤恩伯领导的蒋介石嫡系部队和孙连仲将军的第二集团军,他们都在台儿庄大捷中立过功。

进攻的日军有大炮,并得到海军和空军的支援。他们还配备有化学武器,在长江两岸他们经常使用毒气。

中国军队的大炮比敌人少得多。空军略强于敌人，在打击日本海军方面发挥了积极有效的作用。化学武器和防毒装备，中国军队一点儿也没有，甚至连最简单的防毒面具都缺乏。

像在徐州战役中一样，日军这次战役的目的不是仅仅为了占领一个城市，而主要是为了吸引中国军队参加战斗，消灭其主力军，从而根除中国将来的打击力量，并使战争结束（这当然只是日本人的愿望）。

中国方面从一开始就认识到，汉口最终是要丧失的，但抗战将继续下去。他们相信，战争的最后阶段将是装备精良的新的中国军队进行总反攻。他们打算使中国军队的骨干力量保持完好，只用部分机械化装备来保卫汉口，其余部分则保存在后方，以作为将来反攻时充足的打击力量的基础。当出现下述情况时，那就是反攻的最好时机：日军占领的地盘太大、兵力不足，游击队不时出击，难以防守；日军士气下落；东京国库空虚，大规模增援人力物力极为困难。

中国将顽强地保卫汉口，发动许多局部的反攻，使敌人难以集中其机械化部队突破某一点。寸土不让，寸土必争。另一方面，将避免出现第二个上海。中国不会在战术不利的情况下拿中国的整个军队孤注一掷。

激烈的战斗在长江北岸的太湖展开了。6月23日，像陇海段一样，这条战线也由于洪水泛滥而陷于瘫痪了。在一段时间内，好像中国的这两大河将使日本最高统率部的作战计划流产。

然而，在这个季节异常高的长江水位不但没有妨碍日军的行动，反而助了他们一臂之力。在正常的年份，这个时期水位低，只能行小船，大船要到秋初才能航行，可是，今年异常，江水特大，日本大军舰现在就可以朝汉口开去。海军一马当先，对九江以南的马当水闸发动总攻击，而大批陆军则在长江南岸的东流登陆，进攻马当陆上防线的堡垒和江岸炮台。

这是一个大好机会，中国空军向国人表明，它为什么保存实力，没有分散作战去同时保卫汉口和广州的死难同胞们。6月25日，它成功地袭击了集结在长江的日本军舰，迫使它们分散开，并炸得一些运输舰起火。6月26日，两艘日本军舰被击中，并击落几架日机。6月27日，据说又有三艘日本军舰被击沉。十二架日机刚抵达安庆，还来不及加油，就被炸毁在地面。自由的中国，举国欢腾。

不幸的是，中国的空战取得了成功，可是陆地上的战绩不佳。不仅如此，还出现了旧军阀时代的老毛病，几年以前，这也许司空见惯，算不了什么，然而今天，在举国抗战的情况下，这件事却分外显眼。当日军进攻马当堡垒时，负责的一位将军擅离职守，去九江寻欢作乐去了。敌人的袭击出其不意，中国方面群龙无首，无人指挥，不到一天时间，这个堡垒就失守了。虽然这位将军被枪决正法，但长江的防线却失了一个坚固的堡垒。

6月29日，日军舰队通过了马当水闸，原来这个水闸的防御工事非常脆弱。在马当以西打了几天，日军的登陆部队侵入湖口西南数英里。在这里，日军受阻，打了几乎一个月，遭受了严重伤亡才到达九江。从九江沿南浔铁路前进，遇到了更大的抵抗，整整两个月都未能突破。

中国空军再创上个月的战绩。在7月的头三天，它击沉或击坏敌人航空母舰一艘、各种海军舰只十艘以上。中国前些年买来供保卫江河用的小型快速索尼克罗夫特鱼雷艇也发挥了很好的作用。据说，它们在九江附近击毁了日本的几艘炮艇。日军坚决加以否认，即使他们拖着被击坏的船体沿长江而下、人人有目共睹的时候，他们也不认账。

7月底在长江以南形成的战局，在8月以及9月的半个多月实际上没有什么变化。在这些日子里，中国和国际舞台上的形势变化莫测。

由于必须调集更多的兵力来前方对付中国的激烈抵抗，日军惊讶地发现，他们不仅不能从华北和上海、南京地区抽调一兵一卒，而且实际上不得不从主要战场调人去对付整个占领区像野火一样发展起来的游击活动。早在台儿庄战役时，全国各地的游击队就在很大程度上延缓了敌人前进的速度。但是，同游击队现在为阻挠敌人对武汉的进攻而采取的有计划的行动比较起来，那简直是小巫见大巫了。

从内蒙古到广东沿海岛屿，所有的占领区都处在动荡不安之中。边区的游击队在八路军的大力支持下①，利用敌人在华北的驻军大大削弱的机会，把他们的活动扩大到了北平和天津的大门口，并进而发展到冀东和东北。这一点，我们前已述及。在山西和河南，中国正规军仍然留了二十八个师，他们利用敌人忙于长江战事的机会，收复了数十个城镇。在山东，石友三的一千名流动部队打进济南城，并坚守了几天。游击队短时间占领烟台时，美国远东舰队正停泊在那里，这使日本人很恼火。日军刚刚夺取的徐州，屡次受到韩德勤部队的威胁。韩德勤的部队以江苏东部为根据地，在敌占区的包围中形成了一块不可征服的中国飞地。在长江下游，以过去的红军游击队为主组成的新四军开始活动。在上海近郊，经常可以听到枪声。游击队在隔江与上海相望的浦东收复了许多城镇。8月13日，在上海战役一周年的时候，游击队竟把一面中国国旗升在日本军用机场的上空。南边的南澳岛，6月底才被日军占领，现在又被坚强的武装渔民夺了回来。日本人屠杀他们的伙伴，破坏他们的渔船渔网，强奸他们的女人，简直把他们气疯了。大陆的部队支援了渔民。日军花了一个月的时间，才重新

---

① 8月25日，朱德在庆祝八路军成立一周年的讲话中说，在过去的一年中，该军参加了六百次战斗，使敌军伤亡三万四千人，俘虏两千人。

控制该岛。

7月底，在"满洲国"与苏联交壤的边境也开始发生"事件"。当欧洲由于西班牙和捷克的局面而呈一触即发之势的时候，以新任陆相坂垣为首的日本军事集团决定"试探"一下苏联的战备情况。苏联无意在挑衅面前退让，便把军队和军舰从长江调往东北。但是，到8月中旬，一切复归平静。① 被赶出张鼓峰后，日本司令官在边界令人啼笑皆非地对路透社记者说，他们"感到骄傲的是，日本士兵竟能顶住俄国大炮那么猛烈的轰击"。日军吃了败仗，仍可大言不惭地吹嘘一番，这倒是一件新鲜事儿。日本人的好奇心得到了满足，他们的威信丧失了大半，再也没有挑起新的"事件"的胃口了，便急忙撤退。他们在张鼓峰的失败，对整个罗马—柏林—东京轴心是一个震动。德国明确表示，它不准备支持盟邦日本对苏联立即发动大规模战役。它又对东京施加压力，不让日本人在中国浪费更多的精力，而它自己则欺凌西方那些好对付的国家。

在7月和8月，远东冲突的国际关系又突出起来。夏初，日本佯攻海南。伦敦和巴黎明确无误地警告日本，② 如果占领该岛，那将被认为是一个不友好的行动。法国采取了对抗措施，于7月3日占领了西沙

---

① 日本人民不像他们的军国主义者那样好战，从一开始就对边境挑衅感到不安。合众社从东京发出的一篇未经审查的、没有日期的报道说："如果日本政府想要了解日本人民对同苏联可能发生战争有什么想法的话，它选择的张鼓峰事件倒是一个很好的试探气球。回答是，现在正在进行的战争已经够日本人民受的了，他们不希望有更多的战争。……如果对苏作战，可能增加更多的负担，一想到此，日本人民就十分沮丧。……商人停止了尚未决定的交易……股票市场的行情暴跌。"

② 5月3日，伦敦在"承认现实"方面作出了一个较早的姿态，英日在上海缔结了一项海关协定，内容是关于英国债券持有者和日本在被日本占领的港口分配中国海关岁入问题。中国政府被邀请对这个友好协定表示正式的同意，因为中国仍然合法地存在。这件事多么可笑。中国提出抗议，没有同意；但为了保持债券持有者的友谊，中国承诺从它仍然保留的有限收入中为被占领海关站支付债券利息。

群岛。日本表示强烈抗议，举行了海军示威，并夺取了东京湾的围洲岛。但法国态度强硬，于是日本人正式同意西沙群岛的事变，并退出围洲岛。这是发生在慕尼黑会议以前的事。英国和法国的言行被日本和中国认真对待。日本人是退让了。中国政府认为，日本由于害怕得罪西方列强而不会下令进攻华南，所以把广州的精锐部队调到了长江前线。8月16日，美国国务卿赫尔针对侵略国发表了强硬的讲话，重申美国的切身利益是确保国际法不再受到侵犯。这被认为是国际上对日本采取了进一步的强硬态度。

似乎是来自晴朗的天，实则是出于克莱武登外交的浑水，查尔斯国王的和谈之议又出现了。最初是，在回答下院的一个问题时，巴特勒副外交大臣说，陛下政府将乐于承担在远东调停的任务。汉口普遍认为，英国大使敦促蒋介石用他手中掌握的一切兵力保卫这个城市，然而他在东京的同僚却与日本外相宇垣① 进行了高度友好的谈话。当英国议会讨论对中国的贷款时，这件事却被张伯伦和西蒙完全破坏了。

"调停人！调停人！谁来做调停人呢？"尚未诞生的绥靖精神投下了长长的阴影。在7月举行第一次国民参政会时，汪精卫先生提出了一项"关于改善同意大利和德国的友好关系"的决议案。无孔不入的德国记者自1月以来沉寂了一段时间，趁此机会又向蒋介石提出了一些问题，问他对议和有什么看法。蒋介石回答说，只要日本军队还留在中国的领土上，他就根本不考虑这个问题。

与此同时发表的一条简短公告说，据报道，日本和张伯伦可能就

---

① 克拉克—克尔公开地采取真诚的亲华态度，而罗伯特·克雷吉则是彻底的亲日派。这两位大使的任命不是偶然的。他们担任大使之职都会受到热诚的欢迎。然而，这些大使的报告在白厅的重要性却不如他们的部下和参赞的报告，因为后者比较"中立"。一位大使的真诚并不意味着派出大使的政府的真诚。张伯伦和西蒙认为，同交战双方保持良好的关系，才能保证时机到来时英国顺利发挥调停的作用。

他们各自在中国的势力范围达成协议,对此,中国政府表示严重不安。对这件事,中国十分关切,它的驻伦敦大使不得不要求英国加以澄清,英国政府对他作出了保证。

这一切都发生在慕尼黑会议以前。苏联明确表示(在张伯伦和轴心国家看来,这是很危险的),它可以帮助抵抗侵略者,给他们以应有的反击。苏联在中国的威信很高。孙科刚访问莫斯科归来,对苏联是十分满意的,而对英国则深感失望。中国舆论界自然会注意到这种对比,并得出自己的结论。中国知道,并且欣赏英国人民对它的同情。克拉克—克尔本人在中国也深得人心,因为他的亲华立场是有目共睹的。而对张伯伦之流、西蒙之流的态度,中国人民极为愤慨。他们所代表的政策使这位开明大使的人格和亲华态度受到误解,并具有危险性。克拉克—克尔鼓励汉口的抵抗,而他在东京的同僚克雷吉则正在同日本外相宇垣将军讨论妥协的可能性。

在这种捉摸不定的局势中,有两个信念仍然是坚定的。滇缅公路的完成重新引起英国对保卫中国西南部不被日本占领的兴趣。即使英国同日本达成一项交易,那肯定也会让日本承诺不去侵犯华南,以免切断香港同大陆的联系。在这样一个原则的基础上,广州将"通过外交手段加以保卫",因为它的军事系统为了给长江提供新的兵力而不断削弱。长江一带急需兵力,因为日本正在向那里发动进攻。

这个新的进攻是从8月22日开始的。这回,在长江以北100英里的安徽中部活动的中路打头阵,它朝西扑向平汉铁路。虽然中国军队猛烈抵抗,甚至取得一个小胜利,收复宿松,但正是在这里,两个月以后,最终决定了汉口的命运。

日军在长江受阻后,转而攻打中国军队的侧翼,向北深入,打乱中国的防线。当在安徽被拦截时,他们又折回来,直捣长江南岸,寻找突破口。

9月初，在九江以南发生了争夺德安和瑞昌的大战。这是自上海之战以来最激烈的战斗。大炮、数百架飞机和毒气全都用上了。在一个地方，一个团的广州军队遭到毒气袭击，但他们坚守防线，毫不后退。中国的飞机和大炮猛轰日本的军舰。9月2日瑞昌之战是台儿庄大捷以后中国取得的又一次大胜，日军伤亡数千人。

整个9月，各条战线和敌后都在进行激战。

长江南岸的码头镇是汉口防御体系中的坚固堡垒之一，经过一周的战斗，它于9月15日陷落了。在北岸起着相同作用的田家镇也于9月30日失守。争夺这两个据点的战斗空前激烈，双方死伤数万人之多，日军和中国伤亡之比为一比二，比中国打阵地战时的敌我伤亡比例要好一些。

月中，日军右翼大大加强，便重新经过安徽和河南中部向平汉铁路进攻。到9月底，他们打到了平汉线。

但是，不论在哪条战线，他们都没有打到离汉口五十英里以内的地方，都没有突破它的外围防线。日军的推进不仅受到中国人在前线的猛烈抵抗，而且遭到敌后游击队的频繁骚扰。他们的时间表完全被打乱了。

使汉口战役最后有利于日本人的，不是局部事态的发展，而是慕尼黑的妥协。英国和法国出卖了欧洲的民主国家以后，日本不仅加强了在现有战线上的攻势，第一次派飞机中队去轰炸西南部的新的抗战基地，而且在华南开辟了一条新的战线。

9月29日，当绥靖的实际意义开始明朗化时，日本外相宇垣被迫辞职。宇垣一直主张英日在远东和解。他反对海军的"向南扩张"政策，认为日本大陆政策的前途在于，在中国划分势力范围，北方归日本，南方归英国，由英国金融界资助和巩固日本武士阶级的对华统治。在他看来，长江是英国在华势力的主要中心。汉口失守以后，日本就可以控制长江的主要部分。它可以允许第三国利用这条大江通商，以此换取英国承认它在北方诸省的统治。宇垣想避免触怒英国进一步反对日本的计划。他希望炫耀，而不是使用可以大大损害英国在华利益的日本实力，同时使英国抱有可以作出"合理安排"的希望，通过英国的调停迫使中国承认日本对北方诸省的要求。

据可靠消息，当局势最紧张的时候，日本在台湾集结大批军队准备进攻香港。一旦战争爆发，这些军队在海军的配合下，很可能乘机袭击英法在南海的基地，那些基地几乎是没有防御能力的。但是，还有一点也是肯定的：东京有一股强大的舆论力量（宇垣显然是属于这一派），主张不采用军事行动，而是把中立和武力讹诈明智地结合起来，直到能够比较准确地预言欧洲冲突的结果时再说。有一位观察家把这称为"恶意的中立"。这种中立的代价可能至少也要英国和法国撤销它们过去对中国中央政府的那种支持。

然而，张伯伦在戈德斯贝格和慕尼黑的所作所为表明，对英国根本无须讨好，甚至欺负它一下也没关系。[①] 这使日本军国主义者大为满意。据说为了准备进攻香港而在台湾集结的舰只、军队和军需品被转到了广州，这对英国商业利益和政治威信的打击几乎不亚于香港的被占领。

当中国向全世界显示了它的力量，而它的弱点几乎被遗忘的时候，另一个大城市像北平和天津一样，没有进行有效的抵抗，就失守了。

---

① 不幸的是，中国政府没有预料到慕尼黑的结果。几个月以后，国民党的一位高级军官对我说："如果日军晚两个星期登陆，他们会发现抵抗的力量更少。10月中旬，又有两个师奉命调往长江。"

像北方的许多城市丧失一样，广州的迅速陷落也是由于国内分裂和对外妥协的时代留下的弱点所致。但是，也有不同的地方。在战争初期，这些弱点是明显地广泛存在的。今天，它们在迅速消失。也许广州是中国为导致卢沟桥事变的十年灾难付出的最后代价吧。

中国的弱点一直是产生于它没有较早地组织和使用它的力量的主要源泉——它的四亿五千万人民。只有中国人民才能打败日本的侵略。只有中国人民才能使中国取得一个自由独立国家的地位。如果中国政府只依靠同第三国达成经济、外交协议的方法来抵抗日本的侵略而压制人民群众的抗日运动，那么，日本就会继续推进。当它忍无可忍，举起抵抗的旗帜，派军队保卫南口和上海的时候，即使这些军队失败了，全国仍然充满了必胜的信心。中国只有在依靠以民主方式加以组织和武装起来的民众的基础上，才能利用它取得的外援来加强它的抵抗力量。如果不发展自己的力量，对自己保卫自己的能力缺乏信心，那么，外界提供多大的援助，也无法避免被奴役的命运。

不错，广东是采取了措施来组织和武装群众。根据官方的数字，该省有三十万人获得了枪支并接受了军训。可是，这支巨大的力量没有列入保卫华南的计划。为唤醒民众而热心进行的政治工作是很成功的，但却没有同抗击侵略者的战备工作有效地联系起来。结果，在敌人优势兵力的进攻下，该省薄弱的驻军无法保卫广州。民兵是有的，但没有人来指挥。广东当局动员了人民群众，可是，到了紧要关头，却把他们置之脑后。不过，组织和训练群众的工作并非毫无意义，精力没有白费。这样的工作绝对不会是没有效果的。今天，民兵成了广东广泛开展的游击队抗日活动的骨干力量。广东人民比他们的领导人更看重自己的力量，他们对自己的战斗力更有信心。

当日军入侵的时候，广东省是由三股力量统治的。当半独立的军阀陈济棠于1936年逃离广州后，中央政府下决心，再也不能让一个人独揽广东的大权。因此，它把该省的军权交给余汉谋，他是一个有封建色彩的旧军队将领，在驱逐陈济棠方面立下汗马功劳。行政大权由吴铁城掌握，他曾当过上海市市长，是中央政府的干将。财权落在曾养甫手里，他是广州市市长，兼广东省财政专员。这三人的权限并没有明确的划分。更糟的是，他们每人都掌握一支军事力量。余汉谋统率第四路军，省主席吴铁城领导一支很大的保安队，曾市长指挥着广东三十万新训练出来的民兵。这种微妙的平衡制约关系意味着，在和平时期使这个省处于一种均势状态中，地方服从中央。而在战时，这种做法只会误事和扯皮。中央政府作出决定后，问题马上就来了：谁来执行？如果三人都负责执行，那么，责任和功劳如何在他们之间分配？广州之所以很快失陷，问题就在于过分依赖英国、未发挥全省的战斗潜力以及官僚主义的分权。这三个缺点根源于同一个祸根——当局脱离人民群众，对群众是抗战的基础缺乏信心。如果有较大的民主的话，这些缺点就不会存在了。只要看看游击地区的军队、人民、政府三者之间的关系，就可以相信这一点了。

  我在广州待了五个月，目睹了最残酷的空袭、后来蓬勃兴起的群众抗日组织、最后的撤退和广州的陷落。在日军侵入以前，我访问了广东省的许多地区，所以我的观察不限于广州市。到广东后，我立即去前线，了解一下日军迅速推进的军事原因。日军占领后，我又在乡下呆了几天，在一些地方观察日军的进入和农村居民的反应。除此之外，我还采访了在交战和占领时期各个阶段的目击者。

  所有这些现场观察使我确信，广州的迅速陷落，绝不意味着广东人民抵抗的结束。以前三个月大力开展起来的组织群众的工作也绝不会因此而失色。广州军队之所以被组织得更好、更加灵活、人数更多而且拥有厉害武器的日军打了个措手不及，其原因我们已经作了分析。当不得不撤退的时候，中国军队井然有序地退出战场，群众也不慌不乱，撤退是成功的，这得力于广州被轰炸以后人民群众接受的强化的政治训练。这种训练的另一些成果是：游击队纷纷组织起来，民兵坚决保卫自己的村庄，全省没有任何一个重要单位卖身投靠日军。

如果入侵发生在5月、6月、7月大轰炸以前，那么，广州的失守对全省的抗战将是一个更为严重的打击。日军对广州居民的狂轰滥炸，从军事观点来说，是中国的一个失败，但是从政治上说，对中国有极大的好处。它不但没有使广州人产生恐惧心理，反而大大促进了爱国情绪的高涨和群众组织的兴起，其规模之大为中国各大城市所罕见。

5月下旬的突然空袭一度使广州陷入瘫痪，但它很快挺起腰杆，给空中强盗作出了回应。最初，每一次大空袭后，人们总是撤走。后来，他们很快正视了现实，认识到这在经济上很不合算。他们横下一条心，决心回来该干什么就干什么，不再那么害怕敌机了，每一次空袭只使他们增加一分仇恨而已。

7月15日，第四战区（广东、福建和广西的一部分）政治部成立了。① 它做的政治组织工作很快引起了世界的瞩目，例如，举行了一系列声势浩大的示威游行，在中国也许是前所未见的。当时在广州的人永远不会忘记上海战役一周年时发起的"向国家献金"运动，9月18日举行的十五万有组织的、部分武装起来的广州市民大游行，以及在广州陷落四天前举行的许多游行示威，最后以十个义勇队的火炬大游行达到高潮。当时表现出来的武装群众的力量仍然存在于那里，正是

---

① 这个机构一方面接受中央政治部的领导，另一方面也接受第四战区司令长官余汉谋的领导。由于它在广东行政系统中的地位不明确，它的工作受到影响。不过，它做的工作甚至比汉口总部做的工作还要多。它发动起来的群众力量未能加以利用，其责任不在政治部的身上。

这股力量阻止了日军向华南的心脏进一步入侵。

在这类示威游行的背后,有着人民群众日益扩大的活动,其目的是吸引越来越广泛的人参与保卫国家的斗争。7月,有一万人参加使用武器的训练。各地举行盛大的群众大会,高唱爱国歌曲。许多新的学生服务团离开广州前往长江前线。党政机关发布命令,明确了在敌人来侵略时每个人应承担什么义务。一方面,规定各社会团体的领导人在遭受轰炸时不得离开本市,否则,将被革职。另一方面,命令受到敌人入侵威胁的地方的名流必须在敌人占领以前离开,以免敌人用威胁利诱等手段拉他们到伪政权服务。

8月,七千名高中和大学低年级学生被征召接受军事训练。十万人签名,致函波基普西的世界青年大会,呼吁它对日本在远东的侵略采取坚决的立场。在8月13日开始的一周内开展的"向国家献金"运动,显示了全市人民对敌人的藐视。"这就是我们对敌人轰炸的回答",感情激动的演讲者说。当轰炸的飞机飞来时,有纪律的群众在街头大唱爱国歌曲,歌声压倒了警报的呜呜声、敌机的嗡嗡声和炸弹的尖叫声。

8月20日,当局调查了广州人民掌握的全部武器。中苏文化协会广州分会成立了。印刷工人、报童、旅馆职工、邮政人员、油坊工人、人力车夫全都组织起来,参加战时教育团,接受政治、军事训练。当局发表了惩处汉奸的新条例。8月底,宋庆龄十年来第一次访问广州。她的到来推动了各种爱国的妇女协会的工作,它们后来不久合并起来,成立了一个全市性的协会。

9月份,举行了三次重要的群众活动。在"给前方写信"的运动中,向长江前线的军队发出了二十五万封信。9月18日,日本入侵东北周年纪念日时,举行了一次节衣缩食、节省燃料的节约运动。9月9日,国联开会研究对日本的制裁问题,在这一天,一百零一个群众团体的代表团共十万人，在全市举行了声势浩大的游行。

9月16日，宋庆龄再度来广州，主持海外动员会议的开幕，参加这次会议的有全世界华侨的数百名代表。"游击队之母"赵妈妈同她一起出席了会议。这位花甲之年的农民老太太，她在东北和华北游击队里的事迹成为今日中国的传奇故事。她在公开场合的许多次露面，使人们普遍对游击战产生兴趣，纷纷讨论日本入侵华南时应当采取的游击战术。

广州人民越来越多地参加抵抗的准备工作，广东省的社会、政治生活普遍丰富起来，这也反映在知识分子和艺术团体的工作中。9月中旬举行的一次战时书画展览会吸引了数以千计的观众。爱国戏剧繁荣昌盛。演出是夜间在市内各地搭的露天舞台上进行的。群众性的歌咏活动非常普遍，走在广州的街头，简直时时处处都可以听到流行的战斗歌曲的激动人心的旋律。

毫无疑问，通过这些活动，大批人提高了觉悟，认识到他们作为中国人、作为广州市民应当担负的责任。在几个星期之内，原来沉默寡言的商店店员和汽车修理技术员就变成了滔滔不绝的演说家和组织者。每一次游行、每一次群众集会，总要出现新的团体、新的面孔、新的领导人。经过一年默默忍耐敌人无情的轰炸后，广州人民终于起来说话了，组织起来，准备保卫自己。夏季三个月的活动充满激情。

广东省军政当局大大落后于人民群众。群众的活动之所以迟迟开展不起来，7月、8月、9月三个月的群众运动调动起来保卫广州市和全省的巨大人力之所以未能利用，责任完全在于它们。

鉴于世界报刊滥用"崩溃"、"出卖"等字眼，最好扼要地介绍一下日本侵略广州的前后经过，因为我在广州市内外耳闻目睹，后来又同消息灵通的观察家交谈，对此有所了解。

日军于10月12日晨在霞涌登陆，没有遇到抵抗，因为霞涌的海滩很浅，面对高山，远离公路，谁也没有料到会在这里发动进攻。有两个条件有助于日军在那里登陆。第一是他们使用了新型浅水登陆艇，配备有空气推进器。当英国人获悉日本有这种登陆艇时，他们彻底修改了香港海岸防务的全部计划。第二是雇用了中国的汉奸。在离海岸十英里的公路上，是没有从霞涌到淡水的路的，但是有一条走私者使用的乡间小道。日军就利用这条小道，在登陆后的几小时内，突然袭击，打败了淡水的人数不多的中国守军[①]，从而在通向海岸的主要公路上取得了一个立足点。在淡水失守后，日军的坦克和重武器便在这条公路的终点澳头登陆。

日军一登陆，它的飞机就开始不断侦察、轰炸和扫射中国增援部队必经的一切交通要道。10月12日，空袭观察站报告，有一百三十八架日机飞临该省上空。日军前进道路上的惠州连续十二个小时遭到轰炸。当时正在那里的一位英国工程师对我说："数不清的日机，六架或九架一组，在十二小时内轮番轰炸惠州，把它完全夷为平地。从中午到下午2时，我敢说，每十秒钟就落下一颗炸弹。当难民们拥上公路时，日机低空扫射他们。"在陆路和水路上活动的任何东西，集结的任何人群，不管是不是军队，都遭到轰击。有几个地方，难民和赶集的农民都被残酷地消灭。不幸恰好行进在公路上的中国军队悉被全歼。日机在这个战役中的空袭是中日战争中最激烈的一次，在整个历史上恐怕也是罕见的。

[①] 淡水驻军司令莫希德是广东省军队里的封建残余。他以蛮勇出名，在士兵当中培养对他个人的迷信和忠诚，并要士兵穿着长袍进行军事演习。这种滑稽表演的另一面是，他的大多数军官都从事走私活动，把钨运到香港，最后转运日本。在淡水，他的军队被打了个措手不及。莫希德本人当时正在广州。他被逮捕并送交重庆的军事法庭审判，被判处十年徒刑。他现在正服刑。

当日本飞机的空袭使中国军队无法向海岸前进的时候,日军的坦克纵队却沿着公路开到了惠州以西的防御工事阵地,中国来不及派兵去那里就被日本人占领。公路沿线小股中国军队进行了英勇的抵抗,但是兵力单薄,寡不敌众,挡不住日军的前进。当日本的机械化部队向广州挺进时,未能把守住公路的中国军队不是退到广州城里,而是撤到公路两侧的山里。

在东江地区的中国军队实际上少于日军。中国军队大部分部署在广九铁路线上,因为他们猜想日军的主要目标是切断该线。不料日军绕过这里,直奔广州。

在广州市,当局下令首先撤退妇女和儿童,然后全体市民都撤走。军队撤退时,不经过广州。在日军进入市内前的一个晚上,广州军队的大部分大炮和汽车等成功地用火车运走了。必须这样做,因为日军已经扬言要切断广州市以北的铁路。

广州市的撤退工作安排得非常好,可以说是历史上前所未有的。几天之内,一座六十万人的城市(正常人口是百万以上)就变成了一片砖瓦的废墟。据估计,日军进城的那一天(10月21日),偌大的广州市顶多有一万人。

广州市撤退得干干净净。广州人宁愿离开自己的家园,也不愿向侵略者屈膝。在日本人占领几个月后,还没有迹象表明大批人将返回自己的家(日本人故意让几条道路畅通无阻)。这充分证明了广州人民不屈不挠的精神;他们宁可过艰苦奋斗的生活,也不愿当亡国奴;他们坚信,日本人的胜利只是暂时的,战斗将继续下去。

10月21日晨,大街小巷空空如也。中国的断后部队忙于炸毁市内的神经中枢。在两个小时内,珠江大桥、发电站、自来水工厂、无线电台和一些大工厂全部被炸毁或者被炸得无法修理。过去几个月来,日本飞机一直想炸毁，然而却未能得逞。当日本人进城后，摆在他们面前的不是他们垂涎已久的一个繁华富裕的大都市，而是一片空空荡荡的房屋，没有电，没有水，没有人，没有吃的。

第二天夜里，这片空荡的地方变成了火海。军火库爆炸，广州受到强烈的震撼。有两天，城里空无一人。中国人全走了。受惊的日本人也退到郊区，等待火势渐熄。他们没有在街上巡逻。直到几周以后，他们才开始干他们干惯了的工作：杀人放火、搜寻废弃金属、贩卖毒品、赌博、嫖娼、建立伪政府。今天，失守六个月后的广州，仍然是一个空壳子。

广州的陷落加速了早就准备好的汉口撤退计划。像南京失守以后一样，中国的整个政府系统再一次向更西的地方迁移。铁路、公路、水路充满了成千上万的难民。当敌我双方的主力军在离汉口很远的地方交战时，这个临时首都的撤退工作就开始了。军政机关是同时从汉口撤退的。日本空军的全部力量可以随便进行轰炸和扫射。

汉口的撤退是完全成功的。军事装备、大部分工厂、大宗商品早已撤运走。可能对敌人有用的建筑物都炸毁了。日本租界被夷为平地。花了最大力量夺取的这座城市，带给敌人的物质利益是微乎其微的。

日本人无法立即巩固他们所得到的东西，这需要从汉口和广州同时出发，进而控制这两大城市之间的整个铁路线才行。如果他们有足够的兵力向前推进，他们可以毫无困难地实现这一点，正如他们在占领南京后如果立即沿长江发动进攻，他们本来可以提早许多月打到汉口的。但是在南京陷落后，他们暂停军事攻势，而采取了新的"议和"花招。这样一来，中国军队就有时间在广东北部和湖南南部的山区修建强大的工事，从而使平汉铁路的这个枢纽成为日本人的一个难题，比津浦路的枢纽徐州还要难以解决。在1939年5月初，汉口陷落六个月后，日军还没有准备好在广州到汉口的这段铁路线上展开大规模的攻势。

不过，到11月初，他们已经前进了一大截，给中国人带来了新的灾难——长沙的毁灭。作为湖南省会的这个大城市，由于当权的官员们昏庸无知，被烧成一堆废墟，其实当时日军还在一百英里以外呢。他们事先没有告知居民就放火烧城。数千人（包括大批伤兵）死于大火。值得注意的是，对此应当负责的是那些一贯阻挠中国进步的人，甚至抗战已经好几个月了，他们还竭力破坏湖南省的统一战线。更加值得注意的是，蒋介石亲自处置了他们，他赶到长沙，下令立即正法，而且其中有些人是他多年的亲密部下，一贯"忠于领袖"，掩盖对中国人民犯下的种种罪行。

从广州和汉口撤退后，中日战争的战局发生了急剧的变化。汉口过去一直是中国的枢纽，交通四通八达，联系着北方、南方和西部诸省。它的地理位置使它在南京陷落后成为全国的军事、政治、贸易中心。而在武汉陷落后，还没有一个地方可以取代它的地位。势必成为日军下一轮进攻目标的自由中国的另外两大块地域——西南和西北只能通过以位于西部的重庆为中心的各条公路千里迢迢迂回联系。桂林、重庆和西安这三大城市分担了迄今为止集中在汉口身上的军政担子。

粤汉铁路过去一直是海外进口品的主要运输渠道。现在，它的作用必须由滇越铁路、安南凉山至广西龙州的公路和花了很大力气修建的缅甸和云南之间的一条新公路来取代了。海防、西贡和仰光成为向中国转运货物的港口。但是法国当局禁止进口军用物资，对卡车等物品课以重税或加以限制，即使运给红十字会的卡车也不能免。滇缅公路还不能承担过重的运输任务。只有俄国通新疆的漫长公路完全畅通，但设备有限，使用起来很困难。

在新形势下如何继续抗战，是摆在全国面前的一个问题。是否继续抗战，谁都不会提出这样的问题。如果说，在南京陷落和广州、汉口陷落之间的那段时期表明，正规战的优势在日本方面的话，那么，它也表明，中国军队可以成功地打牵制战，有时还可以发动有效的反攻。中国战斗力量的主力仍然完整无损，而且由于充实以新武器和实施新的训练方法而得到加强。最重要的是，武装起来的人民到处发动游击战，证明他们有能力阻止日本人对任何占领的省份实行有效的控制。"占领区"的字眼在中国报纸上消失了，取而代之的是"游击区"。这并不是吹大话，而是实实在在的事实，这一点甚至日本人自己也承认，他们对游击队发动了新的声势浩大的"扫荡战"，参加的军队之多简直同完成汉口大会战时差不多。不过，同汉口之战不同的是，这个战役打了三个月之后，仍然看不出有什么显著的战果。

中国军队从实质上来看并没有被击败。游击运动对日本在占领区的控制构成严重的挑战。内地的交通运输、工业生产以及同海外联系的新线路空前地发展起来。一个全国性的统一战线虽然还不够十分强大，然而却比过去任何时候都更加坚决地要求继续抗战，直到取得最后胜利。这就是战争爆发十五个月后中国向世界展现的图景，尽管它的一些大城市陷落了。

第十四章 过 渡

全中国人民团结一致的政治基石是国共两党在抗日斗争中的合作，其力量之强大表现在下列事实中：尽管有动摇和延误，但在紧要关头和需要作出决定的时刻，这种合作始终是极其有效的。南京的陷落是中国为生存而斗争中的一个重大转折点。汉口的失守又是一个转折点。在这种严重关头，两党总是交流经验，共商国是，共同决策，来对付国家面临的新形势。

在日军占领南京后，蒋介石向全国发表文告，宣布要继续抗战。他说：中国人民的真正力量不在沿海城镇，而在广大的内地。1938年10月31日，在敌人攻陷汉口以后，他在一项新的"政策声明"中再次吁请人们注意这一事实。他满意地指出，对汉口的持久保卫战赢得了时间，使中国可以巩固大后方的新的军事、经济基础。他号召人民坚持斗争，重申全国对最后胜利的信心。他援引了一些例子，如美国的独立战争、法国的革命战争、俄国的十月革命和随后红军战胜外国的干涉以及为建立新土耳其而进行的斗争，用以证明：只有坚定不移地继续抗战，才能避免当亡国奴的命运，才能建立一个完全独立、完全自由的中国。

正像南京沦陷以后举行了许多极其重要的军事、政治会议一样，长江战役结束后也举行了一系列重要会议。在撤出汉口的同一时间，第六次中国共产党中央委员会扩大全会在延安闭幕，通过了一系列关于党的纲领的决议，并就第二阶段战争的全国性政策提出了建议。在汉口快要陷落的最后几天，朱德从北方乘飞机来和蒋委员长讨论了许多事情。在重庆，战时诞生的国民参政会开会，号召全国继续斗争，坚持抗战。11月初，在湖南南岳召开军事会议，作出了决定，其重要性犹如制定徐州和台儿庄战略的武昌军事会议的决定。1月，国民党召开了非常全会。不久，国民参政会又开了一次会。在国内战局和国际形势瞬息万变的时期举行的这些会议的结果具有极其重大的意义，引起人们关注。

所有这些会议的一个共同特点是：充满坚定的决心，要继续抗战，对中国的最后胜利更加充满信心。对继续抗战应采取什么样的方法，意见基本上是一致的。所有的决定都是根据两党和全国在团结起来共同求生存的斗争中取得的经验教训的基础上作出的。

在对中国共产党中央委员会全会发表的长篇讲演中，毛泽东极其充分地阐述了持久战的三阶段理论[①]，在汉口失守后，这个理论成了中国政府军事、外交政策的基础。简单地说，这个理论是：日本是个小国，但又是个高度发达的、军力很强的帝国主义国家，它进攻的中国是个大国，但却是个组织较差的半殖民地国家。日本优越的军事力量使它得以迅速地控制中国的大城市和现代化的交通线，充分发挥它

---

① 毛泽东举的一阶段战争的例子是1904—1905年的日俄战争，这次战争以日本进攻的胜利和俄国的退却而告终。法俄战争是两阶段战争：拿破仑的进攻和俄国的退却，俄国的反攻和拿破仑的失败。三阶段战争则是：A进攻B，B退却，长期相持局面，在此期间，B集结巨大的力量，修改战术，整顿组织，然后发动反攻，最后终于赢得战争的胜利。

的优势和利用中国的许多弱点。这是战争的第一阶段，以汉口的失守而告结束。

在第一阶段之所以未能以日本的完全胜利而结束战争，是因为中国在政治上团结起来，决心抗战；在战争的过程中它逐步对外求得解放，对内实行政治、社会的民主；它争取独立的斗争越来越以广大的人民群众为基础。这些情况使它有可能利用它的广大的国土来组织退却，而不至于瓦解民心，同时坚持抗战，使敌人日益精疲力竭，放慢了进攻的步伐，中国自己的力量则壮大起来。因此，战争的第二阶段必然是一个相当长的相持阶段，在这个时期，中国的力量虽然还不足以转败为胜，但却能够利用地理条件和更大的国际支持，阻止敌人取得新的进展，并破坏他们已经得到的果实。这个阶段是旷日持久的、艰巨的，某些人的动摇和变节是可以预料得到的。但是只要继续保持全国团结和政治进步并不断扩大抗战的群众基础，中国的力量一定会大大增强，促成反攻阶段的到来。

第三个阶段来到之日，将是日本穷途末路之时，中国的力量将壮大到足以发动总反攻。日本帝国主义将彻底失败，中国将成为一个强大的、民主的、完全独立的国家，为将来的政治、经济、文化发展奠定牢固的基础。

近期目标是从第一阶段向第二阶段过渡。根据毛泽东的讲演和全会结束时发表的决议，在这个时期，中国面临的困难将越来越大。在汉口和广州沦陷后，抗战将受到下列因素的影响：大工商业的丧失、全国主要铁路被占领、政治行政领导同作战地区的分离、沿海地区被占领、外援暂时减少、财政拮据、全国经济混乱、运输线遭到破坏、军事供应不足。日本人利用这些困难，将不仅重新发动进攻，谋求军事解决，而且策划组织妄图控制全国的伪中央政府，加紧离间国共两党，并在议和问题上引起国民党内部的分裂。全国经济困难的增加将使敌人可以利用这个机会在中国人民中间制造失望和悲观情绪，在抗日营垒中挑拨离间，使某些人动摇，甚至变节卖国。

但形势的另一面则不同，可以说，尽管有这么多困难，然而客观形势变得对中国越来越有利。为什么呢？中国固然面临许多新的障碍，可是在敌人前进的道路上也有许多困难。中国国内的进步形成了对它有利的形势，而这一点日本军国主义者是无法仿效的。敌人的困难是什么呢？"对日本人来说，战线的扩大意味着，地域越大，日军就相对地越少。一旦离开沿海、水路和铁路，在内地的山区作战就困难得多。敌后游击战的扩大慢慢地弄得敌人顾此失彼，精疲力竭。日军对华南的进攻，势必激化英日、美日、法日之间的矛盾。日本军国主义者的继续侵略和中国的坚决抗战，使日本人民看不到战争的尽头，因而会促使日本国内反战、反法西斯运动的高涨。"

中国的有利因素是什么？"中国日益团结和越来越民主。蒋委员长和全国人民都决心坚决抗战。国共两党的合作和全国的团结在不断加强。两党的人数和政治影响都在增长。中国人民仇恨日本侵略者，加强了同心协力抗日的决心。中国仍然掌握着广大的地区（在西北和西南）作为抗日战争的根据地。与此同时，敌后广泛开展的游击战日益发展，新的抗日根据地不断扩大和巩固。中国军队在战争中积累了宝贵的经验，不断加强了自己的战斗力。中国的政治制度一步一步地趋向更大的民主化（特别是在敌后的抗日根据地）。广大的人民群众正在被动员和组织起来。"

如何进一步增加抗敌的力量？如何继续保持有利的形势？中国如何使相持阶段不致永远保持下去，不会在战争结束时变成一半中国被奴役、另一半自由的局面？毛泽东的回答是，中国可以达到自己的目的，在第一阶段中国的力量使敌人进攻的速度放慢了，中国可以进一步发展这种力量，使之在第二阶段完全阻止敌人的前进，而在第三阶段则转入反攻。

"坚决进行抗战和克服我们的困难的关键是进一步巩固中国人民的团结。"因此，中国面临的根本任务是坚持抗战和加强、扩大抗日统一战线。

在上海战役爆发后，国共两党正式宣布合作。南京陷落后，共产党宣称，这种合作不仅存在于战争时期，而且存在于以后建立民主共和国和复兴的时期。两党的长期合作需要一个组织形式。共产党大胆地说，最好的形式是把国民党变为一个由一切抗日党派组成的国民革命联盟，各党派的成员在保持原有党籍的情况下都可以公开参加。"中国共产党正式决定，不在国民党和它的军队内组织秘密的共产党组织，再次宣布它真诚地支持三民主义、蒋委员长和国民政府。它庄严地宣布，它认为最好的合作形式是让共产党员参加国民党和三民主义青年团。它将把参加该党和该团的共产党员名单交给国民党的领导机关，并且不在国民党内接受新的共产党员。第二个方案是，两党在镇、县、省、全国各级组织联合委员会，领导两党合作的一切活动。……妥善地解决两党合作的组织形式问题，对改善两党关系和保证它们的长期合作具有十分重要的意义。"

国民党同共产党作对十年之久，只是在最近才成为同盟者，共产党现在为什么希望同它建立如此密切的有机联系呢？根据毛泽东的演说和共产党的决议，它之所以不得不这样做，首先是因为它对中国所处的历史阶段作了马克思主义的分析。"中国的国内条件（通过由各党各派各个阶级组成的全国抗日统一战线的努力来抗战建国）和国际形势都向我们表明，在这个历史阶段不可能建立社会主义制度的苏维埃国家。"各种力量目前的主要动力不是在彼此之间进行斗争，而是为自我生存和复兴而共同奋斗。对它们来说，目前唯一的政体是"新形式的民主共和国、三民主义的新中国，它的基础将在艰巨的长期抗战过程中奠定"。

根据形势必然得出的这个结论为客观的事态发展所证实："战争爆发后中国趋向民主；抗战建国纲领的公布；国民参政会的召集；省市参政会的建立；各种抗日党派和团体的合法化；人民言论、出版，结社自由的逐步实现；陕甘宁、晋察冀边区抗日根据地民主的实施；人民生活的改善。"

所有这一切仅仅是中国民主的框架和开端，是在国民党控制中央政府的情况下实现的。所有其他党派虽然已经合法，但在政府里仍无地位。显然，国民党已改变了它过去十年所采取的立场，在抗战的压力下它会继续前进。正是由于这个缘故，毛泽东才说，"国民党有着光明的未来"，他才希望既增加共产党的，也增加国民党的抗日力量。在这次中国摆脱了半殖民地地位的反帝战争中，两党成为同盟者。共产党人说，在这些严峻的斗争中，加强同盟者就等于增加了自己的力量，同盟者之间的密切合作是战胜共同敌人的秘密之所在。

共产党是否要放弃它的组织上的独立性和政治原则呢？恰恰相反，共产党人说，只有保持组织上的独立性和坚持自己的原则，它才能够勇敢地向前迈进，提出巩固抗日统一战线的新措施。共产党并不担心在这个战线中丧失自己的特性。它是中国工人阶级的政党，它相信这个阶级（以及它的政党）不仅有光辉的未来，而且已经是全国的先锋队。全会的决议说："哪里最能够严厉地打击敌人，共产党员就到那里去。"共产党领导的军队——八路军和新四军就体现了这一点，它们总是在最困难、最危险的地方打先锋。现在，中央委员会号召所有的共产党员不仅成为模范的战士，而且成为统一战线的模范建设者，因为统一战线是抗日战争胜利的主要保证。与此同时，它要求他们提高自己的理论水平，"学习马克思、恩格斯、列宁、斯大林的理论，学习马克思列宁主义和共产国际的经验，把它们积极地运用于中国的斗争中去，学习三民主义和中国的历史。"共产党在自己的队伍中激烈地谴责"左"的偏差和右倾机会主义。"左"倾分子"不懂得解放中国人民的唯一道路是加强和扩大抗日民族统一战线"；而右倾机会主义者"在执行统一战线的策略时放弃了党的独立性，在政治上和组织上歪曲了无产阶级建立抗日民族统一战线的政策，结果使工人阶级和共产党成了资产阶级的尾巴，而不是保持自己的先锋地位"。张国焘曾经是共产党的领导人，他在不同的时期时而犯"左"的错误，时而犯右的错误，因而被共产党中央委员会开除出党。中央委员会指出，破坏党的团结，企图从内部分裂党，就是进攻抗日的一个重要堡垒，这不仅危及共产党，而且危及全国的抗日斗争。

对三阶段持久战理论的阐述、关于统一战线组织形式的建议以及明确地重申共产党在统一战线内的地位，是这次全会最具有历史意义的特点。它的其他一些决议涉及这样一些问题：通过民主改革、反对经济压迫和民族压迫，来加强对中国各党、各派、各个阶级和各个民族之间的抗日团结；改善军队的政治、军事训练和技术装备；发展游击战，进行战时财政、经济、教育改革；镇压汉奸和托派[①]；加强中

[①] 中国的托派（组成了所谓"共产主义者革命联盟"）在抗日战争中起了恶劣的作用，他们同日本人和汉奸站在一起，反对民族统一战线。在广西，有一个托派分子王公度趁广西军队在北方同敌人作战的机会，企图举行武装暴动。另一个托派张慕陶在1933年察哈尔抗日军事行动中当过冯玉祥的部下，怂恿他的上级"同日本人建立统一战线，反对反革命的蒋介石政府"，后来在西安事变时主张处决蒋介石，在太原沦陷后不久又企图在山西组织暴动。陈独秀和叶青在汉口积极活动，破坏中国的统一。叶青1938年1月在国民党报刊上猛烈攻击共产党。在上海，托派到难民营为日本工厂招募工人，说什么他们返回工厂，可以"加强无产阶级的革命队伍"。这一切在中国无人不晓，被非共产党人士所揭露。

国同反法西斯国家的联系；建立中国、日本、朝鲜和台湾地区人民的反对日本军事法西斯分子的统一战线。

最后，讨论结束时，全会致电蒋委员长表示敬意和支持，说他"领导全国长期抗战，实现了全国人民的团结，给日本帝国主义以严重打击，奠定了取得最后胜利和复兴建国的基础"。全会还向国民党、八路军和新四军、东北人民、西班牙共产党和英雄的人民、领导反对日本军事法西斯主义斗争的日本地下共产党、全世界的共产党和进步人民分别致电。全会在给全世界进步人民的电报中强调中国的斗争同全球反法西斯斗争有着密切的联系。它对一些民主国家仍然给日本以援助表示遗憾。它呼吁同中国友好的一切人士对他们的政府施加压力，根据国联公约第十六条对日本实行制裁，要求禁止对侵略者出口军用物资和原料，加紧抵制日货，组织海员和运输工人拒绝装卸日本的进出口品，要求以捐款、捐赠医疗设备和其他物资等形式给中国以援助。它说："由于有一个强大的民族统一战线，在国际工人阶级和全体进步人民的支援下，中国人民在长期抗战中一定能够取得最后胜利。"

在广州陷落、汉口撤退的那一周内，那些在南京失守时曾大肆鼓吹"议和"的反动分子和投降派又竭尽全力，老调重弹。投降派的祖师爷汪精卫在接见路透社记者时，放出了"议和"的试探气球。他说，中国愿意接受调停，现在等待着日本方面的可以接受的条件。在这个关键时刻，他竟发表这样的言论，自然遭到人们的谴责，海外华侨尤为不满。汪精卫见势不妙，赶忙收回自己的话。几天以后，蒋介石重申中国继续抗战的决心。他的话不仅是说给世界公众听的，而且特别是说给英国大使听的。英国大使曾匆忙赶到蒋介石在湖南的战地司令部，了解中国抗战前途的真实情况。汪精卫虽是国民参政会的主席，但并没有受到人们的拥戴。国民参政会在重庆结束了会议，它通过的一系列决议没有反映汪精卫的汉奸绥靖立场，而是反映了大家对抗战建国的坚定信心。

当日本人民丧失了他们一度拥有的为数不多的民主权利时，中国的国民参政会却认为中国可以取消对书报杂志和其他出版物的一切检查制度，对每日报纸的检查也大大放宽了。

日本对朝鲜和台湾地区人民的压迫越来越厉害。在中国，参政会决定改善同少数民族的关系，纠正蒙古族、回族、藏族等在汉族统治下以前遭受的不公正待遇。

东京政府由于进行不得人心的战争，认为只有实行严格的中央集权式的政治控制才能挽救自己的命运。在中国，为自己的生存、为反对日本的屠杀而战斗的政府可以依靠自己的人民。参政会以绝大多数票决定加速许多地区的地方自治和扩大地区行政领导机关的职能。

日本财源枯竭，使它不得不严格限制对外贸易，唯一的进口货是用宝贵的黄金换来的急需的军用物资。中国则节约自己的黄金。但国民参政会通过了一项决议，要求花大笔钱购买科学设备、教学用品，用以补充战火中的损失，以便继续保持文化的进步。

另外一些决议涉及广泛发展普及教育和大力促进国内贸易。

在11月的第一个星期里，蒋介石在湖南南岳召开了中国所有主要将领的军事会议。会上非常明确地表明了中国政府、国民党和共产党在继续抗战问题上的一致的立场。日本也表明了它的意图。日本陆相板垣10月26日对路透社记者说："如果需要的话，我们将进攻中国最偏远的地方。"军事斗争将继续下去。南岳会议的任务是决定下一个阶段中国战略的原则和方法。

蒋介石对与会的将领们讲话时说，他认为今后中国所有的军队必须更多地依靠人民战争的战术。他的许多军官接受的是正规的普鲁士传统军事训练。现在，他要求他们考虑一整套新的作战原则。对此，他概括如下：

"人民比军队更重要；

游击战比阵地战更重要；

军人的政治教育比军事教育更重要；

宣传比枪弹更重要。"

提出这些口号，是有明确的目的的。这并不是说，以后将不怎么注意军队的军事教育、阵地战的准备工作和武器的生产。但这却表明，中国军队的最高领导认识到，现在必须发挥中国实力中的"政治潜力"，而过去对此是忽略了。因此，中国军队的首脑现在特别强调抗战的这些方面。

为了具体贯彻这些口号，军队的所有单位，一直到连级，都组建了政治部。根据蒋委员长的命令，建立了一个游击战术学校，军队的所有军官都必须轮流到这里接受三个月的强化游击战训练。担任这个学校校长的是叶剑英，他曾经当过红军的参谋长，后来担任八路军驻南京和汉口的代表。这样，就在全国范围内建立了一个专门学习游击战的政治、军事理论的学院，其课程同著名的延安抗日大学和一年以前在晋察冀边区首府五台山建立的培养指挥员和政委的学校相类似。全中国都在学习人民战争的战术。这种战术在新的抗日根据地的极其严峻的条件下经受住了考验。在华北和长江下游敌后形成的这些根据地是通过完全相信人民、不屈不挠地坚持抗战和艰苦奋斗而建立起来的。

最后，为了贯彻这种新战略，中国两百多个师的兵力彻底地重新加以部署。三分之一的兵力部署在各地的前线，负责阻止敌人先头部队的前进。另外三分之一的军队调到后方，进行重新装备、训练和实现机械化，以便提高袭击能力，在将来对日军进行反攻时执行突击任务。剩下的三分之一兵力奉命渗入敌后，进行游击战，加强已有的游击部队，并作为基干力量去创建新的游击队。

这样，游击战的第一阶段就告结束。前线正规军的作战和敌后游击队的活动之间的隔绝状态正式消除了。所谓的"沦陷区"被改称为"游击区"。保卫它们，像保卫中国的其他地方一样，也被认为是国军的任务之一。国军现在比过去更进一步地成为团结起来的中国人民的军队了。

正如蒋介石和抗战的其他领导人始终满怀信心地预言的那样，只要中国不断有新的表现，表明它坚持抗战的坚定意志，中国的国际地位也会随之而改善。自从1937年10月国联建议其成员国单独向中国提供援助以来，苏联认真对待它根据国联公约承担的义务，不断向中国提供有价值的援助。而且在世界上，只有苏联的外交政策规定，任何国家只要它的独立受到武装侵略的威胁，苏联都给予援助。西欧的民主国家迟迟不肯提供援助，主要是因为张伯伦及其在金融界的朋友们继续幻想着远东绥靖的可能性。美国超过了英国，它正式发表声明，谴责日本破坏国际法。但是，这个国际法破坏者继续依靠美国的石油和废铁来犯罪。只是在慕尼黑会议和日军入侵华南以后，英国、法国和美国才对远东的轴心伙伴给予了第一次打击。当时英、法、美三国在太平洋的军事力量是微不足道的。在法西斯国家中，日本的地理位置最适宜采取快速的军事行动，但它也最容易遭受经济压力的影响。

日本没有采取任何明显的行动表示愿意照顾外国的利益，相反，它越来越肆无忌惮地进攻剩余的西方商业势力范围，西方国家忍无可忍，终于在1938年底，除了向东京提出强硬的外交照会（但被置之不理）外，还向中国政府发放了新的贷款，因为事实证明，只有它才是抵抗日本扩张的唯一的堡垒。12月16日宣布，英国出口信贷部贷给中国一千万英镑，用来建设滇缅公路；美国进出口银行贷给两千五百万美元，用来购买卡车和其他非军事设备。由此可见，中国人民的坚持斗争提供了一个基础，使得别国也作出努力来遏制日本控制远东的攻势。当然，这些努力的性质和意图是各不相同的。如上所述，苏联的政治哲学和利益使它必然全力支持中国为争取完全的独立和打败侵略者而进行的斗争。华盛顿的罗斯福政府在这个阶段也充分认识到把美国的全部力量和资源放在世界和平和国际秩序一边的重要性，不过，美国内部的孤立主义反动势力仍然阻挠它采取任何真正有效的行动。[①] 最后，张伯伦和他的应声虫达拉第也打算对东京施加压力，但不是为了帮助中国或遏制侵略，而是为了保护它们受到威胁的租界和"使日本保持理性"，如同它们仍然企图使希特勒和墨索里尼在欧洲保持"理性"一样。中国国内政治上和军事上的进步，使得它可以把所有这些动机变得对自己有利，充分利用它正在得到的更多的国际援助的积极方面，不必担心像出卖捷克斯洛伐克的阴谋诡计中发生的那种灾祸。

在十八个月的战争中，中国抵抗了日本军事机构的进攻，顶住了所谓调停者的"议和"努力，揭穿了敌人阴谋不断利用中国后方任何动摇的表现、任何分裂的可能性。现在，尽管困难大大增加了，但中国的力量反而不断壮大，它对胜利的信心比过去更大了。日本人从来没有放弃通过政治手段征服中国的幻想。他们及其德、意盟邦和在重庆的投降派在1938年12月都感觉到，形势日益绝望。他们彼此磋商后，决定发动一次新的政治攻势，使新中国和一切残余的旧势力之间

[①] 美国关于减少对日本出口飞机数量的决定是一个进步。但是，中立法中关于"现汇现运"的规定则有利于侵略国，因为美国仍然是它们取得重要原料的主要来源地。

发生冲突，使中国人民开展的浩大的抗战活动在内部瓦解和发生内战的形势下不战而垮。

这个攻势的分工如下：东京提出一套新的、"温和的"和平条件。轴心国的新闻界鼓吹达成一项"解决办法"的前景。汪精卫则把这些条件提给蒋介石。如果遭到拒绝，他便纠集自己的政治势力开展一场反对政府的运动。

据可靠消息，在这些条件公布以前，日本的建议（以后包括在近卫的宣言里）就提交给汪精卫，要求他同意。有些人说，这是通过汪精卫在伪政府里的关系转达的；另一些人则认为是通过意大利驻重庆的大使馆转交的。不管怎么样，到1月中旬，这些条款已经到了汪精卫的手里。这些条款要求：中国忠于反共产国际公约；日本人在中国的一切地方有充分的居住、旅行和经商的自由；中国、日本和"满洲国"之间进行经济、政治合作；日军"暂时"驻扎内蒙古"以防止共产主义的扩张"。中国把它的全部资源交给日本支配，以使日本实现其在经济、政治、文化上完全控制亚洲大陆的野心；作为交换条件，东京的老爷们表示愿意把他们在战前享有的一小块租界地和治外法权"交出来"。

当汪精卫想说服蒋委员长接受这些条件时，后者立即拒绝，谈话仅仅持续了五分钟。次日，蒋介石乘飞机去西安视察西北的抗日根据地和通向苏联的军用公路。

汪精卫刚打出他的第一张牌，就失败了，而且失败得很惨，他认为继续留在重庆是很危险的。他的党羽们被暗暗告知，"我们的领袖处于危险中。我们必须使他离开首都。"投降派的成员之一、交通部次长彭学沛秘密为汪精卫提供了一架飞机，让他于12月18日飞往云南。（彭学沛后来被逮捕）

接着，汪精卫便玩他的第二张牌——利用政府不得不退到的那些后方省份的封建落后性。例如，四川三十年来一直处于对立的军阀互相残杀的斗争中，自辛亥革命以来发生的"内战"不下两百次。现在由于中央政府迁移到该省，地方军阀的权力受到约束，他们中间颇有怨气。云南实际上长期以来也是独立的，只是在战争爆发以后，才处于中央政府的完全控制之下。在蒋委员长和政府的其他要员离开汉口几个月以前，汪精卫就已经在重庆设法把那些可能怀有二心的人置于他的控制之下。他让他的部下陈公博负责四川省会成都的国民党党部工作。他的妻子和他的一些亲信大部分时间待在云南。

汪精卫到云南以后，立即去见云南省主席龙云。别人告诉他，龙云已经被拉到"和平集团"一边。汪精卫把近卫的条件告诉了龙云，并指出，日本人从来没有威胁云南，战争使这个省丧失了自治权，使这个省的军队（它构成龙云权力的基础）大部分牺牲在许多遥远的战场上，使云南的许多城市遭到可怕的空袭。① 他建议龙云站在他的一边，一起反对中央政府。他还指示成都的陈公博对四川的地方军阀进行同样的工作。

他的这种想把统一的中国重新拉入不久以前各省之间打内战的混乱时期的阴谋活动彻底失败了。

龙云对汪精卫的答复是，问他蒋委员长是否知道他离开重庆，来云南提出这样的建议。他说，如果不是这样，他要立即报告蒋介石。汪精卫马上逃往河内。龙云向蒋介石作了详细的报告。在四川的阴谋活动也遭到同样可耻的失败。陈公博追随其主子到了印度支那。

了解一下同汪精卫一起逃跑的人们的生涯，对剖析他们的叛国活

---

① 1939年5月初，龙云透露，汪精卫继续从河内离间云南同全国的关系。在3月30日的一封信中，他再次动员龙云造反。

动是有益的。他们全都是一些政治冒险家，像寄生虫一样附在中国国民革命的机体上，不是把革命的进展看作为人民服务的机会，而是当作个人升官发财的阶梯。他们长期以来一直动摇不定，出卖革命的利益。担任中央宣传部部长的周佛海长期破坏中国的国内宣传和对外宣传。[1] 汪精卫在成都的亲信陈公博和周佛海早年曾参加中国共产党，当时做一名共产党员尚无危险，只要有理论上的勇气就行了。后来一遇危难，他们就变节，追随汪精卫十年之久，在国民党内时而极"左"，时而极右。最后，他们以出卖国民党和中国人民而告终。铁道部次长曾仲鸣（后遭暗杀）虽然具体的发展道路有所不同，但本质上是一样的。陶希圣，前面已经介绍过，是一个教授，在1935年12月北平游行期间，曾帮助警察追捕抗日学生。这些人以及另外一两个人都是汪精卫的追随者。

这帮令人厌恶的人在国外从事的活动是，为杀害了千百万中国男女老少的日本帝国主义洗刷，说他们的意图如何仁慈；而那些领导中国的人由于从事"自杀性"的生存斗争而犯下了危险的罪行。他们在日本人的慷慨资助下，在海外一些大的中心收买报纸，雇用了许多笔杆子来宣传英国、法国、美国和苏联是远东和平的最危险的敌人，并组织了广泛的间谍网。与此同时，他们竭力造成一种印象，仿佛他们仍然在国内有力量，有许多人追随他们的"政策"。这主要是为了提高他们在新主子心目中的地位。

不过，日本人十分明白，他们对投降派的力量和影响作了错误的

---

[1] 这个双料变节分子认为怎样才能为中国进行有效的宣传，可以从下列事实看出来：1938年初他任职后举行的一次大型记者招待会，把中德友谊作为主题，使外国记者大吃一惊。会上一些发言的人强调了两国之间的良好关系。这是发生在希特勒公开表示希望日本取得胜利，并宣布纳粹承认"满洲国"仅仅三个星期以后的事！

估计。他们对汪精卫暴露自己而离开重庆十分恼火,因为虽然他的政治影响不很大,但他居于高位,使他有可能为轴心国将来的阴谋诡计出一把力。现在他的用处不大了,汪精卫"对中国人民"发表了许多堂而皇之的声明,日本人丝毫也不感兴趣,不过,他们像散发自己的宣传品一样,也照例在占领区加以散发。在同外国记者谈到汪精卫时,他们都嗤之以鼻。日本首相近卫曾经很相信汪精卫有能力使四川和云南倒戈,从而使中国政府丧失主要的根据地。现在,他不得不辞职,由军方指定的平沼男爵组成了新内阁。日本原指望能够在中国轻易地取得胜利,结果遭到了彻底的打击。新内阁也不可能从这个打击中恢复过来。迄今为止,它仍然没有提出一项明确的外交政策,也没有发表一项对全世界或者对日本人民表明其意图的声明。

日本人意识到,他们想要挑起中国内争的阴谋彻底破产了,但他们和他们的友邦仍然企图使世界相信,对战争已经厌倦、想停止争取自由之战而同日本军国主义合作并恢复内部争斗的,并非是一小撮破产的野心家,而是蒋介石本人和整个国民党。他们说,现在对抗战感兴趣的只有共产党。①

蒋介石本人对这些含沙射影的话作出了回答。他12月26日对笨拙的近卫的"温和"建议进行了严厉的口头攻击。他驳斥了这个建议的欺骗性辞藻,击中其真正的本质。

他说:"对近卫的声明只能联系敌人过去几个月的言行来加以考

---

① 在汪精卫叛国的时候,他的同伙、国家社会党领袖张君劢在写给国民党的主要机关报《中央日报》(它仍掌握在汪精卫党羽的手里)的一封信里对共产党进行了攻击。他以其特有的逻辑说,共产党的存在不是使投降更加困难,而是使抗战更加困难。这是汪精卫的捧场者进行破坏活动的另一侧面。如果这些先生们无法以和平的名义破坏全国统一的话,他们便打着爱国主义的旗号来进行破坏。(那些想给敌人打开大门的人往往披着"反共"的外衣,这种现象不光中国有)

虑。这样，我们才能看到它的真正面貌。它是日本想要吞并中国、控制亚洲、进而征服全世界的狂妄计划的彻底自我暴露。它彻底暴露了敌人毁灭我们国家、消灭我们人民的计划。"

委员长逐条分析了这些所谓"和解"条款的内在含义。

日本人口口声声说他们想要"建立东亚的新秩序"，他们官方宣称，东亚包括"日本、满洲国和新生的中国，它们在政治、经济和文化方面互相帮助、密切合作，共同打击赤祸，保护东方文明，消除经济壁垒，帮助中国摆脱半殖民地地位"。

蒋介石说："让我们来研究一下，他们所谓的新生的中国，就是消灭独立的中国，代之以被奴役的中国。这个被奴役的中国将通过密切的纽带同日本人创造的'满洲国'和日本自己联系起来。所谓密切的纽带不过是沉重的枷锁而已。其他各点的意义何在呢？日本以反对'赤祸'为借口，企图控制中国的军事事务。所谓保护东方文明，其目的乃是铲除中国的民族文化。它的所谓消除经济壁垒，是希望排除美国和欧洲的影响，独霸太平洋。它所说的经济统一，就是要日本控制我们经济命脉的资源……它说要重建中国，意思是消灭我们自由的国家，建立一个亡国奴的国家。"

这篇讲话还扼要地驳斥了所谓把西方国家的租界地归还中国这一蛊惑人心的口号。"所谓归还租界地，实际上是把它们全都交给日本人。"至于日本人表示愿意放弃一切赔款的要求以及它自己的租界和治外法权，这是"很自然的，因为日本人要的是我们的全部资源和人口，他们对我们的一部分领土或者租界地、赔款当然不感兴趣"。

关于"共同防共"的条款也遭到无情的揭露。

委员长说，"对我们实行三民主义的人来说，讨论'共同防共'是毫无意义的。只要指出下面这一点就够了：对日本人来说，这个装模作样的动机不过是掩盖其真实思想的烟幕而已，实际上他们是想要控制我们的军事部署，进而操纵我们的内政、文化，乃至外交。早在抗战以前的年代里，日本就不断提出这个要求。正是因为我们不愿意让出这些东西，我们才最初忍受许多艰难困苦，后来终于被迫号召全国起来斗争和流血牺牲。

"我们应当牢记的事实是，日本参加反共产国际公约不是为了打击共产主义或苏联，而是以此为借口来消灭中国。如果日本真的要防御苏联，那么，在张鼓峰事件以后，日本驻莫斯科大使为什么可耻地向苏联外交部长屈服？不，日本的'反共'只不过是欺骗世界舆论和本国国民的一个花招而已。"

在谈到日本人提出要求允许他们在内蒙古驻扎军队这一问题时，蒋介石说，东京的军国主义者显然习惯于自欺欺人。已经起来为自由而战的中国显然是欺骗不了的。中国不会同意对其领土完整的任何侵犯，就表明了这一点。

关于日本人在中国内地居住和经商的权利问题，他挖苦说，表面看起来，这个要求似乎是无害的。但是在提出这个问题时，近卫"似乎没有注意到，一提及日本侨民，我们的人民马上就想到日本特务机关的间谍活动、走私鸦片、贩卖吗啡和海洛因、开设赌场和妓院、培训汉奸以及日本人的其他种种腐化和奴役中国人的伎俩"。

"我们已经谈及近卫声明中的要点，他认为这些只是'最低限度要求'。如果这是'最低限度要求'的话，我倒要问问他还有什么要求。同广田的'三原则'比较，这些要求多了许多倍，而且更为恶毒。我倒要问：如果在战争开始以前，我们都不能接受广田的'三原则'的话，那么，敌人怎能妄想在打了18个月的仗之后，中国会接受这些亡国的条件呢？"

最后，蒋介石表示了这样一种看法，即日本军国主义正在盲目地走向灭亡。与其说它对中国是一种威胁，倒不如说对其他太平洋国家是一种威胁，因为前者已经觉醒，而后者则仍然沉睡。

"在前线百万以上的军人、在后方数不清的老百姓为国英勇捐躯，把国家从毁灭中拯救出来。我们已经建立了坚强的堡垒来保卫我们国家的生存。另一方面，我们不屈不挠的立场使敌人的所有阴险意图无法得逞。……现在，日本的大陆政策已经扩大为海洋政策。它先是北进，现在又南下。日本除了吞并中国外，现在又企图打乱远东的国际秩序，把英国和美国的势力排挤出整个太平洋。

"承担有条约义务的世界各国早就应该对侵略者采取惩罚措施了。但是，当中国首当其冲来遏制日本军国主义者的时候，它们却犹豫、观望。

"我们抗战的目的是完成国民革命的任务和取得我们国家的独立、自由和平等。在国际上，我们的目的是维护公理和正义，在国际交往中恢复善恶的界限。我们的战争是正义与强权、是与非、遵守国际法的国家和破坏国际法的国家之间的战争。最后，这必将产生效果。全世界将会起来支持我们。与此同时，我们必须坚持我们的立场，牢牢盯住我们的目标。每一个新的困难都将把我们锻炼得更坚定，抗战的持续只会增加我们的勇气。最后胜利必将是我们的。我要求我们党内、军内的同志和我们的人民加倍努力来实现这一目标。"

几天以后，蒋介石领导的国民党就根据他的明确的政策声明采取了正式的行动。1月1日国民党中央常务委员会特别会议撤除了汪精卫及其追随者的一切职务并把他们永远开除出党。

1月中旬，国民党中央执行委员会第五次全体会议研究了抗战第二阶段全国全党面临的任务。根据它的一个最重要的决议，成立了最高国防会议，全权负责抗战期间一切政治、军事事务以及党内事务。由于认识到要开发中国的西部和必须改善同这个地区的少数民族的关系（国民参政会最近强调了这一点），成立了一个新的政府机构——边疆事务部。另一些重要的措施涉及管制工业、改善财政管理、促进对外贸易、鼓励合作社这种战时复兴经济的形式。

共产党提出的关于统一战线组织形式的建议的讨论情况没有公布。但是，根据其他一些决议和国防会议的组成来看，共产党的建议没有被接受。与此同时，会议关于长期抗战问题的宣言、对投降倾向的谴责以及它所采取的一些军事、经济措施表明，两党在一些基本国策问题上的一致性比过去大了。共产党发给会议的贺电进一步强调了这一点，它重新表示在抗日斗争中支持蒋介石和国民党。

表明全中国团结一致的最好证明不是来自国内，而是来自日本的反应。

一方面，日本在军事和政治方面作出了最大的努力，仍远远未能征服中国，这在东京引起混乱和沮丧情绪。就连最好战的板垣将军也不再谈论向重庆进攻了。他对忧心忡忡的日本财阀以及同样忧虑的日本法西斯盟国说，日军今后将集中力量加强对占领区的控制，因为在这些地方又出现了许多新的战场。正像日军在张鼓峰试探了一下苏联的实力之后，便赶忙把注意力转向比较容易啃的华南一样，现在它不想在大陆发动新的大战役，而是要夺取海南、封锁租界以及在其他方面排挤外国列强的权益，因为它们正忙于欧洲不断发生的危机，自顾不暇。与此同时，东京的"元老政治家们"对军界的"坏小子"谋求实现日本在太平洋沿岸的目标的做法感到有点儿吃惊。他们就调停问题谨慎地同张伯伦的大使克雷吉进行接触。传说这种接触得到天皇本人的赞同。

另一方面，日本军国主义者对不肯屈服的中国进行的新威胁表明，蒋介石对近卫的甜言蜜语的分析是多么正确。同这位前首相口口声声说日本没有领土野心的做法相反，板垣将军在1月底公然不讳地说，日本军队无意撤出华南和华中，更不用说华北了。他也忘记了日本对国民党说的那些阿谀奉承的话，日本人曾经希望它跟着"它的领袖"汪精卫走。现在，日本军国主义者咆哮说，三民主义必须根除，国民党（更不用说共产党了）必须完全消灭。为了对中国不幸的人民表示永恒的友谊，日本又对重庆、桂林、宜昌、万县以及其他许多重要的城市狂轰滥炸，千千万万人死于非命。

一个原来十分强大的危险敌人现在日益绝望、动摇和精疲力竭；而中国的力量则一天天壮大，全国越来越团结；两者形成鲜明的对比。日本越来越内外交困。而中国则满怀信心地前进，不仅抗战进入一个新阶段，而且世世代代争取建立一个强盛国家的斗争也进入一个新阶段，它要使中国成为一个现代化的民主国家，屹立于世界自由独立国家之林。

第十五章　中国在前进

孙中山是中国现代政治思想的奠基人、国民革命运动的发起者和民国之父。当他在1925年3月12日逝世的时候，他留下的遗产是三民主义，确定了全国的任务是：实现完全的民族独立和平等、实现国内民主和改善中国人民的生活。孙先生强调说，这三项任务是密切联系着的，只有全部实现，中国人民才能取得彻底的民族解放。

这位伟大的民族民主领袖领导中国人民，为摆脱束缚他们巨大能力和中国富强的枷锁而奋斗了四十年。他同他的少数追随者推翻满清王朝。这个王朝在历史之树上早已腐烂了，在其腐朽的最后阶段对外国列强不断退让屈服，丧权辱国，几乎断送了整个国家。在清朝被推翻后，孙中山领导的进步运动又面临新的敌人，即买办、军阀反动派，他们植根于中国封建落后的土壤中，并分别得到互相对立的外国帝国主义的支持。这些军阀十年多来互相厮杀，内战频仍，使国家备受折磨，但他们在反对进步势力方面倒是团结一致的。到孙中山逝世的时候，现代中国史上的这个阶段还没有结束。

孙中山之所以能够在四十年的时间里始终站在国民革命运动的最前列，是因为他具有善于总结经验、根据历史要求的变化而不断改变工作方法的非凡才能。在民国初年，他有过一段失望的时期，后来认识到，那些曾经帮助推翻清朝的严密的帮会组织，如果没有中国人民大众的自觉的、有组织的支持，是无法解决民族民主革命的新任务的。他还懂得了，革命必须有自己的强大军队，这支军队必须完全灌输以它的政治原则。最后，他认识到中国人民的利益同全世界进步力量的利益是一致的。

根据这些经验教训，孙中山确定了中国人民争取自由斗争的国内外战略的基本原则。1925—1927年国民革命军的北伐之所以取得巨大胜利，盖源于此。在他的领导下，在共产党的合作下（他认为这是必不可少的），国民党着手组织人民群众参加这个斗争，支持农民要求土地改革和工人要求实行八小时工作日和公平合理工资的努力。为了给国民军培养有政治觉悟的坚强领导人，成立了黄埔军校。最后，在外交事务方面，国民党当时遵循了同世界上一切以平等待我之民族和政府保持友好关系的原则。那时，英国政府的政策成为其他西方列强效法的范例，英国在广州策动了反对新的国民政府的叛乱，命令它的军队射击中国的工人和学生，全力支持北洋军阀。因此，国民党只同苏联保持了正式的关系。苏联放弃了帝俄享有的租界和治外法权，毫不迟疑地表示完全支持新的民主国民政权。此外，国民党还同美国、英国、法国、印度和日本的工会运动和进步党派互派代表访问，保持了密切的联系。

有人对中国的第一次统一战线进行攻击，说它无条件地敌视西方的利益。这种指责是恶意的、不真实的。在1922年发表的《中国之国际开发》一文中，孙中山邀请外国对中国的宏伟的建设计划进行投资，涉及建设许多新的港口和几万英里的公路和铁路。但人们不大重视这个计划，首先因为它的作者被认为是一项失败了的事业的破产理论家（充满了盲目的一厢情愿的空想）。第二是因为孙中山坚持，外国扩大在中国的经济活动不得损害中国的主权。这实际上只有当中国取得完全的独立时，才能做到。中国人民的合理的、正当的远大抱负被斥之为共产主义、掠夺，甚至是更坏的东西。这种胡言乱语并没有反映中国的实际情况，不过是当时张伯伦之流的政策的回光返照而已。那是一个伪造"季诺维耶夫信件"的时代。

当年（奥斯汀荣任外交大臣）张伯伦之流的政策生逢其时，颇为成功。中国各派力量的团结破裂了，它的实力消耗在新的、更大的内部厮杀中，日本帝国主义的威胁不仅有可能彻底摧毁中国的独立，而且有可能把西方的势力挤出中国。今日之中国又回到了唯一的生存和进步的道路上。今日之张伯伦们面临着比1927年更现实得多的危险。他们不得不承认，他们在远东利益的命运，除了其他许多因素外，主要操之于中国重新建立的统一战线的战士之手。

我无意于进一步回溯历史。但是，为了正确地总结中国民族解放战争第一阶段的基本成果，1924—1927年的形势倒是必须参考的。今天，像当时一样，孙中山的三民主义构成了国共两党的民族统一战线的基础。像当年一样，抗战的政治目标也是建立一个三民主义的共和国。根据战时在实现三民主义方面取得的进展，我们可以判断出中国前进了多少。根据尚未完成的任务，我们可以解释中国失败的原因，并大致看出它还需要走多远的路程，才能取得最后的胜利。

我们来看看民族主义。

在战争爆发前，中国的独立处于极端的危险中。三年以前，当日本的攻势有可能吞没不抵抗的北方诸省时，只有北平的学生大声疾呼，表示抗议。国民党军队和红军之间的内战直到1936年底才结束。许多省操纵在对立的军阀之手，他们热切地希望中央政权解体。抗日运动遭到禁止，爱国的工人被关进监牢。人民和政府之间的鸿沟日益扩大。人民认为屈服于日本是危险的。而政府则认为，为了将来进行抵抗，必须重新武装，以此为借口，对贪得无厌的侵略者一再姑息。对自己的力量缺乏信心的南京政府把遏制日本的唯一希望寄托于英国和美国对东京施加外交的和经济的压力。中国能否生存，似乎掌握在别人手里，而不掌握在自己手里。

今日之中国才是真正的独立，其独立的程度不仅大于战争爆发以前，而且大于中国现代史上的任何时期。日军所到之处，莫不遇到抵抗。谁也不承认他们的"特权"。他们甚至在他们的老基地也无安全可言。在中国正规军撤退的地区，向日本的统治挑战的不是示威游行的男女青年，而是强大的游击队。内战已经成为记忆中的事，今天国共两党并肩抵抗民族的敌人。来自各省的军队在前方流血牺牲。日本人及其盟友汪精卫试验了一下以前反叛地区的忠诚，结果发现它们都反对他们的任何阴谋诡计。爱国运动的口号成为全国的指导原则。政府在抗日斗争中得到人民的完全支持。中国正在以越来越大的信心为自己的前途而斗争。不仅中国认识到它的生存取决于它是否能够发挥自己的潜在力量，而且那些中国一度希望它们给以保护的外国现在也承认了这种力量，认为只有中国才能维持它们在远东的利益。

在汉口失守后，日本利用欧洲的长期危机，拒绝重新开放长江和珠江让中立国航行，对外国的租界增加了压力，并夺取了海南和南沙群岛，作为进一步进攻英国、法国、美国在太平洋阵地的基地。对受到这种威胁的西方国家来说，中国的坚持抗战变得越来越重要了。中央政府明确地表示了它的决心，并有能力进行抗战。支持这个政府，是对咄咄逼人的日本进行反击的最迅速有效的办法。回顾战前中国同西方国家的关系史，我们马上可以发现提供这种支持的环境大不相同。过去，国际上对中国的援助大部分不仅附加有控制其政策的条件，而且外国的贷款还伴以外国在中国领土上驻军。今天，所有外国的老势力范围都是在日本占领区，它们面对的只有一个敌人，即日本垄断资本家。今年年初给予中国的贷款虽然也使这些外国在中国新的经济发展中分享一份利益，但却没有损害中国独立的政治后果，反而有助于中国争取独立的斗争。中国通过抗战和建国并举的行动，就在其现代史上采取了最果敢的步骤来摆脱半殖民地地位，使它在控制太平洋的斗争中再也不是一个消极被动的卒子。不管来自何方的"调停"努力都失败了，这也进一步证明了这一点。

甚至在战争爆发以前，西方的舆论界在较小的、但也颇为可观的程度上，也包括有关国家的政府，都认识到，十九世纪和随后的义和团动乱中强加于中国的不平等条约终究是要取消的。很可能的是，正如孙中山所曾经坚持的那样，外国参加战后中国的巨大建设项目将以完全废除这些不平等条约为条件。如果国际上继续保持目前这种发展趋势，这方面是不会有什么严重困难的，特别是因为过去两年来，这些困难已经逐一消失，在重庆同华盛顿、伦敦和巴黎的关系中不再起作用。这完全是因为中国继续坚持抗战的缘故。如果对渴望搞远东慕尼黑的人让步（这样的人不仅在唐宁街有，而且在进步民主的美国国务院核心内也有），那就会重新回到保护国、国际财团划分"势力范围"的可悲的老日子。虽然这样的倾向肯定是存在的，但中国的和国际的历史都已超越它们，它们永远不可能重新支配远东的局势了。

民权主义的情况怎么样呢？

这方面的成就，我们已经详细介绍过了。在中国的某些地区，完全的民主已经成为现实。在全国，言论、出版、结社的自由已经得到承认；只要不反对抗日，任何政治色彩的团体都可以享受这种权利。

每个抗日的党派都可以公开存在,并宣传自己的主张。各党各派、各种群众团体、各种职业的代表都可以通过国民参政会就国家的政策发表意见。当然,这一切距离真正的民主还有很大的距离。参政会的代表候选人是由各个组织提名的,但最后还需经上级批准任命。任何民选的机构都不能提出或通过立法。中央政府的职务全部由国民党垄断。

不需要掩饰这些缺点。它们将来会得到纠正的。迄今为止战争的历程已经使全国和执政党认识到必须扩大抗战的政治基础,将来的长期斗争将使这种趋势进一步发展。在这方面,游击区的活生生的例子是具有特别重要的意义的,因为敌人对那里发动的最猛烈的进攻都由于最大限度地发扬民主、动员群众而被击退了。

虽然现有的民主还有限,但不能因此而看不到它所反映的巨大进步。仅仅三年以前,自由思想还被斥之为"文化匪徒",出版物被禁止,人民群众的抗日活动被取缔,救国运动工作者被监禁,参加反对党要被处以死刑。

民生主义如何呢?

三民主义坚决要求进行土地改革、改善工人工作条件、限制私人企业和由国家控制主要工业部门。

土地改革当然是现代中国的基本要求之一。它也是抗战的根本条件之一,因为打仗的主要是农民。国军的兵源依靠农民。国家的食品供应也依靠农民。抗战的费用主要依靠土地税。中国争取独立的战争是在农民的田地上进行的。中国的飞机场和新的国际公路也是靠农民的力量修建的。每打一个月的战争,新的负担、新的责任就落到农民的因劳累过度而弯下来的腰上。

认真对待改善农民生活问题对抗战具有多么重大的意义,我们还是必须举边区的例子。在那里,由于认真考虑农民的权利,实行减租减息，把庙宇的田地、废弃土地和逃跑的地主的土地交给穷人耕种，结果形成了抗战的坚强堡垒，顶住了日本人的无数次"扫荡战"。在中国的其他地方，这方面的工作却做得很少。但是，前线的一些县，税收减免了，高利贷的利息减少了，征兵的方式正规化了，以前不让搞的农民组织现在又允许存在了。在关于台儿庄战役的报道中，我们已经谈到国军改进了对人民群众的态度，群众也作出了良好的反应。

中央政府迄今还没有公布一项抗战期间全国性的土地政策，这不能不说是今日中国整个进步形势中的一个缺陷。由于缺少这样一项政策，一些地方仍然沿袭老的做法，结果很快被日本人加以利用。侵略者认识到农民的重要性。他们一方面把那些被怀疑窝藏游击队的村庄整个烧光摧毁，另一方面又用小恩小惠拉拢老百姓，如免去税收、发放贷款和农畜、农具、种子，诱使他们放弃抵抗。在长江下游的一些地区，虽然日军为非作歹、烧杀抢掠，但由于采取了这些做法，形成一定程度的社会安定。而相邻地区的中国军政当局在这方面反而落后。在日军的侵略中，农民首当其冲。他们当然愿意抵抗。如果没有他们的奋战，就不会有抗战。但是，为了使他们抗日，必须为他们提供抗日和生活的条件。这就是说，应当免除他们身上的沉重负担。

抗战的第二个阶段可能是长期相持的阶段，日本人可能花较大力量来整顿占领区，因此中日双方各自控制地区的人民生活情况的对比将具有更重大的意义。中国农民为战争出了不少力。然而，除了边区外，他们得到的东西很少。而中国的地主大部分出力不够，在许多情况下，甚至拒绝降低地租，虽然军事行动已经使土地遭到了破坏。这种情况必须加以改变，而且必须在抗战的过程中就予以改变。与此同时，农村地区的阶级冲突没有理由在现在这个阶段尖锐化。只要全国团结一致地反对侵略者，民族斗争的利益应当高于一切。现在需要的是，居民各个阶层都对国家的统一作出同等的贡献。边区的经验表明，当日本的威胁近在眼前的时候，乡绅是愿意根据法律和农民组织的要求作出让步的，因为他们认识到，这种让步可以加强对日军的抵抗，是挫败敌人的最好保证。如果中央政府采取坚决的土地政策，由地方当局在群众组织的支持下予以贯彻，那将是一个必要的步骤，可以大大增强国军的作战效率和提高农业的生产率。

自战争爆发以来，中国产业工人的生活发生了急剧的变化。单单是在上海，中国百分之七十的机器工业不是毁于炮火，就是在日军占领后被他们拆掉。但中国工人阶级是压不垮的。在两年的战火中，中国的男女工人千辛万苦，维持生产，坚持到敌机轰炸工厂的最后一分钟；当工厂被炸毁时，他们转移到西部的新工业区。中国的铁路员工在世界劳工英雄史上写下了新的光辉的一页，他们不仅在敌人飞机大炮的轰击下，而且在敌人坦克和步兵的直接进攻下保持了铁路线的畅通。熟练工人跟着游击队，为他们供应武器弹药，以自己的生命保卫流动的兵工厂。我们前面已经介绍了产业工人同战士们肩并肩地保卫上海，还报道了井陉煤矿工人游击队以及山西、河北和山东的铁路工人扒轨队。工人是中国新的机械化师的支柱。新四军副军长项英便是来自汉口的一个工人。

在抗日战争期间，中国工人阶级争取到了结社的自由。1938年在汉口，五一节被当作全国性的节日来庆祝，这在中国历史上还是第一次。

1927年以来，组织民众和对军队进行全面的政治训练第一次被认识到是保卫国家自由的基础。其实，这两件事是孙中山的一贯主张。没有群众的热情，没有人民自觉自愿的努力，没有他们的创造力的发挥，是很难想象能够维持抗日战争的。这可以衡量出这个国家发生的巨大变化。仅仅三年以前，没有任何一个非官方机构会积极关心国家的命运。

长期以来，军队不是用普鲁士传统培养，就是盲目地忠于各省的军阀，而今天则有了统一战线的游击战术学校，所有的军官和政工人员都必须去那里受训。对人民来说，军人不再仅仅是强迫人民或征税的工具，他们是保卫人民权利的自觉战士。军队的组成也发生了变化。它不再主要是由于城乡的无业游民组成。今天，拿枪的人几个月以前还是农民、城市工人或店员等勤奋劳动者。他们都是有来历的人，同绝大多数中国人有着共同的思想感情的人。

中国在这方面已经取得了巨大的成就。虽然群众组织和军队还远远没有达到斗争的要求，但那是由于过去的遗产造成的。以广州为例，当时人民群众的觉悟和武装对当地的军事力量没有产生什么影响，因为他们只被当作战时军事训练的对象，而没有被视为国家防御系统的一个重要组成部分。对待创造一个群众性的抗日基础的问题，往往流于形式。人员登记注册了，组织机构也大张旗鼓地成立，接着，整个"运动"就无声无息，直到第二年周年纪念会上才又宣传一番，因为它不是建立在人民群众的主动性的基础上，而是建立在"领导人"的纸面计划上，他们认为，只要把所需要的人数登记在花名册上，就万事大吉了。当然，这并非普遍现象。读者在以前的章节中已经看到，各地完成了大量实实在在的工作，迄今为止已对抗日斗争发挥了重要的作用。全国各地正在努力深化和扩大组织群众参加抗日斗争的工作。

中国军队大有改善，已经变得不一样了。在介绍过去两年几次大的战役的章节中，我们比较详细地谈到了这种改善的过程。我们看到，军队采取的战术是正确的。那么，为什么尽管日军的进展越来越困难，战局还没有发生决定性的改变呢？部分原因在政治方面，有些任务有待于在政治、经济改革中完成。另一部分原因是军队的技术装备和组织形式落后，这是过去遗留下来的问题。在训练和装备方面缺乏统一性，战士的主动性和政治教育参差不齐，指挥方法和水平良莠不一。某些省级军事领导人在抗日战争中表现出色，是卓越的战略家，如广西的李宗仁、白崇禧，广东的李汉魂、张发奎，老国民军孙连仲、张治中。在蒋介石的部属中，汤恩伯、卫立煌、陈诚以及其他一些人表现出了不凡的才能。但是也有许多老将领不能适应新的形势，缺乏主动性，不会在现代战争的复杂情况下指挥大规模军队作战。其中一些人由于玩忽职守而被枪决，另一些人被革职，但是仍有少数人留在指挥岗位上。

除了游击区外，难道中国军队没有培养出年轻的将领吗？没有在战火中从人民群众中间造就军事人才吗？当然是有的。但他们仍然埋没在行伍之中或年轻的军官之中。他们发动的进攻常常打乱日军的军事部署，他们指挥的英雄连队，英勇无比，打垮了占绝对优势的敌人，使举世震惊，人们不禁要问，中国有这样的军队，为什么没有更早地遏制住侵略者？必须及早解决的问题之一是：如何为这样一些领导人提供更大的用武之地，如何使他们的才能用在更大的作战任务上，而不是待在领导一支小部队的岗位上，以掩盖其上级的错误。我们可以满怀信心地说，这个问题是会早日得到解决的，正如同历史上所有的人民战争解决了这个问题一样。

中国军队，作为一个政治力量，是极为重要的因素。全军一致主张坚决地、毫不动摇地抗战。它完全相信中国一定会取得最后胜利。在汪精卫的投降主义公开化以前，它就遭到军方的一致的反对。在汪精卫叛国以后，军方强烈要求对他施以惩罚，从政府机关中清除他的影响。

1939年四五月间在各个战场发动的反攻被外国报刊欢呼为总反攻的开始，其实它的重要意义主要是表现在政治上，而不是军事上。它还不可能根本扭转战局，因为现有的战斗力对比仍然是日本居优势。但它的确表明，中国政府坚持抗战的决心不仅没有动摇，而且变得更加坚定。它说明，中国军队的实力在汉口陷落后已经增强了，超过南京失守和台儿庄大捷之间的那段时期。最重要的是，它把政治主动权从敌人手中夺了过来。

　　日本迫切需要稳定它的战场，巩固对已经占领地区的控制。日本国内的不满；它的反共产国际盟邦的怨言；必须确立一个明确的地位，以便同其他国家最后讨价还价；所有这一切都要求它这样做。然而东京为此目的而设计的一切纸面计划和时间表都是以一个假设为依据，即战局仍然完全处于日本的控制之下。日军必须始终能够自行选择何处攻、何处守、何处退。然而今日之战局并非如此。今天，侵略者是在哪里遭到进攻，就在哪里打，而不是主动进攻。日本军力的部署不是由日本复杂的国内外形势决定的，而是由重庆最高统率部的意志决定的。除非东京摧毁中国的军队实力，否则，它是无法防止它的军事、政治计划不遭到如此破坏的。另一方面，为了粉碎中国军队而发动新的进攻，其效果不会比以前的同类进攻好。在目前这个阶段重复徐州、汉口那样的战役，在日本人看来是不适宜的，而且有害于轴心国的更大的目标。

　　就国外说，日本的处境也同样不好。它是法西斯国家中最不幸的，它不能像希特勒之于捷克斯洛伐克和米美尔，墨索里尼之于阿尔巴尼亚，它甚至在小小的鼓浪屿也不能有明显的胜利。不能说它的军队精疲力竭了，还不是这样。但是中国的抗战使日本处境困难，使它不知道如何使用自己的军队，不能满怀信心地依靠军队来达到自己的任何战略目标。战争是政策的武力体现。很难说,今天日本的政策究竟是什么。

在贯彻孙中山对外政策指示方面取得的进展产生了效果。孔祥熙1939年2月对参政会的报告中作了这样的总结:

"国际形势变得对我们有利。友邦及其人民对我们抗战的目的和精神有了更好的理解,因而更加同情我们,给我们以更多的帮助。

"国联第一百零四次会议决定继续给中国以道义上的支持。苏联作为国联成员,为履行国联决议的精神,一直支援我们。英国和美国同样给我们以物资上的帮助。美国购买了许多白银,从而稳定了我们的通货。最近,美国和英国答应给我们商业贷款。"

世界各国人民对中国表示最大的声援。伦敦举行了抵制日货会议,在美国成立了以史汀生上校为首的不参加日本侵略委员会,抵制日货和对日禁运的运动不断发展,有组织的劳工一致拒绝为日本装卸和运输军用物资,全世界成立了许多援助中国的组织,所有这一切极大地鼓励了中国的抗战。

我们已经指出,中国各族人民之间加强了合作,政府对少数民族实行了比较开明的政策。西方的进步对中国的政治、经济生活产生了越来越重要的影响。与西藏接壤的西康已经改成一个省。孔祥熙在给参政会的报告中说:"令人满意的是,新疆有了显著的进步,边防督办盛世才将军把该省的许多民族团结起来,成为一个坚实的集团。"1938年底在省会迪化(乌鲁木齐)举行的国民代表会议透露了令人惊讶的进步。这个位于中亚细亚心脏的边远地区第一次真正进入了中国的生活激流。它为抗日前线捐款,捐献飞机,提供兵源。它的航空学校培养着中国的飞行员,它新开办的大学、出版社和文化发展计划吸引了上海战前救国运动的许多知识界名流,其中包括中国最著名的小说家茅盾,他领导了一所文艺学校。回族和蒙族参加了中国的抗战。① 西藏比过去更加关心中国的命运。

孙中山的建国大纲在抗战的两年中付诸实施的情况比过去十年还要多。空中交通得到了前所未有的发展。通过新疆的中苏公路以及通过缅甸连接印度洋的中国国际公路都已建成。中国的铁路向南发展,经广西直达印度支那,西南部从云南到缅甸,向西连接苏联线路,在国内把四川、贵州和广西连接起来。这些计划很早就制定了,但搁置了几十年,现在终于付诸实施。在大后方,新的工业蓬勃兴起。中国的工业合作社是一种大有前途的试验,在短短的几个月内就建立了五百个,计划建立三万个这种小型流动的生产单位,以便在靠近前线的地区保证必需品的供应。

行政院通过经济部、国家资源委员会及其他政府机关,控制战时工业建设工作。新公路的交通运输工作或直接由国家管理,或另行安排负责机构。

这些发展项目的资金来自中国的主要金融集团、工业家集团以及海外华侨资本家,他们以这种方式积极支援抗战。除此以外,他们还大量购买国家公债,表明了他们对最后胜利的信心。不幸的是,仍然有许多资本投在上海和香港暴发起来的不动产生意中,或者干脆囤积手中等待战后建国时在安全的条件下很快地获得利润。国家的所得税仍有待于彻底有效的实施。

庄稼的丰收、西南和西部自然资源的开发、有效的财政政策、国

---

① 日本人在新疆搞的复杂的阴谋活动,在1935—1937年的激烈的内战中被击败了。值得指出的是,1938年在汉口代表新疆维吾尔族的一位流亡造反者曾对我说,汪精卫对他许愿,战后让他当新疆省的主席。在战时首都,德国新闻记者们曾多次采访他。他对新疆省政府和苏联进行了攻击,德国记者高兴地大肆宣传。

际支持、人民的爱国精神等条件使中国的货币非常稳定，而日元则必须通过许多人为的限制来加以支撑，日伪政权的"联合准备"钞票则濒临破产。

不论在政治上、军事上，还是在经济上，中国都是站稳了脚跟的。

中国在多大程度上"赤化"了？

以上所述，应该足以回答这个问题。日本大肆宣传中国"布尔什维克化"，受这种宣传影响的人应该特别好好读读本书的报道。在过去两年中，民国的进步比它历史上任何时期都快。但同战争的迫切要求相比，在实现孙中山的三民主义方面仍然嫌慢。但中国离共产主义远得很，它甚至还没有甩掉封建的枷锁。封建的余毒使得西方式的议会民主都无法实现。

像其他许多国家一样，中国现在有一个强大的、合法的共产党。它是中国的第二大政党，但党员人数还没有法国共产党多。中国共产党支持领导全国抗日救亡的中央政府。但它在中央政府里没有担任任何部长职务，在1939年2月成立的最高国防会议也没有它的代表参加。有一个方面，中国共产党的情况是独特的。由于特殊的历史条件，它拥有军队，约占中国军队总数的十分之一；它拥有一个特别行政区，中国四亿五千万人中的一百万人居住在那里。除了这个区外，它在晋察冀边区和长江下游一小块地方的影响也最大，这两处是分别由八路军和新四军从敌人手中收复的。

在全国，共产党的威信远远超过了它的人数或权力。这是因为它在战场上和在它参与决定政策的地区表明了，它对全国形势的分析是正确的，它坚持抗战的方法是有效的。这一事实得到普遍的承认，因而不仅学生们纷纷拥入延安抗日大学，而且总参谋部（过去它的主要任务是打红军）也欢迎共产党的将领们参与它的决策，在进行抗日战争的基本战略方案中采纳他们的建议。中国军队的所有军官都接受由叶剑英将军这样的指挥官主持的游击战术训练。另一方面，国民政府却迟迟不采纳共产党认为对游击战的成功至关重要的政治、经济改革，无论敌友都承认这是共产党军队取得辉煌胜利的主要因素。

未来的前途如何呢？

可以有把握地说，中国将继续抗战，战争将是持久的，随着战争的进展，作为中国人民争取民族解放斗争之基本纲领的三民主义将继续逐步完全实现。越来越多的中国后备力量将投入战斗，中国人民将越来越觉醒，新的领导人将不断涌现出来。

世界各国政府将不得不在国际事务中越来越多地考虑到新生的中国这个新的因素，它将成为民主国家的重要盟友和法西斯侵略势力的可怕敌人。

对于全世界人民来说，中国的斗争有着丰富含义，充满希望。

中国在同法西斯作斗争。在过去三年里，发生了埃塞俄比亚的悲剧，奥地利和阿尔巴尼亚灭亡了，捷克斯洛伐克和西班牙被无耻地出卖了，而中国则不是倒退，反而前进了。法西斯野蛮的侵略吞没了一个又一个国家，摧毁了它们的民族独立、民主权利和人类尊严。但并不是在所有战线上进步力量都遭受了挫折。中国是人类的五分之一。中国在继续战斗。如果它投降，那就会亡国。中国人民奋起抗战，不仅保持了而且加强了自己的独立。在其历史上，他们第一次走向民主。当人民起来为自由而战时，斗争的压力造就新人比造就新制度还要快，这些从黑暗和奴隶的处境中成长为真正的人的男男女女决不投降，而是用自己手中的武器保卫全人类最珍贵的东西。

无须强调这一事实的重要意义和保住这条战线的极端必要性。坚守这条战线的战士们正在尽自己的一份努力。帮助他们反对共同的敌人，是全世界自由人民的责任。

在写完本文的几小时前，报界传给中国一个消息：它最近对国联的呼吁书被搁置起来。我们知道，在目前的形势下，即使中国的要求被完全通过，它得到的好处也不会很大。然而，并没有出现这样的事。中国的提案未获通过。某个民主国家外长哈利法克斯又假惺惺地说了一些表示同情的空话，然而却连集体援助的可能性都不予以考虑。

这种状况是危险的，不单单对中国而言。全世界人民必须纠正这种局面。他们必须使那些以他们的名义讲话的人执行他们的意志。这是他们对在远东战线上为反对法西斯主义而斗争的战士们应尽的责任。这也是他们对自己承担的责任。

图书在版编目（CIP）数据

人民之战 / 爱泼斯坦著；贾宗谊译 . —— 北京：新星出版社，2015.8
（爱泼斯坦作品集）
ISBN 978-7-5133-1858-7

Ⅰ. ①人… Ⅱ. ①爱… ②贾… Ⅲ. ①抗日战争－史料－中国 Ⅳ. ①K265.06

中国版本图书馆CIP数据核字（2015）第160945号

人民之战

伊斯雷尔·爱泼斯坦 著；贾宗谊 译

| 顾　　问：黄浣碧
| 策　　划：孙志鹏
| 责任编辑：孙志鹏
| 责任印制：李珊珊
| 封面设计：邰琳琳
| 版式设计：魏　丹

出版发行：新星出版社
出 版 人：谢　刚
社　　址：北京市西城区车公庄大街丙3号楼　　100044
网　　址：www.newstarpress.com
电　　话：010-88310888
传　　真：010-65270449
法律顾问：北京市大成律师事务所

读者服务：010-88310811　　service@newstarpress.com
邮购地址：北京市西城区车公庄大街丙3号楼　　100044

印　　刷：北京盛源印刷有限公司
正文用纸：瑞典进口全木浆轻型环保纸
开　　本：710mm×1000mm　　1/16
印　　张：22
字　　数：264千字
版　　次：2015年8月第一版　　2015年8月第一次印刷
书　　号：ISBN 978-7-5133-1858-7
定　　价：48.00元

版权专有，侵权必究；如有质量问题，请与印刷厂联系调换。

爱泼斯坦作品集

《人民之战》是爱泼斯坦"战争四部曲"的第一部，记录了他对中国抗战前两年的观察与思考。从北平、天津、南京、武汉直至广州，爱泼斯坦一路跟踪采访，留下了中国人民在艰苦卓绝的环境下奋起抗日的重要历史记录。宋庆龄在读过本书清样后写道："这本书不同于任何的外国人关于我国抗战的著作，因为它把第一手分析性报道同过去的历史和未来的展望联系了起来。每一位中国的友人都应该读一读。"埃德加·斯诺则称赞这本书是"极为出色的战争新闻作品，对中国所希望达到的目标充满同情和理解"。

《我访问延安：1944年的通讯和家书》也是爱泼斯坦早期作品。1944年，他作为"中外记者西北参观团"的一员，以美国《纽约时报》、《时代》杂志记者的身份，赴敌后根据地采访，写了大量生动翔实的通讯报道，并被国际媒体广泛转载传播，打破了国民党的舆论封锁，产生了广泛而积极的影响。此次采访报道，也因此成为中国抗战新闻传播史上不可磨灭的一页。

《中国未完成的革命》是爱泼斯坦在美国完成并出版的作品，也是他记者生涯最为重要的著作之一。由于作者曾长期追踪采访中国抗战，无论是对正面战场还是对敌后战场，均有深入实地采访，因而本书深具权威性与可读性，成为国际社会了解中国抗战一部绕不开的经典之作。该书1947年在美国出版后，迅速被译成德、波、匈等多种文字，在国际上产生了巨大影响。

《从鸦片战争到解放》着重描述了从鸦片战争到1949年中华人民共和国宣告成立这段复杂曲折的历史，具有较强的可读性。作者用可信的事实和生动的笔触，概括了在这一个世纪里，中国人民经过艰苦卓绝的斗争，终于实现民族解放的恢弘历史。这部视野宏阔、观察深刻的著作，也成为爱泼斯坦"战争四部曲"收官之作。

《西藏的变迁》是爱泼斯坦的代表作之一。作者在1955年、1965年和1976年三次进藏，以记者身份采访了西藏各行各业的民众近千人，采访笔记约百万字，最终成就这样一部全景式的西藏社会实录。全书以朴实的语言，再现了西藏地区在社会制度及政治、经济等各方面的巨大转变，为读者展现了一个真实可感、不断进步的西藏。

《宋庆龄：20世纪的伟大女性》是唯一得到宋庆龄本人授权的传记。爱泼斯坦受宋庆龄生前所托，在整理吸收大量材料特别是外文史料、采访众多相关人士的基础上，历经十载艰辛而成。本书全面记述了宋庆龄的非凡经历及对中国革命和建设事业所做出的巨大贡献。书中关于宋庆龄的史实极为丰富，材料多是作者在与宋庆龄长期交往中亲身经历的或宋庆龄晚年亲自向作者提供的，因而真实可靠。

《见证中国：爱泼斯坦回忆录》是爱泼斯坦的自传，记载了他投身中国革命与建设，亲历中国从民族解放到改革开放的传奇一生。在这本回忆录中，爱泼斯坦这样表达自己的信念："在历史为我设定的时空里，我觉得没有任何事情比我亲历并跻身于中国人民的革命事业更好和更有意义。"他说："我爱中国，爱中国人民，中国就是我的家，是这种爱把我的工作和生活同中国的命运联系在一起。"